优质教育长出来

质量导向的区域教育发展的整体联动

杨文娟　著

光明日报出版社

图书在版编目（CIP）数据

优质教育长出来：质量导向的区域教育发展的整体
联动／杨文娟著．--北京：光明日报出版社，2019.3
ISBN 978-7-5194-5091-5

Ⅰ.①优… Ⅱ.①杨… Ⅲ.①地方教育—发展—研究
—常州 Ⅳ.①G527.533

中国版本图书馆 CIP 数据核字（2019）第 040142 号

优质教育长出来：质量导向的区域教育发展的整体联动
YOUZHI JIAOYU ZHANGCHULAI: ZHILIANG DAOXIANG DE QUYU JIAOYU FAZHAN DE ZHENGTI LIANDONG

著　者：杨文娟			
责任编辑：史　宁		责任校对：赵鸣鸣	
封面设计：中联学林		责任印制：曹　净	

出版发行：光明日报出版社

地　　址：北京市西城区永安路 106 号，100050

电　　话：010-67078251（咨询），63131930（邮购）

传　　真：010-67078227，67078255

网　　址：http://book.gmw.cn

E-mail：caomeina@gmw.cn

法律顾问：北京德恒律师事务所龚柳方律师

印　　刷：三河市华东印刷有限公司

装　　订：三河市华东印刷有限公司

本书如有破损、缺页、装订错误，请与本社联系调换，电话：010-67019571

开　　本：170mm×240mm

字　　数：318 千字　　　　　　印　张：19.5

版　　次：2019 年 4 月第 1 版　　印　次：2019 年 4 月第 1 次印刷

书　　号：ISBN 978-7-5194-5091-5

定　　价：68.00 元

序：
"钟楼表达"的价值立意与经验创造

成尚荣

在我看来，任何一部著作都是对事物、对社会、对世界认识后的一种表达。表达无非有两种方式：感性的和理性的。罗素以为，感性的方式与理性的一样重要，而小威廉·E.多尔则进一步说，隐喻比逻辑更有效。他所说的隐喻，指的是感性表达常用的方式。其实，无论是感性表达还是理性表达，都无法截然分割，两者是互相渗透、互相影响、互相支撑的。所以黑格尔非常明确地说，用感性表达理念是种美，一如中华文化中的中庸之道：极高明而道中庸。

"优质教育长出来"，正是用感性来表达理念，是种美，是高明之道。对此，常州钟楼区教文局还是有自信的，而且应当坚持。他们一直追求优质教育，区域推进教育质量的全面提升。但是，他们有更深层次的思考：究竟怎样推进教育质量的提升，优质教育究竟怎么来的？他们坚定地认为是"长"出来的。一个"长"字，有着深度的思考和丰富的内涵。

长，体现了自主发展的理念，即优质教育是个主动追求的过程，要从外部力量的推动走向内部力量的生长，从被动发展走向自主发展，发展模式发生了变化。发展模式变化的深处是发展动力、发展机制的变化。为此，就区域而言，教育行政部门要转变职能、转变方式、转变作风，从管理走向领导，重在宏观战略思维，重在顶层设计，重在专业引领。

长，是追寻、把握规律的表达。教育有其自身的规律，遵循规律的教育才是真正的教育。值得进一步思考的是，教育规律必须与学生发展规律相契合，相一致。优质教育之长，实质是学生自主地、生动活泼地发展；学生高质量之长，才是优质教育之长的本义与深义，也是对优质教育评价的根本目的、根本尺度。

长，是一种真实、自然的过程。这一过程是渐进、渐变的过程，不能心急，更不能浮躁，不能停留在表面与形式。"教育是慢的艺术"，固然很有道理，引导我们克服教育改革的浮躁，坚决反对浮夸，警惕教育的浮华。不过，长，总有生长的关键期，因此，优质教育也可以"快"的。总之，优质教育有自己的节律。

长，一定是有方向的。此方向是指培养什么样的人，让学生循着什么方向去生长。其实，所谓优质，本身就是方向，优质教育实则是素质教育，抑或说是发展素质教育，落实立德树人的根本任务。

以上对"优质教育长出来"的解读，是基于钟楼区思考与实践的，表达了我们对钟楼区教育改革的充分肯定与高度赞赏。杨文娟，从一个小学校长成为局长，从一所小学到整个区域，视野扩大了，格局也更大了；一位特级教师，从一个学科研究，到整个区域的整体改革的谋划，思维与工作方式都发生了变化，但特级教师应有的专业品质，尤其是专业智慧在更大范围与领域中有了更大提升。"优质教育长出来"，正是杨文娟长期思考、研究提炼出来的，是在钟楼文化土壤、教育田野里长出来的，因而这一理念有生长的基础，充盈着生长的活力，既前瞻又落地，似乎"零修辞"，但修辞立其诚。如今，这一理念成了钟楼共识、钟楼表达。

表达的含义已超越了传统的定义。在钟楼区，表达即是实践探索。首先，他们将实践探索置于更宏阔的背景：世界性教育发展趋势与潮流的观察、思考、把握，把钟楼的教育改革融入世界教育改革潮流之中，在全球教育改革格局中明晰了自己的位置，建立了发展坐标；宏观的背景又置于国家教育改革的政策、制度层面，聚焦于立德树人根本任务，着眼于公平而有质量的教育，着力于发展素质教育。因此，钟楼表达具有更宽阔的普遍意义。由此可以看出，钟楼的实践探索既非常重视操作、实施，很接地气，又非常重视世界眼光、全球视野和国家政策与制度设计。这样，区域教育质量全面提升不会孤立，不会封闭，不会止于技术化层面，相反却有了一片更大的开阔地。

可贵的是，钟楼区的教育质量提升，在大方向把握的前提下，将优质教育聚焦于品格提升与学业质量提高上。就他们文献研究的结果看，他们对品格提升的重点做了规定：社会主义核心价值观照耀下的学生发展核心素养，在继续重视认知能力的同时，十分强调社会情感能力的培养，十分重视合作能力、创新能力的培养。在实施途径与方式中，凸显了价值体认与价值认同，价值体认项目还荣获了国家基础教育改革二等奖。学业质量标准，他们依据学科课程标准，提炼了学科核心素养，突出了学科关键能力，学业质量标准有了依据，形成了具体标准。品格与学业质量标准成了优质教育的两翼，让优质教育长出来，也飞起来。

优质教育不仅有目标，还应有载体，有平台，还要有保障，有支持制度。在这方面钟楼区的特点是：一、扎扎实实，一步一个脚印，不玩花样，不走形式，不虚晃一枪，这是可贵的钟楼品质。二、鼓励教师创新，创新载体，创新平台，创新机会，创新机制，教师、校长成了研究者，创造者。三、保障、支持系统，抓住了三大重点：政策导向、教师专业发展共同体、集团化办学推进，思路清晰，在一些难点问题上已有所突破。优质教育长出来，在钟楼，初步营造了良好生态。

如今，钟楼"优质教育长出来"又进入了新阶段。新时代发展素质教育区域范式的实践建构已有序推进。优质教育一定会长成好大一棵树。

是为序。

成尚荣（国家督学、江苏省教科所原所长）

目 录
CONTENTS

上篇 区域教育发展：世界性教育发展的趋势与潮流 ·················· **1**

第一章 国内外研究视野下的"区域教育发展" 3

第一节 国外区域教育发展及研究 3

第二节 国内区域教育发展及研究 8

第三节 本章小结 18

第二章 区域发展呼唤"优质教育长出来" 21

第一节 从国家政策层面理解"公平而有质量的教育" 21

第二节 从区域发展层面呼唤"优质教育长出来" 24

第三节 区域"优质教育长出来"的内涵解读 28

第四节 本章小结 35

第三章 钟楼区域教育发展的基础调研分析 36

第一节 区域学生发展现状调查 36

第二节 区域教师发展现状调查 58

第三节 本章小结 63

中篇 "优质教育长出来"：区域教育质量提升的探索 ·················· **65**

第一章 品格提升：区域优质教育生长的根本 67

第一节 国内外品格教育研究 67

第二节 区域品格提升促进"优质教育长出来" 71

第三节 区域品格提升的策略与实践 74

第二章 学业质量：区域优质教育生长的关键 111

第一节 区域学业质量标准的研制 111

第二节　基于学业质量标准的区域教学实践　119

第三节　例谈小学各学科基于关键能力培养的教学　129

第三章　身心健康:区域优质教育生长的基础　145

第一节　"身心健康发展"的国家政策与内涵解读　145

第二节　区域"阳光体育行动"的价值取向与内涵　147

第三节　区域"阳光体育行动"的实施架构与案例　149

第四章　课程建设:区域优质教育生长的载体　171

第一节　区域推进课程建设的理解与主张　171

第二节　区域实施课程建设的实践案例　189

第三节　区域课程建设的管理与实效　233

下篇　区域教育质量提升的保障与支持 ·············· **247**

第一章　政策导向:促进区域教育质量提升　249

第一节　解决入学问题,促进教育公平的保障机制　249

第二节　解决师资问题,提升优质教育的支持机制　253

第三节　解决质量问题,落实规范办学的管理机制　260

第二章　专业支持:引领区域教育质量提升　269

第一节　"教师共同体"专业支持的价值意义　270

第二节　"教师共同体"专业支持的主要模式　271

第三节　"教师共同体"专业支持的区域实践　274

第三章　主动发展:推动区域教育质量提升　280

第一节　"集团化办学"机制提升区域教育质量　280

第二节　"项目化发展"机制创生区域学校特色　288

后　记 ·············· 301

上 篇 01

区域教育发展:
世界性教育发展的趋势与潮流

本书的上篇将对书中所涉及的相关概念、理论进行解读,并以国内外研究的视角审视区域教育发展的轨迹、现状、热点与趋势;从国家和区域两个层面理解区域教育发展的重要性,再集合钟楼区域教育发展的实际情况,从理论和实践两个层面呈现钟楼区"优质教育长出来"的整体蓝图。

第一章

国内外研究视野下的"区域教育发展"

传统意义上的教育研究，将重心集中于点上，表现为受教育者学科素养的提升；而区域教育发展研究则将焦点集中于一定的时空范围内，表现为整体教育规模、成效乃至结构上的变化。教育活动在特定的时空中发展的规律研究，便形成了区域教育发展研究的核心内容。"让优质教育在区域内生长"，以此促进区域中教育的优质均衡发展，不仅是每个区域在教育发展过程中不可回避的实践问题，也是当今国内外区域教育发展研究的理论热点。

第一节　国外区域教育发展及研究

区域教育研究是随着区域科学研究的发展而产生的。教育作为支撑地域发展的重要保障之一，很早就受到了国外学者的关注。在 19 世纪初，西方的一些政治、经济学家便在其著作中对教育与区域发展的关系进行了探讨。进入 20 世纪，特别是二战以后，区域科学在西方发展迅猛，其主要适应各国内部地域分工的深化，并对国家间、地区间区域发展不平衡进行相关研究。[①] 战后世界格局的变化、区域经济一体化、全球竞争的加剧，使得区域科学的重要性越发体现，也使其很快便成了一门独立的，新兴的经济学学科。

区域科学的建立，对区域相关学科研究产生了深远影响；区域政治学、区域社会学、区域生态学等针对特定地域的研究学科开始兴起。而作为区域重要发展指标的教育自然也不甘落后，运用区域科学的原理与方法，以研究区域发

---

① 周起业. 区域经济学［M］. 北京：中国人民大学出版社，1993：4.

展平衡与不平衡为目的的区域教育学也随之建立。在经历了五十多年的发展后，西方国家的区域教育研究已经形成了一套比较完整的理论框架，并取得了丰硕的实践经验，不仅成为教育学领域的一个重要研究分支，而且在相当长的时间内成为教育研究的热点与重点。在这些国家中，以美国和日本的区域教育发展研究最为繁荣：其不仅建立了一套富有地区特色的区域教育实践体系，更涌现出一批以区域教育研究为目标的比较教育学学者。中国区域教育发展起步相对较晚，但从 21 世纪以来，区域教育发展与研究已上升至国家战略的高度，其发展势头迅猛，相关研究成果不断涌现。本节即对国内外区域教育发展及研究现状进行评述。

一、美国的区域教育发展

区域教育在美国的发展已有数百年时间。作为典型的教育分权制国家，在美国的联邦宪法中，并没有提到过教育问题，即联邦政府事实上没有教育管理的权限，教育被定为各州政府的职责；但在实际的操作中，教育管理权又被下放到州内的各个学区。因此，"学区制"成了美国区域教育制度中最独特的标签。

学区制度起初盛行于美国新英格兰及西部各州的学校，现在已为全美范围接受及运用。现代美国的学区制已随着社会经济的发展产生了变化，但仍然是专门负责小学、初级及高级中学教育事务的区域性机构。在美国，各州依法设置地方学区，由学区具体负责管理和维护公立学校。学区通过学区教育委员会和学区督学实施行政管理，学区实质上掌管着地方学校的具体管理权。

一般来说，美国的学区机构主要可分为以下几部分：学区教育委员会（Board of Education）、学区教育局（Central Administration）、督学（Superintendent）和基层学校。[1] 在这些机构的设置中，体现了美国"三权分立"的政治思想。其中，学区教育委员会由 3～9 人构成，一般由当地居民选举产生，通常任期为四年。其可以制定地方教育政策及计划、编制地方教育预算、甄选及任用地方教育人员、宣传报道教育消息等。

美国学区管理的实质是强调学区体系内部的纵横逻辑联系和结构优化，以

---

① 王芳.美国学区制度研究［D］.上海：华东理工大学，2010：15.

获得更大效益为目标，进行一系列的人、财、物资源的整合。而在具体教育事务方面，其还会依靠设立在各个学区内的"教育服务中心"提供的教育支援项目。州区域教育服务中心已有近百年的历史，目前全美有 42 个州拥有区域教育服务中心 620 所。① 如得克萨斯、路易斯安那、新罕布什尔、康涅狄格等州的"区域教育服务中心"，华盛顿、俄勒冈等州的"教育服务区"，艾奥瓦州的"地区教育社"，纽约州的"合作教育委员会"，威斯康星州的"合作教育服务部"等。尽管各州教育服务中心名称和运作有自己的变化和特色，但其均为介于州政府和社区间，架起学校与州教育行政部门间的桥梁，并协助学区，进行区内各种教育资源的协同联动。它的主要职责和任务都是协助地方学区和学校贯彻执行联邦及州教育法律法规政策，帮助教师、管理者实现教育教学目标，提高学生的学业成绩及表现，同时致力于推动学校之间、学校与社区的良性互动，提高学校教育的质量。学区和学校可以从本区域教育服务中心享用一站式服务，从课程培训、各种证书项目、领导艺术、职业发展、学生服务，到公立与私立学校的互动、学校与社区间的合作（如培训），等等，既方便快捷，又达到教育服务资源综合利用，从而实现降低教育服务成本，发挥教育资源最大使用效益的目的。

综上所述，美国的区域教育发展可以总结为：以州政府引导设立的学区制为基础，通过学区教育委员会等行政机构与各州内的"教育服务中心"，贯彻教育法规政策、提高学校教育质量、合理调配区域内教育资源、努力推动学校与学校、学校与社区的良性互动，从而达到提高区域整体教育质量的目的。

二、日本的区域教育发展

日本对区域教育联动发展的研究始于"二战"后，即 20 世纪 50 年代初。美国学者奥尔森（Edward G. Olsen）于 1947 年发表著作《学校与社区》（School and Community），1950 年日本学者宗像诚也、渡边诚等将此书译为日文，定名为《学校与区域社会——通过学校教育进行区域社会研究与奉献的哲学、方法、问题》。该书的出版也标志着区域教育整体联动的思想在日本登陆，而与社会资

---

① 蒋文莉. 美国州区域教育服务中心探析——以得克萨斯州为例 [J]. 当代教育科学，2009（2）：45 – 48.

源的联动也成为日本区域教育联动发展的鲜明特色。①

20世纪70年代后，终身学习思潮对日本教育界的影响被以政府报告的形式确立下来，社会教育活动开始普遍遵循终身学习的理念发展，开始从整体人生的角度考虑教育问题。生存能力是日本近年来提出的最为核心的教育改革理念，实现此理念的一个重要改革举措即为加强学校、家庭与区域间的联系与合作。区域教育也因此被视作培养生存能力、辅助学校教育的重要手段。

2006年12月，日本修订了《教育基本法》，其中新设了第十三条"学校、家庭以及区域居民等的相互合作"。日本学者梶野光信经过研究认定，该内容的修改即为"区域教育"在教育行政中的首次亮相。② 在此基础之上，各地均开始设立区域教育的推进组织，并尝试开展教育活动。例如隶属北海道石狩振兴局的石狩市，多年来一直坚持区域教育的整体联动发展，使得区域内学校的质量有了较大提升，学生不仅在学业上，更重要是在终身学习习惯的培养与丰富人性的达成上，取得了不俗成绩。此外，社区学校与学校运营协议会制度的产生被认为是日本施行区域教育的一次很好尝试，由于其发展时间较短，学界对其的研究仍处于初始阶段。

以美、日为代表的国外区域教育研究主要是"区域研究"的一个分支，其与比较教育学的发展有着密切的关联。而现代区域研究，主要指具有"综合之学"③ 性质的一个研究领域；其于二战前后在美国诞生，在冷战期间迅速发展并达到鼎盛状态，在冷战结束后一度出现衰退迹象，直到当今全球化趋势日益明显时，才重新得到重视。

三、国外的区域教育研究

区域研究在社会科学领域被广泛采用，教育研究也不例外。在美、英等西方国家，经过学者们的长期研究实践，区域研究已经成为其比较教育研究中惯常采用的一种研究范式，许多比较教育学的先驱论证了区域研究的必要性，提

---

① 姚舜. 学社关系视角下日本区域教育理论与实践模式研究［D］. 长春：东北师范大学，2015.

② 姚舜，都兴芳. 日本区域教育研究综述［J］. 江苏第二师范学院学报（社会科学版），2015（5）.

③ 石川啓二，西村俊一. 地域研究と現地理解―グローバル化時代の教育動向―［M］. 東京：全国共同利用施設東京学芸大学国際教育センター，2005. I，4.

倡在比较教育研究中采用区域研究的方法论。① 在这些学者中，美国比较教育学家乔治·贝雷迪为使"区域研究"成为比较教育学的一种研究范式做出了重大贡献，日本比较教育学家马越彻在丰富教育的区域研究的方法论体系上取得了突出业绩。

美国比较教育学家贝雷迪比较系统地把区域研究引入比较教育学之中，创立了"区域研究模型"。其在 1964 年出版的著作《教育中的比较法》中，明确地阐述了这一问题。贝雷迪认为，要研究一个地区的教育，需要做两方面的工作：一是反复阅读相关的文献资料，二是实地探访区域内的学校。他在《教育中的比较法》中比较细致地论述了如何搜集、阅读文献资料，应该搜集、阅读什么样的文献资料，以及如何进行学校参观活动等。②

日本著名比较教育学家马越彻是明确主张把区域研究的方法论引入到比较教育学领域的一位学者。在马越彻看来，研究者针对自己的研究课题，既要进行区域研究，又要进行学科研究，区域研究和学科研究是一个互动的过程，以此为基础，还要确立从"提出假说"到"理论化（概念化）、类型化（模型化）"的路线。而关于如何运用区域教育研究的方法论，马越彻认为，在研究中，研究者要既注重相关学科理论和方法的运用，又通过实地调查获得区域知识。③ 以上认识，与贝雷迪有着异曲同工之妙。

综上所述，国外的区域教育研究主要是在比较教育学研究基础上发展而来的。其中主要的思想可以归纳为：研究者在进行区域教育研究时，应遵循提出假设——研读理论——现场实践——形成模型的路径，既关注文献资料的收集整理与研读，又注重相关学科理论及方法的应用，并结合实地调查（如参观学校等）方式获得第一手资料，在此基础上得出相应的研究结论。

---

① 竹熊尚夫．比较教育学と地域教育研究の课题［J］．比较教育学研究 2001，第 27 号：5 - 15.

② 张德伟．国际比较教育学领域倡导"区域研究"的新动向［J］．外国教育研究，2009（6）：12 - 19.

③ 张德伟．国际比较教育学领域倡导"区域研究"的新动向［J］．外国教育研究，2009（6）：12 - 19.

第二节　国内区域教育发展及研究

"区域教育发展"一词在国内最早出现于 20 世纪 80 年代中期，其与区域科学引入国内的时间相近；而针对区域教育的相关研究，也始于这个时期。"20世纪 80 年代以来，许多教育理论工作者，自觉地服从和服务于经济建设这个中心，从理论和实践两个方面开展了区域教育研究。"① 经过 30 多年的发展，特别是进入 21 世纪后，国内区域教育发展迅速，相关成果也不断涌现。以下将针对其发展及研究分别进行介绍。

一、国内区域教育发展

在新中国成立后的相当一段时间内，实行高度集权化的政治经济管理体制，全国均使用统一的政策制度，强调统一的模式，作为区域管理者的地方政府基本没有自我管理的权力。在这种体制下，"区域发展"成为无本之木，无水之源，"区域教育"也无从谈起。直到改革开放以后，随着我国经济体制改革的深入，特别是中央高度集权的计划经济体制向社会主义市场经济体制转变后，地方政府获得了更大的权力，其逐渐成为经济决策的主体；而区域教育，也正是在这个时期开始真正发展。中共中央、国务院分别于 1985 年、1993 年、1999 年三次发文，强调教育行政权力下放，鼓励各地区全面发展素质教育，促进教育与当地社会经济发展紧密结合，"通过教育管理体制的改革，扩大地方政府对教育的统筹权和管理权限，推进区域教育综合改革，使教育更好地为区域经济和社会发展服务。"② 区域教育至此在我国逐渐形成。

在这一时期，"区域教育"的理念逐渐被大众所接受，"区域教育发展"也成为区域发展一个重要的指标，越来越受到重视；但由于缺乏基础，主要还是从理论、政策方面对区域教育发展进行探索。如 1999 年 11 月，广东省举办了"第三届港澳教育论坛：构建新世纪区域现代教育体系"，来自全国各地及港澳

---

① 房淑云. 教育的地域性与区域教育 [J]. 教育理论与实践，1996（1）：42-43.
② 江泽民. 在第三次全国教育工作会议上的讲话 [J]. 异步教学研究，2002（3）：37-41.

台的 80 多名学者共聚一堂，研究"后发展型区域教育现代化进程中的基本问题，研讨区域教育走向新世纪的历史使命和主要模式"。① 又如 2002 年 9 月，长沙召开了"第二届全国区域教育研讨会暨教育局局长论坛会议"。会议在明确我国地区差异巨大的基本国情下，强调各地区应根据各自不同的经济、文化特点，找到符合区域实际情况的、有效的区域发展途径，分层次、有步骤地实现教育现代化。②

进入 21 世纪后，随着我国区域教育发展逐步走入正轨，并发展迅速，相关的经验、模式也不断涌现。如 2004 年，广东省教育厅与粤港两地教育部门正式签署《关于加强泛珠三角区域教育交流合作的框架协议》。协议规定了加强教育科学研究的合作，共同开展各级各类教育改革发展的学术研讨，加强各级各类教育改革发展中的法制建设、办学体制、管理模式、教育督导、教育评估、教学改革、教师培训和国际教育交流与合作等方面的经验交流与合作研究，共同创新教育体制与机制等多项内容，③ 也标志着区域教育合作发展首次在国内出现。重庆市渝中区，坚持以区域推进特色学校建设，构建了特色认识平台、特色动力平台，实现区域内校园特色"百花齐放"，以此推进义务教育优质、均衡、高效发展。④ 上海市奉贤区，区域推进家庭、社区与学校教育整体联动，积极打造"家校合育"中具有"枢纽"功能的社区教育学院，以社区教育学院推动家校合作育人，实现学生全面发展，形成教育改革向纵深发展的教育新生态。⑤

国家教育事业发展"十三五"规划实施以来，国内区域教育发展趋于成熟，区域教育改革进入深水区。这其中，区域教育优质均衡成为改革中的核心关键。一方面，家长和社会对优质教育的需求越来越高，区域教育管理者必须回应百姓关切的教育问题；另一方面，"城镇挤""乡村弱"也成为区域教育质量提升

---

① 冯增俊. 构建新世纪区域现代教育体系——第三届粤港澳台教育论坛综述［J］. 高教探索，2000（1）：39 - 40.

② 佚名. 第二届全国区域教育研讨会暨教育局局长论坛会议简述［J］. 教育研究，2002（11）：27.

③ 赖红英. 泛珠三角区域教育合作正式启动［N］. 中国教育报，2004 - 07 - 14.

④ 新洲. 区域推进特色学校建设 打造教育均衡发展的新高地［N］. 中国教育报，2008 - 12 - 01（003）.

⑤ 张竹林. 区域教育学院 家校合育"总枢纽"［N］. 中国教育报，2017 - 12 - 14（009）.

必须突破的瓶颈。① 面对这些问题，教育部于 2017 年多次召开统筹县域内城乡义务教育一体化改革发展现场推进会，交流各地典型经验，落实主管责任，确立区域均衡改革路线图与时间表，选择部分地市开展义务教育城乡一体化改革试点。② 此外，2017 年 4 月 19 日，教育部印发了《县域教育优质均衡发展督导评估办法》，开展义务教育优质均衡发展县（市、区）督导评估认定工作。在国家的一系列举措之下，各地区积极探索区域教育优质均衡发展路径。③ 如上海市金山区，科学规划、合理布局，在不断推进城乡教育一体发展，提升学校建设水平的同时，以机制体制建设助推教育方式变革，促进教师专业成长，④ 走出了一条颇具特色的区域教育优质均衡发展之路。江苏省徐州市以行政牵头，积极实行"学讲计划"课改工程，各校将"学讲方式"的理念和学校的实际情况结合，总结出了适合学情的教学方式，促进了师生面貌根本性转变，促进了区域教育质量的整体提升。⑤ 可以预计，在我国区域教育未来发展过程中，弥补城乡差异、促进区域教育优质均衡发展将是最为重要，也是最为根本的任务。

二、国内区域教育研究

国内区域教育相关研究近年来发展势头迅猛。据笔者查阅，最早关注"区域教育"方向研究的是 1986 年发表在发展战略与系统工程——第五届系统工程学会年会论文《区域教育信息系统（REIS）的设计和初步实现》；而进行区域教育发展研究的成果最早为刘明等于 1993 年在第二届全国青年管理科学和系统科学学术研讨会上发表的论文《区域教育体系规划的若干理论方法》。焦风君在 1995 年发表的《区域教育论》一文中，首次对区域教育的构成及发展要素进行了理论探讨。他认为，区域教育应由文化教育中心、教育孕育腹地及教育协作网络构成；而区域教育的发展要素可以分为四类：原生性要素、再生性要素、管理性要素及流动性要素。⑥ 房淑云在《教育的地域性和区域教育》一文中，首次将区域教育研究定义为："运用区域科学的理论和方法，研究不同地区教育

---

① 郅庭瑾. 2017 年区域教育改革热点透视 ［N］. 中国教育报，2018 - 01 - 02（005）.
② 郅庭瑾. 2017 年区域教育改革热点透视 ［N］. 中国教育报，2018 - 01 - 02（005）.
③ 郅庭瑾. 2017 年区域教育改革热点透视 ［N］. 中国教育报，2018 - 01 - 02（005）.
④ 金山区城乡教育一体化发展情况 ［DB/OL］.
⑤ 陈茂林."学讲计划"——区域推进教学改革的徐州实践 ［J］. 城市地理，2016（14）.
⑥ 焦风君. 区域教育论 ［J］. 教育理论与实践，1995（01）：4 - 8.

与社会发展相互作用的规律与特点，总结我国区域发展的历史经验，进行不同区域教育的战略选择，这是我国教育发展中的一个现实课题，也是发挥地区资源与历史优势，推动全国教育共同发展的重要环节。"① 在此之后，陆续有学者就区域教育的基本概念、构成要素及结构关系进行相关研究、探讨；比较有代表性的是彭世华编著的《发展区域教育学》与焦瑶光编著的《区域教育学》。这两本著作均系统地对区域教育的内涵概念，产生发展及模式形态等进行了详细研究，可以认为是我国区域教育研究方面最早的综合性研究成果。

从 2005 年以后，区域教育相关的研究进入快速发展阶段。据不完全统计，截至 2017 年底，区域教育发展相关研究文献已达到 3000 余篇，并以每年数百篇的速度增长。笔者将 CNKI 中收录的近十年（2007—2017 年）间的文献成果（包含期刊及学位论文）按年份统计并形成图表，如下图 1.1 所示。从图中可以发现，该领域的发文量平稳，年发文量基本在 100—150 篇左右波动；其中2014—2015 年是研究快速发展阶段，发文量从不到 150 篇跃升至近 200 篇。此后整体有所回落，并保持相对平稳状态。总体来看，本领域平均年发文量保持在 150 篇左右，说明目前针对区域教育发展的研究保持了较高的热度。

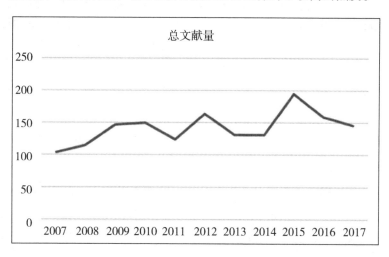

图 1.1 研究文献总量

为了解本领域研究成果的质量，笔者以文献分布分析为基础，对 2007—

---

① 房淑云. 教育的地域性与区域教育 ［J］. 教育理论与实践, 1996（01）：42 – 43.

2017 年的文献成果中核心期刊（包含 CSSCI 与北大核心期刊）、硕博学位论文与普通期刊的比例进行了分析，并绘制出下图 1.2。通过对图 1.2 的观察我们不难发现，本领域中核心文献与学位论文的比重相当大，几乎占到总文献量的 50% 以上；其中，核心期刊文献近年来的年发文量稳定在 40 篇以上。学位论文的总体保持平稳，除个别年份外，发文量均保持在 20 篇以上。因此，可以认为，本领域目前的研究质量保持了较高水平。

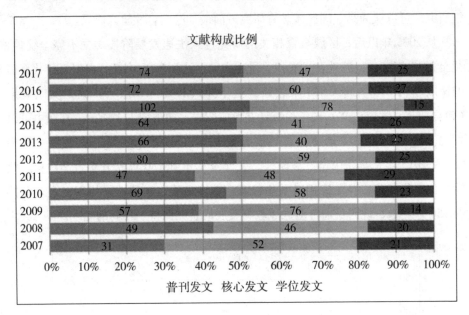

图 1.2　文献构成比例

　　关键词是学术论文核心思想的凝练，在论文中所占篇幅虽然很少，但却是论文的精华所在。[1] 通过对关键词词频的统计分析，可以有效把握目前区域教育发展的热点与趋势。笔者从 CNKI 搜索引擎中导出相关文献的题录后，使用 NoteExpress 对题录中的关键词进行统计：在去除掉"区域教育""区域教育发展"等无用关键词，并将同义词进行合并后，整理出词频次数大于 15 的标准化关键词 25 个，见下表 1.1。其中排名前十位的词频整体出现 1130 次，占高频关键词总频次的 77.82%。

---

① 刘则渊，尹丽春. 国际科学学主题共词网络的可视化研究 [J]. 情报学报，2006 （10）：634－640.

表1.1　区域教育发展高频关键词表

序号	关键词	次数	累积百分比	序号	关键词	次数	累积百分比
1	教育均衡	473	32.58%	14	教科所	22	85.26%
2	发展规划	104	39.74%	15	教育现代化	21	86.78%
3	教育资源	100	46.63%	16	教育政策	21	88.22%
4	内涵发展	96	53.24%	17	学校布局	20	89.67%
5	教育改革	84	59.02%	18	教研员	20	91.05%
6	教育信息化	73	64.05%	19	教育满意度	20	92.42%
7	教育公平	63	68.39%	20	教育实践	20	93.80%
8	特色发展	60	72.52%	21	教育质量	20	95.18%
9	教育督导	41	75.34%	22	教育理念	19	96.49%
10	农村教育	36	77.82%	23	教育管理	18	97.73%
11	教育行政	28	80.10%	24	校本研修	18	98.97%
12	课堂教学	24	82.02%	25	教师专业发展	15	100.00%
13	教师培训	23	83.68%				

　　下图1.3统计了排名前十位的高频关键词分布比例。由图1.3可知，在区域教育发展领域的相关研究中，被提及最多的关键词是"教育均衡"，占前十位关键词频总量的42%；其次分别是"发展规划""教育资源""内涵发展""教育改革""教育信息化""教育公平""特色发展"等，以上词频总量均大于总量的5%。根据对词频总量的统计，我们可以发现，教育均衡在近十年来一直是区域教育研究关注度最高的主题，这从一个方面显示出研究者对教育均衡的重视，另一方面也反映出教育均衡之路任重道远，依然有很多的难题等待解决；其次，教育资源、教育改革与教育信息化也是研究的重点之一，说明研究者一方面从新技术的角度重视教育的现代化建设，另一方面也从学生的发展层面，针对目前区域教育存在的弊端进行了研究，两者都是为了提高区域教育的质量。"内涵发展"与"特色发展"在词频统计中也占有一定分布量，说明这两种发展模式在区域教育质量提升中占有重要地位，并被相当数量的学者所认可。此外，"教育公平"也是研究的热点之一——其虽与教育均衡有关联与相似之处，但两者并不完全等同："教育公平"更注重探讨微观性、个体性的教育案例，而教育均衡则注重宏观、整体层面的研究。

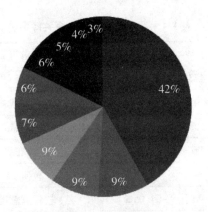

■教育均衡　■发展规划　■教育资源　■内涵发展
■教育改革　■教育信息化■教育公平　■特色发展
■教育督导　■农村教育

图 1.3　前十位高频关键词构成

　　根据上述对文献关键词的分析，笔者将 2007—2017 年间区域教育发展的热点分为下列四个研究领域：

　　（一）区域教育均衡发展研究

　　区域教育均衡发展研究包括诸多关键词，如教育均衡、教育公平、学校布局、教育信息化、教育资源等；其大致可以分为教育资源均衡与教育信息化建设两个方面。本领域研究内容较为集中，成果也比较丰硕，属于相对成熟的研究领域。

　　针对教育均衡方面的研究一直是区域教育研究的重点，其研究主要涵盖教育资源分配，教育改革与教育公平，教育政策与规划三个板块。其中，教育资源分配涵盖师资分配、教育信息化、学校布局等多个方面，而师资分配又是实现区域教育优质均衡发展的关键因素。胡友志（2012）对校际、城乡间的师资配置进行了研究，并发现教师数量与质量的相对不均衡是目前区域基础教育师资配置的主要问题之一。而形成教师与学校共同发展的"发展式均衡"体系是解决该问题的有效手段。① 杨银付等（2008）围绕城乡学校与教师交流、学校结对与评价、农村教师继续教育、教师报酬体系等几个方面的问题，对山东、

---

　　① 胡友志. 发展式均衡：区域基础教育师资均衡化的新路向——基于基础教育优质均衡发展的政策变革［J］. 教育科学研究，2012（8）：11–14.

四川、北京和辽宁等多地区进行实践研究。① 此外，刘一飞、关松林、李桂荣等学者也就师资配置存在的问题进行了研究。针对区域教育中教育设施资源的均衡配置也是重点研究方向之一，如范先佐等（2009）在对我国中西部六个省份县级区域的学校布局调查后认为，学校布局调整一方面促进了教育资源的合理分配，促进了区域教育的整体均衡，使得乡村学校的教育质量有所提高。②但另一方面也带来了上下学路程变长，政府资金压力加大，教师工作负担加重等一系列问题。在对学校布局进行调整时，需要科学规划，兼顾到教师队伍建设、边远贫困地区学生资助，同时大力建设寄宿制学校，最终保障区域教育均衡发展。此外，耿继原等学者也就学校等教育资源的配置进行了调查与研究。

纵观本研究方向的成果，不难发现，对区域资源均衡配置的研究主要关注点有两个：其一是同一区域内城乡间、校际的资源布局问题；其二是发达地区与欠发达地区资源配置的均衡问题。本研究方向多为策略研究与机制研究，成果也多为政策建议及机制模型，真正通过实践调查、分析后提出改进建议的实证研究较少。资源均衡配置是一项长期而艰巨的工作，除了顶层设计与策略建构外，实践推进也是必不可少的环节之一。笔者建议，对资源配置问题，今后可以多采取实证研究的方式，在实践中构建完善的配置策略。

近年来信息技术对教育的影响有目共睹，针对区域教育信息化方向的研究也颇为丰硕。如刘雍潜等（2014）对大数据时代背景下如何依靠数据为区域决策者提供政策支持。③ 高铁钢（2014）则从宏观、中观和微观三个层面，分析了信息技术对区域教育均衡的影响。④ 此外，左明章、张秀梅、王冰洁等学者也就信息技术如何促进区域教育发展这一课题展开了各自的研究。

本研究方向主要的研究主题可分为两大块：一是利用信息技术促进区域教育均衡发展，其研究手段主要以理论研究为主，在参考大量的国内外相关案例后提出发展策略及路径；二是主要针对区域教育信息化的发展，以实践研究为

① 杨银付，韩民，王蕊，等．以教师资源的均衡配置促进义务教育均衡发展——城乡义务教育教师资源均衡配置的政策与制度创新［J］．中小学管理，2008（2）：4－7.
② 范先佐，郭清扬．我国农村中小学布局调整的成效、问题及对策——基于中西部地区6省区的调查与分析［J］．教育研究，2009（1）：21－23.
③ 刘雍潜，杨现民．大数据时代区域教育均衡发展新思路［J］．电化教育研究，2014（5）：11－14.
④ 高铁刚．信息技术提升教育均衡发展的机制与方法研究［J］．中国电化教育，2014（1）：22－28.

主，在提出策略假设后，主要通过某一区域的信息化发展实践，用于验证其策略或路径的有效性。笔者建议，在今后的研究主题中，可以更加关注新技术（如大数据、云计算、人工智能）对区域教育发展的促进作用，从宏观政策、中观路径及微观实践三个维度展开相应的研究工作。

（二）区域教育特色与内涵发展

区域教育特色与内涵发展的相关研究包含教育理念、教育管理、特色发展与内涵发展等关键词。通过查阅这些关键词对应的文献时笔者发现，本领域研究者的发文时间主要集中于 2013 年后，说明区域教育特色内涵发展在近几年越来越受到区域教育研究人员的重视，是区域教育发展研究的主要方向之一。如范国睿等（2007）对区域教育内涵发展的特征与主要表现进行了详细分析，并提出促进区域教育内涵发展的三大策略：提高教育资源利用率（资源共享）、创建节约型学校（成本核算）、缩小教育质量差距（多元评价）。[①] 刘利民（2013）则从教育战略的高度，提出区域教育内涵发展的重要性。[②]

而对区域教育的特色发展研究主要集中于对学校特色发展的研究：如吴晓玲等（2010）在分析了目前学校办学过程中"为特色而特色"的问题后提出，需要在自我认同中生成适合的办学特色，并提出三个方面的建议。[③] 秦玉友（2012）分析了区域教育发展经历的教育机会普及、教育质量提升和教育特色发展为主导性发展任务的三次教育发展浪潮，[④] 指出浪潮交叠给中国教育发展带来的挑战，并提出：在宏观政策框架下，学校依旧需要努力实行具有自身特色定位的教育实践。

总体而言，该领域以理论研究为主，对区域教育特色内涵的实践研究，特别是有实证数据的研究相对较少。笔者建议，今后应当加强区域教育特色内涵方面的实践研究，特别是长程式、实证式的研究，并在此基础上对区域教育特色内涵建设做进一步深入的探讨。

---

① 范国睿，李树峰. 内涵发展：教育均衡发展的新趋向 [J]. 上海教育科研，2007（7）：14 – 17.

② 刘利民. 走内涵式综合改革之路——关于进一步推进基础教育改革的若干思考 [J]. 人民教育，2013（10）：10 – 15.

③ 吴晓玲，瞿卫星. 自我认同与发展：学校特色生成之路 [J]. 教育发展研究，2010（2）：56 – 59.

④ 秦玉友. 教育发展浪潮与中国教育政策的多层设计 [J]. 教育发展研究，2012（z1）：1 – 7.

（三）区域教育质量保障研究

本领域的研究主要集中在以下几个关键词：教育质量、教育政策、教育现代化、教育满意度与农村教育。上述关键词体现了在区域教育质量研究方面，研究者较为注重政策环节的探讨，以国民对教育的满意度作为衡量教育质量的重要标准，教育现代化为重要手段，（城市与农村的）教育质量均衡保障为教育质量保障研究的重要方向。如隋娟（2008）在较为系统地介绍了满意度理论的产生、发展及其在经济学中的应用的基础上，指出我国目前对于教育满意度的研究的问题，重新设计了教育满意度模型，并进行了实践应用，取得了良好效果。[①] 祝新宇（2012）则认为，要促进区域基础教育的科学发展，需要依据各区域教育现代化水平的实际情况，建立体现不同发展诉求的多元融合的区域基础质量保障机制，利用政府主导的"监督模式"、学校主导的"内省模式"、区域教研部门主导的"专业模式"，共同构建起完善的区域质量保障体系。[②] 此外，余胜泉、洪松舟等也分别从质量检测的角度进行了各自的研究。

本领域研究内容结合较为紧密，研究关联度较大，研究方法也相对多样，其中既有理论性探讨、策略建构，又有比较研究、实证检验，但研究成果，特别是高质量的研究成果偏少。教育质量保障研究历来是教育研究的重点内容，但在区域层面进行的整体性研究目前还较为匮乏。今后，对区域教育质量整体保障的研究应当成为研究的热点之一。

（四）区域教育教师发展研究

区域教育中教师发展方面的研究包含教师专业发展、校本研修、教研员、教科所、课堂教学、教育实践及教师培训等诸多关键词。本领域中关键词整体布局较为松散，说明关键词间联系并不紧密，研究者主要以个体关键词为研究主题，高频关键词间并未建立起有效的联系。教师发展是区域教育发展的关键性因素，因此对本领域的研究，目前主要还是集中在教师培训，包括课堂教学能力、专业知识与专业技能，手段主要通过教科所、教研员及自身的教育实践等。如陈菊（2008）认为，促进教师的专业发展，需要构建由大专院校、区域

---

① 隋娟. 满意度理论及其在区域教育研究中的应用 [D]. 天津：天津师范大学，2008：1 － 10.

② 祝新宇. 构建多元融合的区域基础教育质量保障机制 [J]. 教育发展研究，2012（11）：47 － 50.

教育教研部门及中小学为主体的专业发展共同体，并在中小学校开展由骨干教师领衔的区域教师专业发展研究，① 实现教师的自主专业发展。孙众等（2009）也在研究中引入大学、区域教研部门与中小学的合作模式，并以中学机器人教学为切入点，针对北京城区中学信息技术教师的专业发展进行了一系列的实践探索。② 王立亭（2011）以区域教研督导部门的角度，以对教师的"考、研、评"为出发点，详细阐述了以考促学、以研促教、以评促优的教师发展理念。③此外，朱仲敏等也从区域教师发展系统构建等方面进行了研究。

笔者认为，区域教育发展的最大动力来自于教师的发展，因此教师发展应置于区域教育发展的首要位置。目前，在本领域的研究已经取得了相当的成绩，但总体上还是以教师的专业发展，特别是构建教师专业发展共同体研究为主，对如何建立教师发展保障系统的探究深度不足，总体研究并未达到应有的高度。研究关联度较小，内容较为松散也是本领域研究需要突破的难点之一，如何进一步建立起区域中教研部门、教研员与教师专业发展的联系，发挥教育督导应有的作用，在实践中促进教师专业发展应是今后相当一段时间研究的主要方向。

第三节　本章小结

本章主要对国内外区域教育发展与区域教育研究的历史、现状、热点及趋势进行了探讨。通过研究我们可以发现以下特点：

首先，以区域层面进行教育发展是随着二战后区域科学的创立而兴起的。作为全球化背景下经济发展的产物，区域科学自诞生之日起就受到了学界的关注，许多学者认为其是未来全球的主要发展形势之一，而区域教育发展作为区域发展的最重要指标，必定在今后相当长的一段时间成为国家教育发展的重要模式。

---

① 陈菊. 构建区域教师专业发展共同体之探究 [J]. 广西师范大学学报（哲学社会科学版），2008，44（4）：89-93.

② 孙众，吴敏华，徐克强. 教师专业能力持续性发展的"区域性合作型"研究 [J]. 中国电化教育，2009（11）：98-101.

③ 王立亭. 教学研究室：区域教育内涵发展的坚强支点 [J]. 中国教育学刊，2011（s2）：1-3.

其次，纵观国内外的区域教育发展，可以发现其普遍紧扣"区域教育优质均衡发展"这一主题，结合本地区特色，目的是让国民享受公平而有质量的教育。美国的"学区制"及"区域教育服务中心"对教育资源的分配及利用，日本学校、家庭、社区联动，国内的区域教育城乡一体化推进，特色学校创建等等，无一不是围绕这一主题。可见，"区域教育优质均衡发展"是目前乃至今后一段时间内世界区域教育发展的主要潮流。

最后，在区域教育研究方面，国外学者（以美、日学者为主）以比较教育学为基础，创设了区域教育研究的方法论；其强调研究必须遵循提出假设——研读理论——现场实践——形成模型的路径，既关注文献资料的收集整理与研读，又注重相关学科理论及方法的应用，并结合实地调查（如参观学校等）方式获得第一手资料，在此基础上得出相应的研究结论。国内相关研究虽然起步较晚，但发展迅速，成果显著，主要呈现出以下特征：

从总体来看，我国近年来区域教育发展研究逐渐成为热点，其中2014—2015年研究文献增幅最大，之后趋于平稳，年均发文量保持在较高水平，说明区域教育发展目前仍是学者重点研究领域。此外，本领域的核心文献量占总文献量的50%左右——研究水平较高也是该领域的研究特点之一。

从研究方向来看，区域教育发展研究主要以2011年为界限，分为两个阶段。在2011年以前，本领域的研究集中于对教育资源与教育现代化相关，以研究资源的合理配置与信息技术应用为主。而进入2012年后，本领域的研究重点慢慢向区域教育的内涵与特色发展倾斜，相关研究也更注重学校自身建设、教师专业发展、合理的质量保障体系构建等方面。

从研究的内容来看，对区域教育发展的研究主要集中于区域教育均衡发展研究、区域教育特色与内涵发展研究、区域教育质量保障研究与区域教育教师发展研究。四个研究内容各有侧重，且彼此间互有关联。其中，区域教育均衡发展为研究成果最集中的方向，其研究兼顾理论性与实践性，但近年来研究同质化倾向严重，创新点较少，研究已达到相对饱和。而其余三块研究均取得了一些进展，但与区域教育均衡研究相比，研究内容松散、研究成果相对较少、研究水平相对较低是目前制约其发展的三大弊端。

鉴于以上研究结论，笔者认为，对我国中小学区域教育发展的研究，今后可以在以下三方面进行强化：

第一，强化理论研究，寻找该领域新的研究点。目前，针对区域均衡发展的研究，主要还是集中于资源的合理配置，研究内容较为单一，而对学校主动发展，校际整体联动发展，学校与社区结合发展等涉及不多。如何将这些内容与区域教育发展理论进行结合，创生出新的研究热点，实现区域教育高位均衡发展，是今后研究需要考虑的重点。

第二，理论与实践相结合，进行有效的长期实践，以实践研究对理论进行检验。区域教育质量保障、特色均衡发展方面近年来缺少理论结合实际的实践研究，多数为纯理论性探讨，即便有实践研究，也缺乏相应的实证数据，使得研究结果并不能令人信服。所以，理论与实践相结合的研究应当成为今后区域教育研究的主流内容。

第三，转换研究思路，以区域研究者的视角思考问题，进行区域整体联动研究，也应是今后区域教育研究的趋势。目前，区域教师发展研究以高校——区域教研部门——学校教师进行整体规划，取得了良好的效果。但从整体来看，对区域教育发展的研究，研究内容离散度偏大，内容与内容间建立的联系并不多。区域教育发展应是结合紧密的整体，各研究板块之间如何以区域战略的角度建立有效联系，共同发展，应成为今后一段时间的研究热点。

第二章

区域发展呼唤"优质教育长出来"

第一节　从国家政策层面理解"公平而有质量的教育"

党的十九大报告指出："建设教育强国是中华民族伟大复兴的基础工程，必须把教育事业放在优先位置，加快教育现代化，办好人民满意的教育。要全面贯彻党的教育方针，落实立德树人根本任务，发展素质教育，推进教育公平，培养德智体美全面发展的社会主义建设者和接班人。"这是未来教育发展的总体目标。就基础教育阶段而言，其主要目标就是"努力让每个孩子都享有公平而有质量的教育"。将教育事业的发展放在优先位置，将教育的基础性、先导性、前瞻性的战略地位和作用推到了关系国家全局、民族复兴的新高度。① 同时，党的十九大报告明确，中国特色社会主义进入了新时代，我国社会的主要矛盾转化为人民日益增长的美好生活需要和不平衡不充分的发展之间的矛盾。因此，在目前乃至今后一段时间内，我国教育的主要矛盾也将转化为人民日益增长的教育需求与不平衡不充分的教育发展之间的矛盾，发展公平而有质量的教育将成为我国今后区域教育发展的主要议题。李克强总理在 2018 年的《政府工作报告》中，系统总结了过去五年教育工作的主要成绩：逐步完善及深入实施教育补偿性政策体系。2012 年以来，我国年均公共教育投入占 GDP 总量始终保持在

---

① 薛二勇，傅王倩. 发展公平而有质量的教育——中国教育改革和发展的形势与政策分析 [J]. 中国青年社会科学，2018，37（03）：22 – 30.

4% 以上，① 实施了包括改善农村薄弱学校办学条件，提高乡村教师待遇，实施农村儿童营养改善计划，资助困难家庭学生等一系列政策。同时，《政府工作报告》对 2018 年教育工作进行了全面部署，提出"发展公平而有质量的教育"，推动城乡义务教育一体化，教育投入继续向困难地区和薄弱环节倾斜，发展民族教育等。

"发展公平而有质量的教育"包含"促进教育公平"与"提高教育质量"两层含义。没有质量的公平只是表面化的公平，对发展教育事业没有任何意义；而不普遍的高质量只会带来教育水平的参差不齐，从整体而言，其根本不算高水平的教育，更会造成社会矛盾的产生。因此，教育公平与教育质量两者相辅相成，相互促进，不可偏废。

一、促进教育公平

教育公平，就是学生享有公平的入学机会，教育过程中受到公平的对待，教育结束后能够得到全面而充分的发展。② 2006 年我国修订《义务教育法》时明确指出，义务教育在不同地方、区域、校际之间存在着巨大的办学条件和质量差距，修法重点在于促进均衡发展。③《国家中长期教育改革和发展规划纲要（2010 – 2020 年）》也指出，我国区域教育发展不平衡，要逐步实现基本公共教育服务均等化，缩小区域差距，基本实现区域内均衡发展，特别提出均衡发展是义务教育的战略性任务。④ 党的十八大正式明确义务教育的政策核心即为优质均衡。此后，国家出台多种政策，保障教育公平的顺利实施。针对区域（校际、城乡间）教育质量存在的明显差异，国务院专门出台了《关于深入推进义务教育均衡发展的意见》，要求各地区推动优质教育资源共享，均衡配置办学资源，保障特殊群体平等接受义务教育，率先在县域内实现义务教育基本均衡发展，县域内学校之间差距明显缩小。到 2020 年，全国义务教育巩固率达到95%，实现基本均衡的县（市、区）比例达到 95%。随后，《关于深化考试招

---

① 顾明远. 学习贯彻十九大精神 办好人民满意的教育——让每个孩子都享有公平而有质量的教育［J］. 教育研究，2017（11）：4 – 7.
② 薛二勇. 教育充足时代教育公平内涵要扩容［N］. 中国教育报，2018 – 01 – 12（002）.
③ 王大泉. 教育立法研究对教育立法实践的影响分析［J］. 华东师范大学学报（教育科学版），2018（2）.
④《国家中长期教育改革和发展规划纲要（2010 – 2020 年）》.

生制度改革的实施意见》《关于进一步完善城乡义务教育经费保障机制的通知》《县域义务教育优质均衡发展督导评估办法》等普惠性政策文件陆续发布，《关于全面改善贫困地区义务教育薄弱学校基本办学条件的意见》《国家贫困地区儿童发展规划（2014－2020年）》《乡村教师支持计划（2015－2020年）》等补偿性政策文件陆续发布。普惠性与补偿性政策文件的出台，有力促进了区域教育均衡发展，保障了教育公平。

二、提高教育质量

教育质量，就是指教育活动的固有特性以满足受教育者为中心的教育消费者要求的程度。① 所谓"有质量的教育"，教育部陈宝生部长给出了如下要义：按照教育规律办事，按照学生身心发展规律来办事，让孩子健康成长；培养、提升孩子的能力是学校办的成功与否的检验标准；要创新人才培养模式，以适应时代的需要。《国家中长期教育改革和发展规划纲要（2010－2020年）》中"把提高质量作为教育改革发展的核心任务。"在基础教育领域，中共中央办公厅、国务院办公厅印发《关于深化教育体制机制改革的意见》，明确提出坚持扎根中国与融通中外相结合，继承我国优秀教育传统，吸收世界先进办学治学经验，健全立德树人系统化落实机制，强调构建以社会主义核心价值观为引领的大中小幼一体化德育体系。同时，在培养学生基础知识和基本技能的过程中，强化学生关键能力培养。培养认知能力，引导学生具备独立思考、逻辑推理、信息加工、学会学习、语言表达和文字写作的素养，养成终身学习的意识和能力。培养合作能力，引导学生学会自我管理，学会与他人合作，学会过集体生活，学会处理好个人与社会的关系，遵守、履行道德准则和行为规范。培养创新能力，激发学生好奇心、想象力和创新思维，养成创新人格，鼓励学生勇于探索、大胆尝试、创新创造。培养职业能力，引导学生适应社会需求，树立爱岗敬业、精益求精的职业精神，践行知行合一，积极动手实践和解决实际问题。要建立促进学生身心健康、全面发展的长效机制。切实加强和改进体育，改变美育薄弱局面，深入开展劳动教育，加强心理健康教育和国防教育。② 在高等

---

① 李五一，杨艳玲. 有质量的教育公平：理论分析与政策安排［J］. 国家教育行政学院学报，2015（08）：44－50.

② 中共中央办公厅 国务院办公厅印发《关于深化教育体制机制改革的意见》.

教育领域，国家不断优化高等教育的地区结构，先后出台了《中西部高等教育振兴计划》《统筹推进世界一流大学和一流学科建设总体方案》《统筹推进世界一流大学和一流学科建设实施办法（暂行）》等政策文件，加快中西部高等教育建设，从整体上提高我国高等教育质量。

第二节　从区域发展层面呼唤"优质教育长出来"

从区域科学的角度来看，区域教育发展为区域的经济、文化、政治发展提供了知识、技术、人才等各方面的保障。因此，从某种程度而言，区域教育发展是区域发展中关键的环节。而区域教育的发展也离不开区域内各种因素的有效配合，这包括：区域教育政策、区域经济发展、区域人文发展、区域人口结构等。这些因素与区域教育发展有着密不可分的关系，某些因素甚至能够直接决定区域教育发展的整体程度。本节将从区域教育政策、区域经济发展、区域人文发展以及区域人口结构等几方面，阐述其与区域教育的相互关系。

一、区域教育政策与区域教育发展

教育政策是一个政党和国家为实现一定历史时期的教育发展目标和任务，依据党和国家在一定历史时期的基本任务、基本方针而制定的关于教育的行动准则。① 其按照地域划分，可分为区域性教育政策与全局性教育政策两类，区域教育发展必须主要归根于区域教育政策这一因素的影响。因此，只有区域教育政策适合区域教育发展的客观规律，才能切实促进区域教育的发展，进而使得全局性的国家教育政策得以真正落实。而相对于全局性的国家教育政策，区域教育政策有着自己的几大特性。

首先，区域教育政策具有承上启下的作用。相对于全局性教育政策的元政策性，区域教育政策更倾向于具体政策范畴：② 其一般都是在全局性教育政策影响下，区域结合自身的实际情况，就如何在贯彻国家教育方针的同时，解决

---

① 张新平. 教育政策概念的规范化探讨［J］. 湖北大学学报（哲学社会科学版），1999（1）：92－96.

② 钟婉娟，杨润勇. 论区域教育政策制定［J］. 教育科学，2003（06）：1－3＋34.

区域自身的实际教育问题所做的一系列具体规定。同时，区域教育所具有的中观特性，使得其需要对本级及下属各级教育行政部门有指导与引领的作用，是区域内下属各教育部门开展业务活动的前提。因此，区域教育政策具有中间承接性，在教育政策系统中起着特殊的桥梁纽带作用。

其次，区域教育政策具有较强的实践作用。这主要包含两层含义：第一，区域教育政策属于具体政策，其作为总体政策贯彻执行的一个最基本手段，必须具有较强的可操作性。具体来说，区域教育政策必须在程序、方法、规章、日程等细节问题上明确规定，以便各级教育部门按章执行。第二，区域教育政策必须在关注基层教育工作者及区域热点教育问题的基础上加以制定。与宏观性的国家教育政策不同，区域教育政策在制定时应更具微观、现实的考虑。教育政策制定的关键在于发现教育问题；认清教育问题的实质、范围，并制定相对应的措施。从这个意义上来说，客观的教育问题对教育政策的制定起着关键性作用。但是，由于行政决策者在制定政策时往往带有较强的主观性，制定的教育政策并不能完全反映基层所关心的热点教育问题，政策与实际情况的脱节，使得教育政策在某种程度上反而制约了教育的发展。① 因此，区域教育政策应在进行了充分客观的调查研究，特别是充分听取基层所反映的实际问题后再进行制定。

最后，区域教育政策具有相对独立性。由于区域教育政策是各级地方政府制定并实施，其只能在自身管辖的范围内行使教育行政权力，贯彻区域教育政策。这是区域教育政策较为突出的一大特点，这种特点决定了不同区域间教育模式、教育水平的不一致性，也是形成区域教育特色的重要因素之一。

二、区域经济发展与区域教育发展

区域经济是指在一定区域内经济发展的内部因素与外部条件相互作用而产生的生产综合体。② 区域经济发展与区域教育发展之间既相互依存，又相互制约。区域教育对区域经济的影响主要体现在教育的经济功能上，其主要可分为直接功能与间接功能两大类。

区域教育发展对区域经济发展的直接功能：

---

① 钟婉娟，杨润勇. 论区域教育政策制定 [J]. 教育科学，2003（06）：1 - 3 + 34.
② 刘冰冰. 区域经济发展模式研究 [M]. 成都：四川人民出版社，2015：1

第一，区域教育为区域经济发展提供各种人才。现代人力资本理论认为，社会经济发展中最重要的资源是人力资本，而区域获得人力资本的主要途径即是对本区域人口进行教育。① 教育可以培养人的道德价值观念，强健人的身体素质，促进人的智力发展，提升人的创造力。因此，教育程度直接决定了区域经济获得的人力资本质量。

第二，区域教育发展能够有效促进科学技术转化为生产力，缩短社会劳动时间，提高劳动效率，进而促进区域经济的整体发展。"科学技术是第一生产力"这句著名的论断精彩概括了科学技术在经济发展中的巨大作用。教育可以不断提高劳动者的劳动技术水平，增强他们的科学素养与技能，从而迅速将科学研究成果转化为生产力；在这个过程中，劳动者的劳动效率也会有明显的提升。因此，区域教育能够增加区域经济的核心竞争力，促进区域经济模式的不断优化。

同时，区域经济的发展也为区域教育发展提供了强有力的保障。区域经济的发展能够带来大量财政收入，区域对教育的支持也因此加大：包括教育基础设施建设，教育科研经费的投入，教育从业人员待遇的改善等。所有的投资又会促进区域教育的发展，从而带来良性的循环模式。所以一般来说，经济较为发达的地区，其区域教育整体水平也相对较高——可以毫不夸张地说，区域经济的发展是区域教育发展的最重要因素之一。

三、区域人文发展与区域教育

区域文化是对特定文化区域中产生的独特文化现象的总称。张丽娟等（2007）经研究认为，所谓区域文化，是以地域空间为前提的复合文化分布，它将具有相近的生存方式和文化特征的集合作为一个单独的认识对象，然后进行历史的分类与探索。② 文化是人类的创造物，但文化一旦被创立，就会对人类的生活、行为等产生长久的影响。这种影响不仅反映在个人——塑造个人人格，实现个体的社会化功能；更反映在区域社会——文化具有整合社会及导向社会

---

① 张惠忠，杨火青，马晨明. 现代人力资本理论的溯源、评析和启示［J］. 嘉兴学院学报，1996（4）：8－12.

② 张丽娟，陈曙雯，张友燕，吴春彦. 大学生文化素质教育的新视点——区域文化与素质教育的结合［J］. 教育理论与实践，2007，27（S1）：5－7.

价值取向的能力。换言之，区域文化对区域社会具有结构整合、价值整合及规范整合三方面的功能。具体来说，文化的结构整合功能指的是文化对社会各部门、各机构的整合能力。一个地区统一的文化导向能够促使该地区的机构、单位形成统一的目标取向，为同一个目标而联结起来，共同完成区域社会的正常运作。文化的价值整合功能指其对区域人群有着统一的文化熏陶作用。各人的价值观生来不尽相同，而一个区域社会需要形成较为统一的价值取向，区域文化显然可以发挥作用。而文化的规范整合功能指的是其在一定范围内可以对人们的行为、道德等进行约束，使区域内人员的行为符合一定的模式，从而维持区域社会的秩序。从这个意义上说，文化有着与法律法规相似的效果。

既然区域文化对区域社会有着如此之大的影响力，自然也就对区域教育有着独特的感召力。前文提及，区域文化对区域中的个人、部门和机构都有着深远影响，当然也会对区域教育的目标、内容、管理和组织形式有相当的作用。另一方面，教育具有历史继承性，任何区域的教育都不可能凭空建立，而需要在原有基础上继承和发展。因此，具有历史传承性的区域文化能在相当广阔的范围内影响区域教育。正如鲁洁在《教育社会学》中所表述的那样："任何一种新的外来教育的模式，即使使用了强有力的行政手段的推行，到头来还必然要被盖上本民族传统的烙印。"①

综上所述，正因为区域文化与区域的历史、民俗特色等关系密切，对区域教育中的人文教育也有着极为重要的影响，我们可以得出结论：区域文化是区域教育的重要组成部分。

四、区域人口结构与区域教育

区域人口结构对区域教育的影响，具体表现为区域人口的数量、人口年龄结构的变化、人口的整体素质对区域教育的规模、结构及质量的需求。首先，区域人口的数量直接影响到区域教育的发展规模。人口数量的波动必然导致区域中受教育人口的波动，区域教育的规模当然也要做出适量调整。从近十年的情况来看，大量农村人口向城市流动，西部内陆地区的人口向东部沿海发达地区流动，致使东部经济发达地区人口数量急剧增加，区域教育规模也必然随之

---

① 鲁洁. 高等学校文科教材：教育社会学［M］. 人民教育出版社，2007.

变大。其次，区域人口年龄结构的变化也直接导致了区域教育结构的变化。随着近年来人口迁移与"二孩"政策的实行，基础教育阶段，特别是幼儿园与小学阶段的适龄入学儿童将大幅度增加，区域教育中基础教育所占比重将有所增加，区域教育的整体结构向基础教育方向倾斜的趋势将会越来越明显。第三，区域人口素质对区域教育的发展也有重要的影响。区域人口素质的提高必然带来对区域教育要求的提升，同时其也为区域教育发展提供了高素质的教师和学校管理人员。一些地区教育水平较低，并不是因为其基础设施建设不足，而是因为缺乏高素质的教育教学人员。因此，高素质的教师是区域教育发展的核心资源。此外，高素质的区域人口还为区域教育提供了校外教育的保障。教育是一项系统的社会工程，学校、家庭、社会均对其产生重要影响，区域教育的发展，离不开家庭教育与社会教育。区域人口的素质直接决定了学校、社区与家庭教育的整体质量，其对区域教育的作用显而易见。

综上所述，区域人口结构即决定了区域教育发展的规模、结构及需求，区域教育发展也会反作用于区域人口素质，而一个拥有良好教育资源的区域也更容易吸引外来人口定居，从这个意义上来说，区域教育也具有疏导人口流动的功能。

第三节　区域"优质教育长出来"的内涵解读

一、区域"优质教育"内涵解读

在对"优质教育长出来"进行内涵解读以前，有必要对区域"优质教育"做一个全方位的理解。何为优质教育？"优"指的是上乘，出众。"优质"顾名思义，是上乘、出众的质量。"优质教育"的核心在于教育质量的上乘、出众。对于教育质量的界定，学界至今仍存有争议。如中国教育学会副会长陶西平认为，优质教育既指教育总体的高水平，又指标志学校和教育机构的高水平；既指学校校舍、教育设施、现代教育技术等硬件的高水平，又指教育思想、课程教材、教师队伍、教育管理等软件的高水平；既有优质教育资源的扩大，又有优质教育内涵的开掘。① 华东师范大学吴刚教授认为，优质教育包含了一种承诺，一方面是在教育服务上的优质化，即具有明晰的教育目标、严格的学术标准、优良的教师团队和良好的课程组织。另一方面，希望借助这种优质服务达成每个个体的发展。② 还有学者认为，优质教育是高质量与高效益统一的教育。

笔者认为，上述学者所界定的"优质教育"表达方式可能各有侧重，但均指向一个方向，即区域教育宏观、中观及微观领域的整体高质量，其包含了教育思想、教育政策、教育资源、教育服务等区域教育各个方面。

而"区域优质教育"将"优质教育"放置于"区域"这一特殊范畴中，形成了全新的概念。区域是一个复杂交叉，且相对性很强的空间概念，很难定义准确的边界和范畴。从地理学的角度而言，一般将区域定义为地球表面的地域单元，如沿海区域、内陆区域等；社会学将相同民族、相同语言习惯的人类聚落称为区域，其边界可以超越行政区划和地理区域，如港澳地区，川藏地区等；政治学按照行政权力的覆盖面，将区域看作国家管理的行政单位，其边界即为行政区域界限；而经济学则对区域有着多种解释。埃德加·M. 胡佛认为，区域是"基于描述、分析、管理、计划或制定政策等目的作为一个应用整体而加以考虑的一片地区，它可以按照内部性质的同一性或功能的一体化原则加以划分。"沃尔特·艾萨德认为，区域是"按人类经济活动的空间分布规律划分的，具有均质性和集聚性，经济结构基本完整，在国民经济体系中发挥特定作用的地域单元。"③ 我国著名区域经济学家安虎森认为"区域是指便于组织、计划、协调、控制经济活动而以整体加以考虑的、并考虑行政区域基础上的一定的空间范围，它具有组织区内经济活动和区外经济联系的能力，常由一个以上以高级循环占重要比重的中心，城市、一定数量的中小城镇以及广大乡村地区所组成。"④ 本书中的"区域"概念主要以上述区域经济学理论为基础，综合考虑行政、社会、地理等多种因素，将其定义为：经济、文化等具有一体性的，能够进行统一组织、计划、协调等活动，以行政区域为基础的一定空间范围，其由传统意义上的城区与乡村区域共同构成。而区域教育则特指在这一概念之上，

---

① 刘森. 陶西平：用不一样的眼光看教育［J］. 教育家，2016（6）：5－7.
② 吴刚. 优质教育与教育机会均等［J］. 中小学管理，2004（3）：12－14.
③ （美）埃德加·M. 胡佛. 区域经济学导论［M］. 上海：上海远东出版社，1992. 239.
④ 安虎森. 新区域经济学. 第2版［M］. 大连：东北财经大学出版社，2010.

带有鲜明空间特色的教育系统。

综上所述，"区域优质教育"可以认为是在经济、文化等具有一体性的，能够进行统一组织、计划、协调等活动，以行政区域为基础的一定空间范围内，由传统意义上的城区与乡村区域共同构成的，有鲜明空间特色的教育系统宏观、中观及微观领域的整体高质量，其包含了教育思想、教育政策、教育资源、教育服务等区域教育各个方面。

二、"区域教育指标体系"的解读

教育指标作为教育现象数量的科学范畴，是指综合反映教育发展状况和进程、制定教育发展目标和规划的数据。① 区域教育发展是长期动态的过程，为了评价区域教育发展的动态变化，需要构建一套能够准确评价与比较区域教育发展水平的工具——区域教育发展水平指标体系，这也是区域教育评价的中心环节。

教育指标（education indicators）具有两层含义，一是作为评价教育发展的具体项目，二是作为描述教育系统重要特征的具体事项。② Bottani 与 Tuijhman 认为教育指标具有三个功能：一是诊断的工具，可作为评价的基础；二作为一种总结性信息，反映教育发展的成就或表现；三是对于价值所作的判断，可提供政策规划的基础。③

关于区域教育指标的内涵，到目前为止学界并未达成共识。这主要是因为教育指标相关的一些术语使用上没有统一标准，诸如质量指标、发展指数、表现性标准等均在区域教育发展评价中使用。但综合来看，还是"教育指标"一词使用最为广泛。指标（indicator）原意是指示、提供信息（things that points out or gives information）。④ Johnstone（1981）认为指标是一种统计量数，对各相关层面进行加总（aggregation）与分割（disaggregation），来反映研究对象特征；

---

① 熊明，刘晖. 教育现代化指标体系理论研究综述［J］. 江西教育科研, 2007（08）：11－14.
② 吴清山，林天佑. 教育名词：教育指标［J］. 教育资料与研究, 1999, 29：67.
③ 张芳全. 教育政策导论［M］. 台北：五南图书出版公司, 2001：92.
④ 霍恩比. 赵翠莲. 牛津高阶英汉双解词典：第 8 版［M］. 北京：商务印书馆, 2014：797.

指标应采用量化的方式，对研究对象现况做一适当描述。① Richard（1988）认为指标是对现况的描述，具有价值中立性，且不做任何价值判断。② Oakes（1986）对教育指标的定义是，为使决策者、教育者（educator）及社会大众了解社会系统表现与健康所选取的统计量数，并强调理想教育指标应具有三要素：必要的参照点、需提供教育系统的各种相关信息、测量教育普遍存在的特征，并根据这些特征推断未来教育的发展趋势。③

尽管对区域教育指标的内涵意见不一，但大多数学者对教育指标促进教育发展这一功能看法一致。其主要功能在于陈述教育政策与目标，评价教育制度及管制教育质量，提供教育决策信息和教育消费者信息等。④ 按照上述功能描述，区域教育指标依据评价的侧重点，可以分成不同的类别。如按内容进行分类，则区域教育指标可以有教学类、课程类、教科研类等；按系统分类，可以有输入类、输出类、成果类指标；按组成分类，则可以有单一性指标（如学生数量）、复合性指标（如师生比）等。还有按构建分类、目标分类等。区域教育指标的选择首先需要反映区域教育系统的核心理念，并满足实际需要；在具体设计时，需要以相关理论作为依据，具有较高的信度与效度，且有较强的可操作性与可用性。

单一的区域教育指标能测量区域教育某一方面的发展情况，如需要全面、综合了解区域教育发展的整体情况，则需要将多个有内在关联的单一指标进行结构化、系统化的综合，形成区域教育指标体系。"指标体系"这一概念最早诞生于统计学，指的是由一些有规律的互相作用或互相依赖的形式联合起来的物体的聚集物或集合物。⑤ 依据孙继红的观点，构建区域教育指标体系需要概念模型作为引导，将理论模型与实际资料结合，从而形成完整的指标体系。其结合孙志麟对教育指标概念模式的研究成果，提出了五种具有代表性的概念模型，

① Johnstone, J. N. Indicators of education systems. London: Kogan Page Press, 1981: 2~6.
② Richard, C. Indicators and three types of educational monitoring systems: implications for design. Phi Delta Kappan, 1988, 69 (7): 495~499.
③ Oakes, J. Educational indicators: A guide for policymakers. New Brunswick, N. J.: Center for policy Research in Education, 1986: 1~5.
④ 孙继红. 我国区域教育发展状况评价的实证研究 [D]. 南京：南京航空航天大学，2010.
⑤ 孙继红. 我国区域教育发展状况评价的实证研究 [D]. 南京：南京航空航天大学，2010.

如下表1.2所示。①

表1.2 构建教育指标的五种概念模式

模式＼项目	构建理念	设计重点	层阶关系
系统模式	教育生产力	以系统理论为基础，衡量教育系统的输入、过程及输出的表现，并分析指标之间的关系	由上而下
演绎模式	教育发展	选择目标主题为教育指标构建的依据，了解该目标主题的教育发展与表现	由上而下
归纳模式	教育发展	从现有统计资料中选取可用的教育指标，描述教育状况与教育发展	由下而上
目标模式	教育政策	依据教育改革目标选取适宜的指标，以评估目标的实现程度	由上而下
问题模式	教育改革	以重要教育议题作为指标构建的核心，发现并了解可能的教育问题	由上而下或由下而上

　　区域教育指标体系的建构，目前大致有量化构建、质性构建与复合构建三种。不管哪种方法，均需要阐明两方面问题，一是"指标建构依据"，二是"指标权重计算方式"。无论使用哪种方法，构建区域教育指标体系均是一项需要花费大量人力、物力的长期性工程，因此，国内区域教育指标体系构建工作仅在少数省份进行，国家并未有统一的组织。如上海市在2006年进行了上海市教育质量评价体系的研究，目的是寻找国际和国内大城市具有公认度、敏感性、可供比较的教育发展指标，通过评价工具和手段判断上海教育所处的位置和水

---

① 孙继红. 我国区域教育发展状况评价的实证研究［D］. 南京：南京航空航天大学，2010.

平。① 浙江省于 2016 年开始进行中小学教育质量评价改革，以重建区域教育质量观为宗旨，以改进区域教育质量管理机制、提高中小学教学测验质量、构建以校为本的学生成长评价系统为抓手，着力构建浙江省中小学教育质量综合评价体系。② 江苏省苏州市于 2016 年颁布苏州市中小学学业质量阳光指标评价系统，该评价体系分学生、教师、学校、家庭四个维度，包含学生品德发展水平、学业发展水平、身心发展水平，教师专业素养、校园学习文化等 13 个一级指标与 50 个二级指标。③ 通过该评价系统，将不仅对学生的学业质量进行测量，还可对影响学生发展的因素进行综合评估。

综上所述，区域教育指标体系是一个涉及教育政策、教育改革、教育发展的复杂系统。构建区域教育指标体系需要使用科学的方法，花费大量的资源。但区域教育指标体系是一个可以评估区域教育质量，衡量和评价区域教育发展水平的重要工具，因此，其对区域教育发展的促进作用是不言而喻的。构建适合本区域的教育指标体系，除了可以采取自主研究的方式外，还可以借鉴已有成熟的区域教育指标体系，并进行本土化的改进，使其适合本地区教育发展的客观实际。

三、区域"优质教育长出来"的内涵解读

"优质教育长出来"的命题来源于 19 世纪美国著名教育学家杜威的"教育即生长"理论。不可否认，"生长"在杜威的教育理论甚至哲学理论中占有极其重要的位置。悉尼·胡克曾评价杜威"把生长看成是教育和道德价值的关键"。因此，胡克也称杜威为"生长的哲学家"。

在杜威之前，裴斯泰洛齐与福禄倍尔曾经提出过"教育即生长"的观念，但杜威的"教育即生长"理念并不与前人完全相同，从某种意义上说，其表达了一种全新的教育观与发展观：包括"生长"的性质，其与教育目的关系，都为"教育即生长"这个概念赋予了更为丰富的内涵。因此，凯瑟琳等编著的《杜威学校》中也认为，杜威所提出的"教育即生长"与前辈教育学家有着本

---

① 《上海教育质量评价体系研究》课题组，唐晓杰，刘耀明. 上海教育质量评价体系研究 [J]. 教育发展研究，2007（2b）：30－34.
② 马婷. 改进教育质量管理 推动教育评价改革——中小学教育质量综合评价改革培训研讨会综述 [J]. 浙江教学研究，2016（2）：47－49.
③ 苏州市中小学学业质量阳光指标评价系统发布 [DB/OL]. 2018－08－11.

质的区别。①

杜威认为，生长是"一个永远不熄的作用，其是与年龄无关的"；② 儿童在成长，成人也在不断成长，教育也应该随着人类的成长而成长，直到生命的终结，教育才应该结束。从这个角度来理解，则教育就不单单只是特殊的学校活动，而生长也不仅仅是校内儿童的特殊需求。当然，如果熟悉杜威理论的人就会明确，杜威所提出的"生长"主要还是指儿童的生长，其之所以提及成人，也是为了更好地与儿童的生长进行比较。与此类似，杜威提及的教育主要指的还是学校教育，他看到了学校是人类文明社会进步的产物，也明白相对于杂乱无章的社会教育，有条不紊的学校教育对生长而言更具优势。

在杜威看来，生长是机体和环境相互作用的过程与结果。据此，有人对"生长"提出了强烈的质疑，认为这种生长只是带有达尔文主义色彩的生物学概念，属于自然现象范畴，并不具有教育学的道德与价值。但事实上，杜威已经对这个生物学概念进行了改造，赋予了它更加丰富的教育内涵——发展就意味着生长。其在著作《民主主义与教育》中专门用一节阐述了发展概念的教育意义："当我们说教育就是发展时，全看对发展一词怎样理解。"③ 杜威的"生长"概念所体现的是一种全新的"发展"观，其最为重要的一个特点即明确生长的"自发"性。有别于赫尔巴特强调外部因素对个体塑造的作用，忽视儿童许多特有的主观能动性，杜威更倾向于重视"内生性"的成长。当然，杜威的生长观也有别于卢梭的"自然发展"理论。《民主主义与教育》一书中指出："我们的结论不是要离开环境进行教育，而是要提供一种环境，使儿童的天赋能力得到更好的利用。"④ 这段论述明确肯定外在条件对儿童个体成长的指导性。

从上述对杜威"教育即生长"理论的解读，我们可以发现，"优质教育长出来"强调了以下几方面的价值导向：首先，"长出来"是一个持续不断的过程；其次，"长出来"既要顾及外部因素，如学校、社会、家庭等，又要顾及内部因素，如儿童的兴趣、能力、习惯等；第三，在"长出来"的过程中，学校教育有着极为重要的作用；最后，"长出来"是一种全新的"发展"观。因此，本

---

① 凯瑟琳·坎普·梅休等. 杜威学校 [M]. 北京：教育科学出版社，2007：6.
② 杜威. 哲学的改造 [M]. 北京：商务印书馆，2011：99
③ 约翰·杜威. 民主主义与教育 [M]. 北京：人民教育出版社．2001：42 - 58.
④ 约翰·杜威. 民主主义与教育 [M]. 北京：人民教育出版社．2001：125.

书中将"区域优质教育长出来"等同于"区域优质教育发展"。

第四节 本章小结

本章首先从国家政策层面理解了"公平而有质量的教育"，再从区域教育与区域发展的关系入手，解读了区域教育与区域教育政策、区域经济发展、区域人文发展与区域人口结构之间的关系；随后对区域优质教育、区域教育指标体系的内涵分别进行了解读；最后对杜威"教育即生长"的理论内涵进行了深入剖析。通过本章的解读与分析，我们可以从国家层面、区域层面理解区域"优质教育长出来"的必要性，也可以更深入地了解"区域优质教育长出来"的理论和实践价值。

第三章

钟楼区域教育发展的基础调研分析

任何区域在进行教育改革与发展前，都需要对自身教育发展的现状做全面评估，以此审视区域教育已有基础，合理分析目前存在优势与不足，为进一步发展提供参考与建议。因此，钟楼区对区域教育发展现状进行了全面调查与分析，拟通过调查，明确区域教育质量现状，并探寻影响区域教育质量进一步提升的制约因素及解决之道。

区域教育质量涵盖的范围极广，其内容千头万绪，依靠一次调查就想完全理清政策、资源、教育教学等各方面的所有情况难度相当之大。故笔者抓住其中的核心要素，即"人的发展"因素来进行调查。具体来说，"人的发展"可以分为学生发展与教师发展两个块面；教育的终极目标是促进学生的发展，而学生的发展条件中，教师的发展则显得至关重要。故本次针对钟楼区域教育发展的基础调研分析将从学生发展与教师发展两个角度，探寻区域教育质量现状。其中学生发展包含学生价值体认、体质健康、学业成就等方面；教师发展包含教师的专业知识、专业能力、职业道德与心理素质、继续教育等。

第一节　区域学生发展现状调查

区域学生发展现状调查包含价值体认、体质健康及学业成就三方面，指向学生的身心健康及学科核心素养发展，如下图3.1所示。

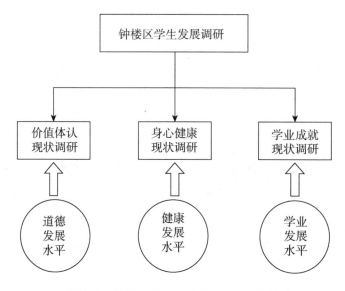

图 3.1　钟楼区学生发展水平调研结构图

一、区域学生价值体认现状调研

常州素有崇文尚德、尊师重教的优良传统，钟楼区作为常州市的中心城区钟灵毓秀、人文荟萃。现有初级中学 4 所，九年一贯制学校 3 所，小学 25 所，幼儿园 42 所。在社会主义核心价值观的引领下，在中华优秀传统文化、革命传统精神、新时代要求的观照下，钟楼教育致力于给儿童创造更多全面发展的时空，提出了"优质教育长出来"的理念。在推进区域教育高质量发展的进程中，立足区域实际，高度重视学生品格的养成，依托品格提升项目《尚德学堂：区域推进中小学生品格提升工程的研究》，扎实有效地促进钟楼教育的发展。

已有的品格研究基础：

在崇文尚德的优良传统指引下，我们对区域"优质教育"的定位是：以先进的理念、优化的资源、优质的课程培养具有必备品格、优良学业、健康身心的儿童。

科研探路。钟楼教文局局长杨文娟领衔申报了《质量导向的区域教育整体联动发展研究》2017 年教育部重点课题。其中的子课题之一是《核心素养视野下的儿童品格养成教育实践研究》，旨在围绕钟楼儿童的品格养成展开内涵、策略、评价等方面的研究。

典型引路。钟楼区域内的常州市实验小学教育集团、觅渡教育集团等学校一直致力于儿童品格养成的研究。在杨文娟担任常州实验小学校长期间主持了教育部重点立项规划课题《基于学校生活变革的小学生分享品行养成研究》，对儿童的必备品格：分享品行、社会责任、家国情怀进行了系统的梳理。觅渡教育集团则对秋白精神、勤谨文化展开研究，号召觅渡学子"做秋白一样的人"。这些优秀学校是区域推进品格提升工程重要的引路者。

联动拓路。2015年，常州市实施区划调整，邹区镇划归钟楼区管辖，面积与钟楼老城区差不多大，定位于现代农业、现代服务业的发展。于教育而言，多了"田野课堂"资源。如何能够有效整合全区的教育资源，拓宽儿童品格提升的时空，形成学校、家庭、社会共育的网络，将是区域教育质量全面提升的契机与保障。

学生品格教育存在的问题：

社会上的价值呈现较为混乱、多元，小学生判断力不强。学生尚处于价值观逐步形成的阶段，往往对于身边出现的多元的价值观无法做出正确的判断，更无法在生活实际中去践行正确的价值观。如在上《我们和诚信在一起》时，学生对"诚信"有认知，即：我们要诚实、守信。但在现实生活中，不诚信不讲道德的事件比比皆是：不法商家以次充好、考试作弊得了高分、进入超市"顺手牵羊"未被发现占了便宜、乘公交不刷卡逃避付款……面对一些不诚信却暂时得到好处的人并没有受到应有的惩戒时，他们迷惘了：为什么要讲诚信？老实人吃亏，不讲诚信能占便宜，社会不公平！此时，价值观开始动摇了！在现实的矛盾问题面前，教育似乎显得苍白无力。面对这样的现状，我们能否通过不同资源信息的选择、判断、整合，引导学生进行价值认知从而实现真正的价值体认呢？

品格提升存在"知道但不一定能做到"问题。这是学生身上往往会出现的知行不统一的问题。如：问到孩子们"红灯、绿灯表示什么"，全班同学都响亮地回答出正确答案。而在随后的一份小调查问卷中却显示：自己能在现实生活中做到"红灯停、绿灯行"的达90%，父母能做到的却只有70%。尤其是人行斑马线上的红绿灯遵守情况更是不容乐观。这是品格提升中的典型问题：知道但不一定能够做到，即"知行不一"。是什么原因致使"知行不一"？能否通过一定的教育路径帮助学生做到表里如一、内外兼修呢？

对小学生而言，"价值观"比较抽象。爱国作为社会主义核心价值观，人人都知道其重要性，老师们也常常会在课堂中，实践中去强化"爱国"情感。如在上《筑起血肉长城》一课时，教师把教材中信息量比较大的故事一个个地讲过去。讲到重点处，还让学生用笔划下句子，提醒要记住。但对于为什么我们要爱自己的祖国？祖国是在经历了怎样一番西方蹂躏后通过顽强拼搏、自强不息才屹立在东方、成为世界强国等问题几乎没有涉及。自然，学生嘴上高喊"爱国"，但下课铃声一响，几乎把"爱国"的情感抛到九霄云外。由此暴露出来的教育问题是："爱国"太抽象了！孩子们显然对于"爱国"的价值体认不到位。那么，怎样使抽象的"价值观"能够让小学生在实践中去认知、认同并认真践行，形成必备品格呢？

根据以上问题分析，提出如下主要观点：

（一）品格提升是一个价值体认的过程。学生必备品格的养成也是价值体认的过程，需要经历价值体验——价值认知——价值认同——价值践行等过程。其中，价值体验是小学生价值体认的开始。充分重视学生的身心特质，在价值体验中获得的知识、情感、态度、价值观并加以选择、内化，能够引领学生形成正确的价值观，从而更加热爱中国，热爱中国共产党，热爱生活，热爱生命。

（二）品格提升可以"形象化"，即：借助教材、生活资源，运用好课程资源，通过一定的策略、路径、模型的建构帮助学生、教师个体或者共同体完成"价值体认"，从而形成利于学生终身发展的必备品质。

（三）品格提升是全社会共同的目标。学生品格的养育是全社会的共同目标，需要充分挖掘好学校、家庭、社会资源，把区域变成一个大学堂，成为儿童必备品格养成与提升的学习时空。在"全域育人"理念的指导下，以"体验"为载体，以"共享"为宗旨，呈现"开放型""立体化"特点。

二、区域学生身心健康现状调研

区域学生体质健康调研的主要检测对象为各校在籍学生。按照文件规定，全区所有中小学生全部成功上报数据，其中小学人数 40801 人。测试从 2017 年 9 月至 12 月 30 日。各校统筹合理安排测试时间，利用体育课、课外体育活动时间统一进行测试，截至 2017 年 12 月 10 日，所有的中小学在规定时间完成了所有测试工作，使得区域上报率达100%。

（一）测试指标与权重

测试指标与权重见"2014年《国家学生体质健康标准（2014年修订）》测试指标与权重"。学生身高、体重、肺活量项目的测试，可以与体检工作相结合，使用同一结果，不重复测试。

（二）测试方法

按《国家学生体质健康标准解读》（人民教育出版社［2007］出版）中有关要求进行测试。

（三）测试结果与分析

测试结果如下表3.1所示：

表3.1　体质健康测试表

	达标率	合格率	良好率	优秀率
全区平均	96.73%	50.19%	38.08%	9.3%

本次测试的数据涵盖了原钟楼区所有学校的数据和新的区域（邹区）的三所小学和三所中学的数据。整体而言较去年小学数据来说变化不大，但中学数据的差异有所不同：小学整体达标率略有所下降，但是优秀率提高了近3个百分点；中学的达标率下降了3个多百分点，优秀率下降了2个百分点。

从纵向数据分析，学校个体之间也存在一定的差距。小学里达标率最高的学校（新闸中心小学）为99.79%，达标率最低的学校（北京师范大学常州附属学校）为88.99%；优秀率最高的学校（新闸中心小学）为21.98%，优秀率最低的学校（西仓桥小学）为2%。中学里达标率最高的学校（钟楼实验中学和新闸中学）为100%，达标率最低的学校（邹区中学）为91.10%；优秀率最高的学校（泰村实验学校）为6.59%，优秀率最低的学校（西林实验学校）为3.87%。

根据以上检测结果，我们提出如下几点建议：

首先，对《标准》的测试和数据进行质量跟踪，夯实体育学科教学基础。各校严格按照（区域教学指南）的教材进行教学，这是体育学科的底线，也是钟楼学生体育能力、体质健康的保障。同时建议出台相关政策对每年学校《标准》测试的数据进行分析、质量跟踪和数据复查，确保《标准》准确、科学、规范地实施。

其次，加强兼职教师培训，提升体育学科教学质量。多数学校都存在着体育教师师资不足的情况。师资是保障学科教学质量的基础，没有稳定的师资，学科教学质量从何谈起？更何况是国家学生体质健康测试的方法和数据上报等专业较强的工作。所以，如何提高兼职教师的课堂教学水平和规范国家学生体质健康测试的方法、上报工作是迫切需要解决的问题。建议各学校制定相关配套措施：如专职以教技术为主，兼职以体能练习和复习为主等；同时建议学校兼职体育课的教师相对集中和固定，积极参与体育组的教研活动，逐步提升体育学科教学水平，保障学校体育学科的均衡发展。

然后，引导各校因地制宜，优化场地规划。部分学校的场地情况较差。面对硬件条件不足并且短期没有办法进行改善的情况，学科教研组要对场地进行认真的研究规划，例如直线不够，就跑对角线。在平时课堂中有意识地改变，在测试的时候也就习惯成自然了。

最后，部分学校的领导和体育教师对《测试》工作不够重视。建议在每学期期初，各校教研组要向分管校长和校长汇报体质测试的工作，制定教研组内的测试规划，什么时间段测试，什么时间段补测，什么时间段上报，测试的方法要向所有专职老师和兼职老师明确。学校从上到下都重视了，《测试》这样的常规性工作也就不复杂，达标率和优秀率自然会稳中有升。

三、区域学生学业成就现状调查

学业成就部分主要由质量调查卷构成。调查卷包含质量抽测卷与调查问卷两部分内容。

本次调查中的质量检测以各学科的学科关键能力为评价核心要素，调查目标直指学生的学科核心素养。各学科的调查检测基本框架如下表 3.2 所示：

表 3.2　学科监测框架表

学科	关键能力	相关维度	具体描述
语文	阅读能力	整体感知	能形成对文本内容、情感、表达顺序的整体感受
		获取信息	能根据需要从文本中找出相关信息
		形成解释	能利用文本信息对关键词句、重要段落等内容的思想情感、语言表达形式等进行合理解释
		做出评价	对文本的内容和表达有自己的感受和理解，并能联系文本和生活体验进行说明
		实际运用	能借助所阅读的文本发展自己的语言，或利用文本信息解决生活中的简单问题
数学	问题解决能力	计算法则	本年段学习的笔算以及验算
		算理理解	本年段学习的计算类型的算理理解
		估算能力	灵活应用方法进行判断结果的正确性
		解决问题多样化并能适当优化的能力	在解决问题中有多种思路，并且能够自主优化，找到合适的方法
		复杂情境提取信息的能力	在复杂情境中识别解决具体问题所需要的算法、法则、公式等
		非常规问题解决的能力	能综合运用知识、方法等解决非常规问题
		规律探究的能力	能对过程与方法进行反思，建立知识之间的联系，并能推广
英语	语言能力	语言基础知识	是否能够提取相关信息，并能在情境中理解语法的表意功能
		语言综合实践	能否提取有效信息，并将其结构化，形成正确的认识，并用合理的方式进行表达

　　除以学科关键能力为调查核心，进行学科质量调研外，本次调查还进行了学生问卷。问卷采用李克特五点量表，答案从"完全不同意"到"完全同意"，分别对应数值"1—5"。问卷的基本调查框架如下表3.3所示：

表3.3　问卷监测框架表

一级维度	二级维度	三级维度	说明
区域学生学业水平	学校质量	教师能力	包括专业知识，授课能力，形象品质等
		课程建设	包括对学校国定课程的满意度、校本课程的开发情况等
		学校管理	包括对学校提供服务（餐饮之类）的满意度、对学校领导的印象等
	学习方式	学习习惯	包括课前预习、课堂学习、课后复习等习惯
		时间分配	包括学习时间、运动时间和休息娱乐时间的分配等
	环境因素	家庭环境	包括父母受教育程度、课外阅读量、与父母的沟通程度等
		校园环境	包括校园的各种设备的使用情况，各种设施的完善程度
		社会环境	包括区域环境，与社区的交互教育等

问卷组成：问卷共包含上述 3 个二级维度，8 个三级维度，共 42 个小题。所有题目均采用随机编排形式。

（一）调查对象选择

本次调查采用分层随机抽象的方法，从钟楼区 23 所小学中抽取了 8 所小学总计 1912 名小学五年级学生。学生的构成情况如下表 3.4 所示。

表3.4　抽测学生构成比例表

类别		数量	比例（％）
性别	男	1013	52.9
	女	899	47.1
生源地	本地生源	857	44.8
	外地生源	1055	55.2
所在学校	城区校	976	51.0
	乡村校	936	49.0

上述每名学生均参加语文、数学、英语三门学科的测试。且学生问卷对象为所有参加质量抽测的学生，学校问卷对象包含所有参与测试的学校相关教师。

试卷与问卷共发放1912份，回收试卷与问卷1912份，回收率为100%。

（二）调查数据的数据分析

1. 质量检测卷区分度、难度、信度和效度的分析

试卷的区分度、难度、信度和效度是衡量试卷质量的重要指标。本次质量检测采用网上平台阅卷的形式，各学科指标统计如下表3.5所示：

表3.5　试卷指标统计表

科目	难度	区分度	信度
语文	0.67	0.40	0.70
数学	0.65	0.48	0.74
英语	0.67	0.41	0.79

其中，难度采用平均得分率计算，信度采用Cronbach α系数。测量学家伊贝尔认为：试题的区分度在0.4以上表明此题的区分度很好；而信度在0.7以上，表明试卷整体信度较高。从上表中不难看出，语文、数学、英语试卷的区分度和信度都比较理想，其所测数据适合作为进一步分析的基础。

2. 学生学业状况的总体性描述

首先，学生在语文、数学、英语三门基础学科的学习中均能达到《课程标准》所规定的要求。调查结果表明，我区学生在三门基础课程上的合格率超过了90%，不合格学生的比例低于8%。整体比例情况如下图3.2所示。

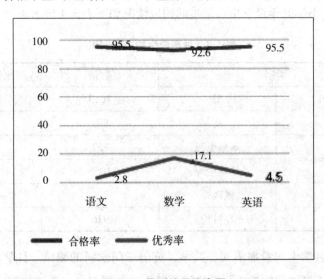

图3.2　监测结果分布图

其次，学生的数学成绩优秀率最高，语文和英语成绩的优秀率偏低。本次调查发现，在三门学科中，数学的优秀率最高，达到17%以上，这充分说明我区在数学教育方面是卓有成效的。其次是英语，为4.5%，语文优秀率最低，仅为2.8%。调查还发现，有近40%学生的语文成绩处于合格水平，在感知获取和处理信息的综合应用能力上有待进一步提高。因此，关注学生的母语学习，提高语文综合素养应当成为下一阶段我们需要重点解决的问题之一。

最后，学生学业水平有鲜明的差异性。具体来说，就是区内集团校的学生的学业水平明显好于普通学校，原城区学校学生的学业水平明显好于原乡村学校。以下将分别对集团校与普通校、城区校与乡村校的学生成绩进行抽样统计。由于本次检测每门学科总成绩并不一致，故笔者将三门学科成绩按每门学科40分进行标准化处理；然后通过标准化的成绩进行独立样本 T 检验。数据样本的选取采用等距抽样法，从每个类别中分别抽取200名学生，使用其总成绩作为研究对象。

3. 集团校与普通校的对比分析

对比分析采用学生的总成绩作为分析数据。检验的结果如下表3.6所示。从表中可以看出，两组数据齐性检验的特征值为0.624，大于0.05，说明数据分布呈现一致性，T 检验结果具有统计学意义。而均值方程 T 检验的显著性为0.000，小于0.05，说明两组数据差异明显，即集团校与普通校的学生学业成绩有明显差异。

表 3.6　总成绩 T 检验结果表

		方差方程的 Levene 检验		均值方程的 t 检验						
		F	Sig.	t	df	Sig.（双侧）	均值差值	标准误差值	差分的 95% 置信区间	
									下限	上限
成绩	假设方差相等	0.241	0.624	5.816	398	0.000	10.450	1.797	6.918	13.982
	假设方差不相等			5.816	390.666	0.000	10.450	1.797	6.918	13.982

表 3.7 记录了两组数据的整体分布情况。从表中可以看出两组数据在标准差差异不大的情况下，均值呈现出了明显的差异性，集团校的均值要比普通校高出 10 分以上。结合表 5 的分析结果，笔者认为，可以认定，我区集团校学生的整体学业成绩要明显高于普通校学生。

表 3.7　集团、普通校际均值比较

	组别	N	均值	标准差	均值的标准误
成绩	集团校	200	89.19	16.691	1.180
	普通校	200	78.74	19.158	1.355

4. 城区校与乡村校的对比分析

表 3.8—表 3.9 记录了城区校与乡村校数据对比的情况。与前述对比类似，从表中可以发现，两组数据通过了 Levene 检验，数据比较具有统计学意义，且显著性为 0.000，差异性非常明显；再结合表 3.9 对于两组数据均值和标准差的描述，笔者得出了以下结论：城区学校的成绩总体上要高于乡村校。

表 3.8　方差齐性检验表

		方差方程的 Levene 检验		均值方程的 t 检验					差分的 95% 置信区间	
		F	Sig.	t	df	Sig.（双侧）	均值差值	标准误差值	下限	上限
成绩	假设方差相等	0.567	0.452	5.567	398	0.000	8.625	1.549	5.579	11.671
	假设方差不相等			5.567	390.638	0.000	8.625	1.549	5.579	11.671

表 3.9　城乡校际均值比较

	编号	N	均值	标准差	均值的标准误
成绩	城区校	200	86.13	14.391	1.018
	乡村校	200	77.50	16.523	1.168

下图 3.3 和图 3.4 中分别对不同规模、不同地域学校中学生的学业水平分布状态进行了比较。从图中不难发现，除合格层级外，区内集团校与城区校在其余各个层级（不合格、良好、优秀）均有着明显的优势，尤其是达到优秀水平的学生，上述学校相比要高出多个百分点，而不合格学生的比重则要明显偏低。

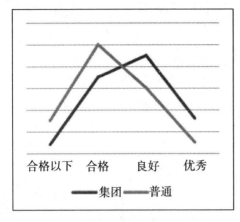

图 3.3 集团校与普通校对比图　　图 3.4 城区校与乡村校对比图

5. 男女学生的对比分析

本次调查中发现，我区男女学生在学业水平表现与性别并无明显相关性。调查采用随机分层抽样，从不同层级的学校（集团校、普通校、农村与城区学校）中随机抽取等量男女学生各 200 名，对其总成绩进行斯皮尔曼相关性分析。分析的结果如下表 3.10 所示：

表 3.10 男女学生成绩差异相关性检验

			性别	成绩
Spearman 的 rho	性别	相关系数	1.000	0.003
		Sig.（双侧）	0.000	0.021
		N	400	400
	成绩	相关系数	0.003	1.000
		Sig.（双侧）	0.021	0.000
		N	400	400

从表中可以看出，显著性指标（双侧）小于 0.05，为 0.21，结果具有统计

学意义；其相关系数 0.03 < 1.0，可以认为成绩与性别没有显著相关性，即成绩的高低与性别无关。而继续对成绩分学科进行统计后笔者发现，在语文、数学和英语学科上，男女生呈现的差异性并不明显。下表 3.11—3.13 即为样本三门学科分科进行 T 检验的结果，其中，表 3.11 为数学成绩，表 3.12 为英语成绩，表 3.13 为语文成绩。从表中不难发现，所有检测的显著性指标（sig）均大于 0.05，说明分组并不呈现统计学意义上的差异性，即男女生在三门学科的学业水平没有明显差别。

表 3.11　男女生成绩方差齐性检验（数学）

		方差方程的 Levene 检验		均值方程的 t 检验					差分的 95% 置信区间	
		F	Sig.	t	df	Sig.（双侧）	均值差值	标准误差值	下限	上限
成绩	假设方差相等	2.799	0.095	3.624	398	0.883	2.085	0.575	0.954	3.216
	假设方差不相等			3.624	397.001	0.883	2.085	0.575	0.954	3.216

表 3.12　男女生成绩方差齐性检验（英语）

		方差方程的 Levene 检验		均值方程的 t 检验					差分的 95% 置信区间	
		F	Sig.	t	df	Sig.（双侧）	均值差值	标准误差值	下限	上限
成绩	假设方差相等	2.694	0.112	3.328	398	0.501	− 1.915	0.576	− 3.046	0.784
	假设方差不相等			3.328	397.092	0.501	− 1.915	0.576	− 3.046	0.784

表 3.13 男女生成绩方差齐性检验（语文）

		方差方程的Levene 检验		均值方程的 t 检验					差分的 95%置信区间	
		F	Sig.	t	df	Sig.（双侧）	均值差值	标准误差值	下限	上限
成绩	假设方差相等	1.917	0.167	0.069	398	0.945	0.040	0.578	−1.096	1.176
	假设方差不相等			0.069	397.533	0.945	0.040	0.578	−1.096	1.176

四、影响学生发展因素的模型构建

关于影响学生发展的因素，本次调查主要从教育质量、学习方式和环境因素三个大方面，问卷的整体结构已在上表 2 中详细列出。研究方法则主要使用结构方程模型（SEM），具体做法如下：首先，对学生的学业检测结果进行降维处理，按成绩分布（小于 60%、60%—69%、70%—79%、80%—89%、90%以上）转化为有序变量，分别对应问卷量表中的"1—5"。同时，将学历与时间分配等项目也与量表中的数值——对应。然后，根据调查问卷的结构要素建立影响学生发展因素的假设模型。模型如下图 3.5 所示：

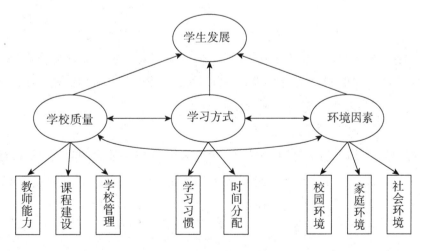

图 3.5 问卷要素结构图

接着，将对调查问卷进行处理和检验，并进行探索性和验证性因子分析，以检测模型的拟合度及对学生发展差异性的解释能力。

（一）调查问卷的预处理及效度分析

本次调查的问卷处理将按照以下方式进行：首先，对回收的问卷进行预处理，即采用人工检测的方式，将问卷中的无效卷（回答明显有违常理，空白卷，互斥问题相互矛盾的问卷）剔除；然后采用临界比率（CR）法选取得分前27%与后27%位的问卷按序进行分组排列，并进行差异性分析，对于差异性不明显的问题删除。接着，对问卷中的问题进行相关性分析，去除相关性较小的问题，最终完成问卷的数据清洗。

以下，将对问卷进行效度分析。效度（validity）指的是能够监测到该测预欲测（使用者所设计的）心理或行为特质到何种程度。面对效度的分类主要包括：内容效度、校标关联效度、构建效度三类。其中，构建效度由于有理论的逻辑分析为基础，同时又根据实际所得的资料来检验理论的正确性，因此是一种相当严谨的效度检验方法。下表3.14即是问卷进行巴特利特球形检验及KMO检验后的结果。

表3.14 问卷效度检验表

取样足够度的 Kaiser-Meyer-Olkin 度量		0.805
Bartlett 的球形度检验	近似卡方	1276.201
	df	664
	Sig.	0.000

检验结果显示，问卷的KMO统计量为0.805，大于0.7，而球体检验结果近似于0.000，说明问卷中变量的偏相关性较强，各数据间具有相对独立性，问卷的结构效度优秀，适合进一步进行因子分析。

（二）公因子提取及信度检验

在对问卷数据进行初步的清洗后，笔者利用SPSS对剩余的测量变量进行探索性因子分析。使用主成分分析，并进行因子正交旋转后，共得到特征值大于1的公共因子7个，如下表3.15所示：

表 3.15 问卷因素分析表

成分	初始特征值与因子贡献率			旋转后因子特征值与贡献率		
	合计	贡献率%	累积贡献率%	合计	贡献率%	累积贡献率%
1	13.636	50.504	50.504	6.136	22.727	22.727
2	2.716	10.06	60.564	4.348	16.102	38.83
3	1.839	6.812	67.376	3.883	14.380	53.21
4	1.436	5.319	72.695	3.421	12.670	65.88
5	1.299	4.810	77.505	2.811	10.413	76.293
6	1.053	3.898	81.403	1.38	5.111	81.403
7	0.887	3.284	84.687	1.02	4.826	86.225

从上表可以看出，提取后的七个因子的累积总方差解释为 86.225%，也就是说提取出的因子能够说明问卷中超过 86.225% 的题项变异。这说明提取后的主因子很理想，能够对问卷进行解释。

接着，笔者将上述 7 个公因子所对应的题项进行了重新梳理，共整理出学习习惯等七个维度的因子，如下表 3.16 所示：

表 3.16 整理后的题项归因表

因子	题项说明	题项序号	贡献率%
学习习惯	课前预习习惯	q6	22.73
	课堂学习习惯	q37	
	课后复习习惯	q12	
	学习策略	q8	
学业水平	语文成绩	y1	16.1
	数学成绩	y2	
	英语成绩	y3	
教师能力	教师的专业能力	q23	14.38
	教师的性格品质	q2	
	教师的沟通技巧	q35	
	教师的形象	q5	

续表

因子	题项说明	题项序号	贡献率%
时间分配	学习时间分配	q7	12.67
	运动时间分配	q14	
	休息时间分配	q33	
	娱乐时间分配	q26	
课程建设	课程实施满意度	q43	10.41
	校本课程开设情况	q15	
	课程时间分配	q20	
	课程评价方式	q22	
家庭环境	父母受教育程度	q40	5.11
	家庭教育资源	q9	
	与父母的沟通	q13	
	与父母在一起的时间	q16	
校园环境	班级文化建设情况	q29	4.83
	校园的软硬件设施	q31	
	同学间的交流情况	q1	
	校园文化的建设情况	q11	
	学校的品牌效应	q22	

　　最终，问卷量表由上述七个因子共25道试题组成（其中语文数学和英语学业成绩从学业质量检测中采集而来，其分别以 Y1、Y2、Y3 表示）。然后，将问卷对本量表进行信度分析，以确定问卷的可信性和一致性。信度检测 Cronbach α = 0.813，说明本次问卷调查的可信程度较高，问卷具有良好的一致性。结合之前对各学科质量检测卷的信度检验，可以认为，本次调查的信度符合要求。

　　（三）影响学生发展因素的模型重构与验证

　　基于之前对调查结果中公因子的提取及归类，笔者重新构建了影响学生发展的因素模型。模型的验证采用验证性因子分析，主要检验模型数据的拟合度。检验结果如下图3.6所示：

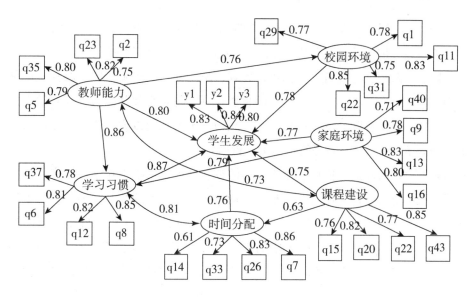

图 3.6 学生发展模型

从上图中不难看出，模型中各个观察变量与潜变量之间的负荷因子均在 0.6 以上，说明模型的解释力较好。利用 AMOS 模块对模型进行拟合验证，检测结果显示，该模型卡方和自由度的比值（X^2/df）在 1—3 以内，为 2.10；适配度绝对拟合（CFI）与相对拟合（TLI、IFI）指数均在 0.7 以上；近似误差均方根（RMSEA）也符合理论指标，小于 0.08，在良好范围（0.05－0.08）内。可以说，模型的拟合系数良好，结构清晰，外在质量较高。

（四）模型和问卷的分析

下面，笔者将具体对模型的验证结果和问卷呈现的数据进行分析统计。

首先，本调查是基于学生质量检测数据为基础，来推断学生的发展情况。而所有因素与学生发展间路径的标准化系数均大于 0.6，说明假设模型中的所有因素都得到了验证支持。

其次，对学生发展影响最大的因素依次为学习习惯（0.87）、教师能力（0.80）、校园环境（0.78）、家庭环境（0.77）、时间分配（0.76）、课程建设（0.75）。以上六大因素与学生的发展有着正向相关的联系，也就是说，以上指标每提高一个单位，学生的发展指数就会相应提高 0.1－0.3 个标准分。在这些因素中，学习习惯还受到以下几个因素影响：教师能力（0.86）、时间分配（0.81）、家庭环境（0.79）；时间分配则受到学习习惯（0.87）、课程建设（0.63）的影响；教师能力除了正向影响学习习惯外，还对校园环境（0.76）有着影响，并与课程建设（0.73）相互影响。以上因素之间的关联均为正向影响，某一项提高会带动其他因素的提高，进而最终影响到学生的发展。

通过对路径进行分析，我们可以发现，教师能力、校园环境及课程建设是我们促进学生发展，提高教育质量的重要抓手。特别是教师能力，其对学生的学习习惯、时间分配及校园环境等有着正向影响力；可以说，建设一支高水平的教师队伍，是提高区域教育质量的关键因素。

再次，从问卷的整体回答来看，集团校、城区校的学生在学习习惯、课程建设、教师能力、校园环境上的整体平均得分要高于普通校与乡村校，且差异明显（见下表 3.17，$p < 0.05$）。在家庭环境方面，城区学校要好于乡村学校（见下表 3.18，$p < 0.05$），在学习时间上，不同学校之间学生整体的差异性并不明显（$p = 0.64$，大于 0.05）。以下，笔者将分别对这些潜变量对应的观察变量进行分析。

表 3.17　问卷分值分布（1）

分类	学习习惯		课程建设		教师能力		校园环境	
	均值	标准差	均值	标准差	均值	标准差	均值	标准差
集团校	3.12	0.87	3.09	1.01	3.35	1.05	3.22	1.1
普通校	2.77	0.81	2.76	1.07	2.64	0.94	2.71	1.02
城区校	2.93	0.89	2.84	0.99	2.95	0.82	2.93	0.94
乡村校	2.68	0.93	2.71	1.12	2.58	1.04	2.72	0.96

表 3.18　问卷分值分布（2）

分类	父母学历		家庭藏书阅读		父母沟通交流		父母陪伴时间	
	均值	标准差	均值	标准差	均值	标准差	均值	标准差
城区校	2.94	0.73	2.95	1.08	3.11	0.84	3.01	1.04
乡村校	1.71	0.92	1.54	0.96	2.58	0.83	2.17	1.11

1. 学习习惯潜变量

学习习惯潜变量主要对应的观察变量有学习策略（0.85）、课前预习习惯（0.78）、课堂学习习惯（0.82）、课后复习习惯（0.81）。从模型的关联程度看，学习策略对学习习惯的相关性最强，说明良好的学习策略对学习习惯的养成，乃至学业成就的获得有着非常重要的作用。我区学生在学习策略观察变量上的整体得分为 3.01（标准差 1.53）；课前、课后及课堂学习策略得分均在平均值以上，属于中等偏上，（见下表 3.19，P = 0.000），但总体离散程度偏大，且不同学校差异性显著，表明区域之间的差异性仍然很大。培养学生良好的学习习惯，特别是从构建高效的学习策略，对学生学业水平乃至整体发展都有着巨大影响。

表 3.19　学习习惯问卷分布

潜变量	观测变量	回归系数	总体均值	总体标准差	极小值	极大值
学习习惯	学习策略	0.85	3.01	1.53	1	5
	课前预习策略	0.78	2.88	1.14	1	5
	课堂学习策略	0.82	3.12	1.22	1	5
	课后复习策略	0.81	2.97	1.13	1	5

2. 教师能力潜变量

教师能力潜变量主要对应的观察变量有专业能力（0.82）、性格品质（0.75）、沟通技巧（0.80）及教师形象（0.79）。在这几个观察变量中，专业能力的影响居首位，说明一个专业知识丰富，且精通教育教学理论的教师是最受学生欢迎的。在此之后的沟通技巧及教师形象对教师能力的影响也十分关键，好的沟通技巧能够架起学生与教师的桥梁，消除两者之间的距离感。性格品质作为不易观测的变量，在潜变量影响构成中居最后一位，但性格品质直接影响到教师的形象、沟通，进而影响到教师的专业能力，也是不容忽视的因素之一。学生对于区域教师能力的问卷打分情况如下表 3.20 所示。

表 3.20　教师能力问卷分布

潜变量	观测变量	回归系数	总体均值	总体标准差	极小值	极大值
教师能力	专业能力	0.82	2.87	1.35	1	5
	性格品质	0.75	2.73	1.26	2	5
	沟通技巧	0.80	2.76	1.10	1	5
	教师形象	0.79	2.81	1.42	1	5

3. 时间分配潜变量

时间分配潜变量对应的观察变量主要有学习时间（0.86）、运动时间（0.61）、休息时间（0.73）和娱乐时间（-0.83）。学习时间与学生的学业成就具有显著正相关性，这也与一般常识相吻合。由于调查方式的局限，运动对于学生发展的重要性在本项调查中被严重低估了，笔者认为健康的身体对学生的发展有着不亚于文化学习的重要性。休息时间方面，每日睡眠时间在6小时及以下（得分1和2）的学生发展要显著低于每日睡眠在8小时以上（得分4和5）的学生，休息时间是正向影响学生发展的重要因素，也是时间分配潜变量的重要组成因素。娱乐时间与学生发展呈现负相关性，即学业发展水平较低的学生花费在娱乐上的时间要高于学业发展水平较高的学生。但适度的娱乐也是休息的一种重要手段，对缓解学生的心理压力，促进学生心理健康有着重要作用。我区学生在时间分配潜变量中的整体得分情况如下表3.21所示。

表3.21　时间分配问卷分布

潜变量	观测变量	回归系数	总体均值	总体标准差	极小值	极大值
时间分配	学习时间	0.86	3.53	1.72	1	5
	运动时间	0.61	3.11	1.56	1	5
	休息时间	0.73	3.49	1.21	1	5
	娱乐时间	-0.83	2.41	1.66	1	5

4. 课程建设潜变量

课程建设潜变量对应的观察变量有课程满意度（0.85）、校本课程（0.76）、课程时间分配（0.82）和课程评价方式（0.77）。其中，课程满意度及课程时间分配与学生的发展相关度较高，说明合理的课程时间分配（包含一定时间的课外辅导）和良好的国定课程校本化实施是学生发展的重要保障。课程建设的整体得分情况如下表3.22所示。从表中可以看出，我区学生对课程的整体满意度较高，且一般学校均能开设至少一门校本课程（2分）。而学生对于课程评价方式的回答呈现较高的离散度，说明不同的学生对课程评价的认可度不一致，如何构建适合学生的发展性课程评价，替代传统的奖惩性终结评价，是今后区域课程建设中需要重点关注的问题之一。

表 3.22　课程建设问卷分布

潜变量	观测变量	回归系数	总体均值	总体标准差	极小值	极大值
课程 建设	课程满意度	0.85	3.05	1.03	2	5
	校本课程	0.76	2.73	1.51	2	5
	课程时间分配	0.82	3.02	1.12	1	5
	课程评价方式	0.77	2.51	1.07	1	4

5. 家庭环境潜变量

家庭环境潜变量对应的观察变量有父母受教育程度（0.71）、家庭教育资源（0.78）、与父母沟通（0.83）、与父母一起时间（0.80）。其中，父母受教育程度与家庭的物质文化条件，包括图书、计算机等均对学生的发展有正向影响。具体来说，家庭藏书量在 25 册及以上的学生（得分 3 及以上）比无藏书及藏书在 1—25 册（得分 1 和 2）的学生的发展情况更好，且差异性达到了显著水平。而父母学历在高中以上（得分 2 以上）的学生发展情况要明显比父母学历在高中以下的学生要好。而与父母沟通及父母陪伴时间则是家庭环境潜变量中更为重要的因素。学生的学业水平与其与父母的沟通呈现显著的正相关性；而父母在家中平均陪伴时间在 3 小时/天（得分 3）以上的学生发展情况就也要更好。我区学生在家庭环境潜变量中的整体得分如下表 3.23 所示。

表 3.23　家庭环境问卷分布

潜变量	观测变量	回归系数	总体均值	总体标准差	极小值	极大值
家庭 环境	父母受教育程度	0.71	2.35	1.44	1	5
	家庭教育资源	0.78	2.42	1.21	1	5
	与父母沟通	0.83	2.64	1.13	1	5
	以父母一起时间	0.80	2.61	1.25	1	5

6. 校园环境潜变量

校园环境潜变量对应的观察变量有：班级文化建设（0.77）、校园设施（0.75）、同学交流情况（0.78）、校园文化建设（0.83）及学校品牌效应（0.85）。首先，学校品牌效应对于学生发展有着重要的正向影响，换言之，在"名校效应"影响下的学生有着更大的发展空间。其次，校园文化、班级文化建设、同学之间的交流等校园"软"实力对学生发展也有着重要的正向影响。而校园设施方面，虽然学生均认同其对自身发展的作用，但不同层级的学生对其认知偏向一致性，说明校园设施已经不是校园环境潜变量中最重要的影响因素，也从侧面反应出我区在校园基础设施方面较为先进，不同层级的学校设施较为均衡。校园环境整体得分情况如下表3.24所示。

表3.24　校园环境问卷分布

潜变量	观测变量	回归系数	总体均值	总体标准差	极小值	极大值
校园环境	班级文化建设	0.77	2.83	0.98	2	5
	校园设施	0.75	3.55	0.96	3	5
	同学交流	0.78	2.60	1.05	1	5
	校园文化建设	0.83	2.75	1.02	2	5
	学校品牌效应	0.85	2.71	1.13	2	5

从表29可以看出，学生对我区校园设施的整体评价很高，且离散程度较小，这也印证了笔者前面的论断：我区在基础设施建设方面较为成熟，各校区别不大。其次，班级文化、校园文化及学校品牌整体得分超过均值，说明我区在学校文化建设方面已经取得一定成就，且培养出了一批比较有知名度的"名校"，学生对于自己学校的品牌认知度也较高。

综上所述，结合之前对学生学业水平的分析，笔者得出了以下结论：作为东部发达地区，我区目前整体教育基础较好。但由于地域环境差异等因素，使得不同位置的学校教育天生存在差异性。而在人为可以控制的因素如教育资源均衡，特别是学校的"软件"：包括师资、课程建设、学生学习习惯培养等方面仍旧存在着一些问题，也正是这些问题，导致了在区域整体教育水平较高的前提下，不同学校学生发展水平仍旧存在不均衡的情况。

第二节　区域教师发展现状调查

区域教师发展现状调查包含教师的知识、技能、情感态度等多方面内容，对象主要是区域中小学在职在编教师。调查采取主客观问卷与常规调研相结合的方式，力求尽可能准确地反映我区教师的目前的专业发展状况。

一、研究对象选取

质性研究部分的研究对象以参与过学业质量调研的学校为研究对象来源，教师的问卷资料也出自这些学校。其中，常规调研报告涵盖学校的教学常规情况、学科教学情况、校本研修等情况，主要为区教师发展中心专职教研员撰写；而教师问卷主要从教师专业知识、专业能力、职业道德、心理素质、继续教育等方面入手，使用主观问答题的形式，记录教师对以上问题的看法。参与调查的教师共82人，其中男性34人，女性48人，年龄26—48岁之间，职称构成从中小学二级教师到中小学高级教师，比例合理。问卷共发放及回收82份，其中有效问卷为82份；加上对8所学校的常规调研报告，共90份资料构成了质性研究部分的研究对象。

二、研究过程

（一）资料的归类与编码

在将前述90份资料收集完成后，笔者将其导入Nvivo中，并分类成"调研报告"与"教师问卷"两个子文件夹。随后，初步确定节点：专业知识、专业能力、职业道德与心理素质、继续教育四个一级节点。在一级节点以下，分别确定学科专业知识、教育教学知识、教学设计能力、课堂教学能力、课程开发能力、德育能力、职业认知、职业道德、学科知识进修、教育能力培养等二级节点。节点编码采用Nvivo自动生成，如下表3.25所示。

表 3.25

一级节点	二级节点	编码参考节点数	一级节点	二级节点	编码参考节点数
专业知识	学科专业知识	54	职业道德与心理素质	职业道德	82
	教育教学知识	78		职业认知	14
专业能力	课堂教学能力	60	继续教育	知识进修	21
	教学设计能力	45		能力培养	34
	课程开发能力	31			
	德育能力	53			

（二）确定资料的逻辑关系

在确定节点编码后，笔者尝试为节点建立逻辑关系。上述节点中，专业知识、专业能力及职业道德与心理素质是构成教师核心素养的组成部分，这三项为并列关系；而继续教育为影响教师核心素养的重要因素，故笔者将教师发展列为根节点，教师素养与继续教育同为根节点上的树状节点，而其余节点均归于这两个树状节点下。归类后的逻辑关系图如下图 3.7 所示：

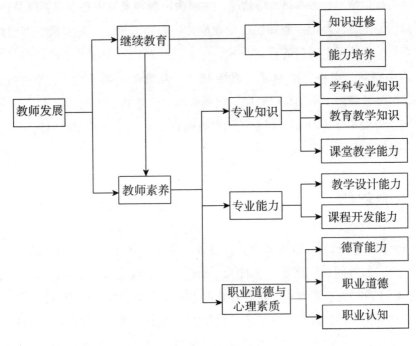

图 3.7

（三）结果分析

以下，笔者将对编码结果进行绘图，并进行分析。图 3.8 与图 3.9 分别为常规调研报告及教师问卷对教师发展构成因素的节点统计。

从图 3.8 可以看出，常规调研报告对学校教师课堂教学能力的关注比例最高，达到了 100%；而在所有的调研报告中，对课堂教学的调研等级均在"良好"以上，优秀率总体超过 75%。这说明我区教师在课堂教学方面总体质量很高。但在调研报告中，也反映出一些问题，这主要与一些授课教师学科专业知识匮乏、教育教学方法单一有关。在所有 8 所学校的质量调研报告中，分别有 6 次提到了与学科专业知识相关的情况，且情况呈现两极分化状态：报告中既有对教师专业知识丰富的称赞，也有批评个别教师专业知识不够扎实，在课堂上犯学术性错误——这在课堂教学中是不被允许的。报告对于这部分教师给出的

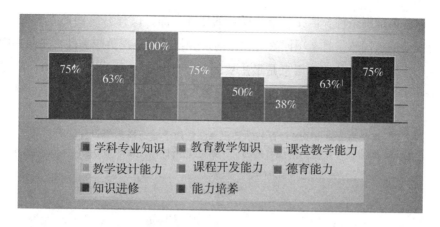

图 3.8

建议也是加强继续教育与学习，特别是专业知识方面的进修。

除课堂教学外，教师的教学设计能力也是常规调研报告关注的一大重点。教学设计能力与课堂教学的效果，特别是优课率有很强的正向相关性。如一篇调研报告中对语文课的整体评价即为"在教学设计中能结合立项课题组织教师研讨语文教学中最迫切需要解决的问题，教研组老师对如何选择文本很有自己的思考；对于组式阅读的课堂形态创新也有操作性策略。"对于评价较低的课，教学设计上的失误也是其评分较差的重要原因之一。从调研报告中可以发现，教学设计的优秀与否与教研组的能力密不可分，一些小规模学校中的小学科因教研组能力不强，整体教学设计评分较低。

此外，调研报告对五所学校教师的课程开发（主要为校本课程）能力也做了详细的评判。从报告中可以看出，区域学校对特色校本课程开发普遍比较重视，不论是城区学校或乡村校，大多能够结合自身实际开设有特色的校本课程。与此同时，教师课程开发的能力依然有待提高。这主要表现在：很多学校开设的校本课程缺少严谨的课程规划，课程与课程之间也没有形成完整的体系——这就导致了课程结构的碎片化，进而影响了课程的整体质量。同时，在考虑校本课程的时候，还是要以国定课程为基础，在国定课程高质量校本化实施的前提下，将国定课程与校本课程内容有机结合，课程开发才能取得最大化的效果，从而对区域教育质量产生积极影响。

图 3.9 主要反映了区域教师对自身认知的整体情况。其中，100% 的教师对教师职业道德方面有着明确的认识与正向的态度，即认为师德修养是作为一名

优秀教师的前提条件。但在对自身职业的认知方面，仅有17%的回答表现出对自身职业的认同感，且本项回答与教师的年龄与职称呈现负相关性。在回答中，因工作压力而产生的职业倦怠是最主要因素；此外，同事关系、职称评审、职业地位、工作家庭环境等因素也是导致回答正向率偏低的重要原因。

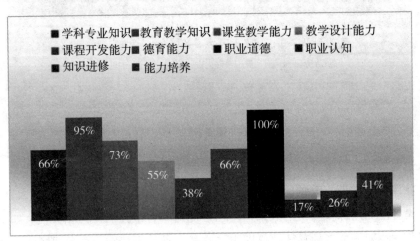

图3.9

除此之外，教育教学知识（95%）、学科专业知识（66%）、课堂教学能力（73%）也是问卷答案中被重点提及的问题。几乎全部教师认为，掌握良好的教育教学知识是作为一名优秀教师的必要条件之一，拥有优秀的课堂教学能力能够使自己更容易达成上述目标。但对于教学设计能力，教师重视程度明显不足（55%），这也就导致某些教师在实际课堂教学中效果不佳，也印证了前述常规调研报告的结论。同时对学科专业知识，教师的重视程度也相对偏低。究其原因，笔者认为可能是小学阶段所讲授的学科知识相对较为简单，且很多学校的教师不只要上本学科的课程，还要兼任某些其他学科的课程。"没有十分专业的知识一样能上得不错"，许多学科兼职教师存在这种想法也就不足为奇了。这种看法直接导致了继续教育中对知识进修渴求程度的不足——仅有26%的教师在回答中提及了专业知识进修的重要性，而且年轻教师的提及率要远高于年长教师。另一项教育教学能力培养，教师对其持正面看法并愿意提及的也不是很多，仅有41%。在超过90%的教师都认为这一项内容非常重要的前提下，这个结果显得有些不可思议。究其原因，笔者认为可能是现今对教师的继续教育课程内容理论性偏多，较为脱离实际，导致教师普遍认为培训与否对自身提升不大，故对此没有兴趣。如何进行有效的教师培训，也是今后提升区域教育质量不可回避的问题之一。

除了上述内容之外，课程开发能力（38%）也是正向回答比率相对偏低的一项。很多教师在回答中提及，其对课程及课程开发的概念并不十分了解，只是在学校需要进行校本课程编制时才"临危受命"，所开发出的校本课程质量不高也在情理之中。今后，如何提高教师在课程方面的意识、提升课程开发的能力也是不容忽视的问题。

最后，德育问题一直是学生培养的关键性议题之一，本次调查有65%的教师提及了此项问题并给予正面回应，这个比率虽然较高，但还未达到理想水平。笔者猜测还是有相当一部分教师认为学生的德育培养应该是班主任的事情，对于未担任班主任的教师来说关系不大。且品德教育没有很好渗透进日常学校课程，特别是校本课程中，导致教学内容较为生硬，这也是教师对其关注度不高的直接反应。国家将学生的品格提升工作作为一项重点工作，区域教育中学生的品格培养，教师起到了至关重要的作用。所以，让全体教师均树立对学生进行品格培养的意识甚为关键。

第三节　本章小结

本章以区域中小学校为调查对象，从学生、教师两个维度，分别对学生的价值体认、身心健康及学业成就；教师的专业知识、专业能力、职业道德与心理素质、继续教育等多个方面进行了调研分析。调研结果表明，钟楼区域教育整体发展势头良好，但在学生发展方面仍旧有十分巨大的提升空间，且区域内校与校之间存在着发展不平衡的情况；教师发展方面，我区教师整体师德师风优良，教学水平较高，但也存在诸如职业倦怠、焦虑等多方面问题。如何让学生与教师在"区域优质教育发展"的大趋势下实现自我的提高与超越，将是后续需要解决的核心问题。

中 篇

02

"优质教育长出来"：
区域教育质量提升的探索

　　本书的中篇通过品格提升、学业质量、身心健康、课程建设等几个方面的实践来探寻区域教育质量提升的路径、方法、策略等。"品格提升"工程明晰了区域"必备品格"，架构了"共育网络"，探索了"创新范式"；"学业质量"提升工程制订了区域标准，呈现了依据标准教学的实践案例；"身心健康"工程探索了体育综合改革实验区的创新之举；"课程建设"则呈现了大量的实践案例。这些都呈现了"优质教育长出来"的区域样态！

第一章

品格提升：区域优质教育生长的根本

人一生的成长，品格的发展是最为重要的奠基工程。区域教育质量的提升，必须以学生的品格发展为根基，并积极探寻切实有效的培育路径。钟楼教育人立足区域特色，在常州自古"崇文尚德"优良传统的浸润中，在"社会主义核心价值观"思想引领下，创新立德树人举措，鲜明提出了以建设"尚德学堂"为主旨的品格提升工程，切实保障区域优质教育的生长。

第一节　国内外品格教育研究

一、国外研究概述

国外品格教育最早可以追溯到苏格拉底、柏拉图和亚里士多德的教育实践，亚里士多德提出，美德不能仅仅是教，更要通过表现美德的行为来形成习惯。

19 世纪英国道德学家塞缪尔·斯迈尔斯在《品格论》一书中，详细阐述了乐观、责任、诚信、自我控制、榜样、勇气、风度等品格的巨大精神力量。美国的戴维布·鲁克斯在《品格之路》一书中，重点探讨了培养高尚品格的路径：如何在"简历美德"和"悼词美德"之间再次取得平衡。"简历美德"存在于外部世界，追求的是财富、荣誉和地位，而"悼词美德"存在于我们内心世界的核心位置，追求的是友善、勇敢、诚实和同理心。丽莎·诺尔斯和玛莎·史密斯所著的《培育品德：图书和教学活动》，将品格教育的内容分为十二个模块：同理心、尊重、勇气、幽默、责任感、毅力、忠诚、诚实、合作、宽容、公民意识、原谅。从这些类别上可以看出，这些模块，都是对以后长久的做人有着深远影响的教育内容。

20世纪初，宗教教育学家马丁布贝尔在《品格教育》中明确提出品格教育的主张，并且认为"名副其实的教育，在本质上就是品格教育。"他坚信，人的品格是在自然和社会环境的影响下形成的，预示了品格塑造教育的可行性。20世纪早期美国最有影响的哲学家和教育家杜威把品格教育看作是教育的中心使命。80年代美国开始兴起"新品格运动"。美国国民基于越来越严峻的青少年道德问题的担忧，强烈期待学校能够承担道德教育的责任。因此，大量的新品格教育的研究出现在新品格教育运动后。美国中小学校对学生进行的品格教育没有固定的模式可循，但一些品格教育的基本原则已日益得到学校认可，这就是美国品格教育协作组织提出的，用于学校和其他团体开展品格教育和评价其效果的11条原则：品格教育使"核心伦理价值"成为优良品格的基础；"品格"必须包括认知、情感和行为；有效的品格教育要求采取一种有意识的、积极的、广泛的态度，从而对学校生活的各个阶段的核心价值产生促进作用；学校必须是一个关心人的社区；学生需要通过表现道德行为来促进品格发展；有效的品格教育包括一门有意义的、具有挑战性的学术课程。这门课程要尊重所有的学生，并帮助他们成功；品格教育应当努力去探究学生固有的内在动机的形成过程；学校全体员工必须是有学识的、有道德的群体，人人有责任从事品格教育，努力奉行指导学生品格教育的相同的核心价值观念；品格教育需要全体教职员工和学生的双重道德领导；学校必须吸收学生家长和社区成员全面参与品格培养活动；评价品格教育应当评价学校的资格、学校全体教职员工作为品格教育工作者的作用，以及学生的优良品格的表现程度。品格教育代表人物托马斯·里克纳在《品格教育：我们学校怎样教授尊重和责任》一书中，将这些准则作为品格教育课程、著作和实施质量的评估标准，并从道德心理学的层面提出了道德认知、道德情感和道德行为的三位综合一体的品格教育模式。美国品格教育的开展获得了国家各级政府的支持和指导，不仅颁布了各种法规，还研究了联邦与州政府的政策以及对品格教育计划的资助。美国教育部还在其网站上为实施品格教育工作者和公众学校提供资源支持和技术帮助。

二、国内研究概述

中国品格教育可以追溯到尧舜时期。传统书院以明人伦为教育目的，围绕儒家文化开展学术活动，通过治学修身与知行合一，促进学子"修身齐家治国平天下"之品格，启示当今国内之品格教育。

自 20 世纪 80 年代以来，我国引入品格教育的概念，并对其做了许多相关的研究。虽然品格教育的概念早就引入了国内，但是在 20 世纪末并未引起太多的关注。而从 2003 年起，国内学者们逐渐认识到品格教育可以为德育提供一些借鉴和帮助，开始着手关注这方面的研究。到 2005 年，关于品格教育的研究更加丰富，涉及的内容也更加广泛。在这些文章中，以研究美国品格教育和比较中美差异为主，针对美国品格教育的情况以及我国教育对其借鉴和评价。结合中国实际，主要集中讨论了关于品格教育的目标、内容和方式，为德育理论和实践提供了新的思维和方法。在研究中，又以青少年品格教育为主，同时也包含了高校和成人品格教育的内容。

与此同时，国内学者对品格教育的了解和研究也日渐增多并不断深入。一些介绍美国学校品格教育的论文和专著从 20 世纪 90 年代初开始，主要研究学者有杨韶刚、施铁如、戚万学、檀传宝、丁锦宏、郑富兴等。出现了一些较有代表性的专著，戚万学的《冲突与整合：20 世纪西方道德教育理论》、丁锦宏的《品格教育论》，基于当前全球价值多元化、社会结构变迁的时代背景，探寻学校道德教育如何应对可能出现的"去道德化的教育"现象。郑富兴的《现代性视角下的美国新品格教育》，通过分析美国新品格教育的理论和实践来探讨关于传统道德教育的本质、特征及其现代价值。同时，也出现了一系列的品格教育代表性论文，施铁如的《迈向新世纪的品格教育》《美国品格教育实践与研究》；杨韶刚的《美国的品格教育——基于历史和现实的分析》《从道德相对主义到核心价值观——学校道德教育转向的心理学思考》，等等。并翻译引进了一些从理论到实践介绍品格教育的书籍，在国内掀起了一股"品格教育"的热潮。如《美式课堂——品质教育学校方略》（托马斯·里克纳）从理论、实践、学校和社区等方面对教师和家长如何一同培养学生的品格进行了系统的介绍；《美国"蓝带学校"的品性教育——应对挑战的最佳实践》（墨菲），以大量的研究材料和翔实的教学案例为基础，客观地介绍了美国新品格教育的开展情况以及取得的进展和成果，等等。

综合来看，国内研究品格教育的相关论文和专著在 1999 年后渐多，少数学者开始从道德心理学、核心价值观等层面深入探讨品格教育理论。如杨韶刚的

《西方道德心理学的新发展》《从道德相对主义到核心价值观——学校道德教育转向的心理学思考》等论著。这些论文论著既有从道德心理学的层面对美国学校道德教育理论的历史发展做了系统的梳理，提出了从道德相对主义到倡导核心价值观的道德教育转向观点；又有从社群角度出发，对德育情境的建构、品格教育"社群化"特征、品格教育内容追寻等分析，为我们开展品格教育研究提供了创建性的视角和观点。总体来说，国内学者对品格教育的研究分散化、初始化，以对美国品格教育发展的历史和内容介绍较多，而对其在校园内具体实现的方式和效果介绍较少，或仅限于某一学科、某一活动开展品格养成的阐述，缺乏全面系统的阐述，深入而厚重的研究成果不多见。故而，深入推进区域儿童品格提升研究就具有了更为重要的理论和实践意义。

从国内外品格教育文献来看，无论是最具影响力的美国品格教育，还是国内品格养成教育的研究，均有这样的一些特质：

品格教育备受国家关注：随着时代的发展，各国均高度关注和重视学生良好品格的养成，期望在国家核心价值观的观照下，培养出社会所需要的新人。并对品格养成的推进策略进行积极的探索，形成了一定的经验，值得相互借鉴与学习。

品格教育需遵循一定原则：如导向性原则，即有方向性。儿童正处于世界观形成的重要时期，他们向往未来、积极向上、要求进步，但由于其缺乏足够的知识经验，有时不善于辨别是非善恶，甚至会染上一些坏思想、坏习气。这就需要帮助他们提高认识，并发扬其身上的积极因素，克服消极因素，进行疏导，引导他们不断前进。主体性原则，始终把学生作为品格教育的主体，尊重其身心发展的规律，把握其心理特质，尊重信任学生与严格要求学生相结合，积极引导，为学生一生的发展打下亮丽的精神底色。实践性原则，指在进行品格养育的过程中，必须为学生创设参与实践的时空，必须在实践中促进品格的进一步发展。同样，遵循知行统一原则、因材施教原则，都是需要在学生的品格养育过程中巧妙渗透的。

品格教育路径的多元：随着时代的发展，对学生进行品格教育要由学校、家庭和社会合作共同进行。通过多方力量的多元协作，探索出适合区域儿童发展的品格教育路径，学校通过丰富多样的课程，立足课堂教学，积极探索实践范式；家庭教育发挥家长的榜样力量，设立家庭体验岗、社会开放资源，设立实践基地等等，共同有效挖掘资源，共同形成合力，切实培育学生必备品格。

第二节　区域品格提升促进"优质教育长出来"

立足区域特质，我们提出"优质教育长出来"的核心理念。其核心关切与内涵具有这样四层含义：

全域育人、开放发展的"教育观"。"优质教育"强调的是"大教育"，既面向师生，也针对学校，还关乎社区、家庭。"师生"之教育，突出关注内部生长性因素，如兴趣、内需、习惯等；"学校"之教育，突出主动规划，自主发展；"社区、家庭"之教育，突出为儿童的成长创造体验、实践、创造的时空，努力实现"人人尚德，处处学堂"的全域育人的新风尚。

全程育人、适切发展的"成长观"。"长出来"强调人的成长是一个合乎规律、循序渐进、持续不断的过程。我们要以尊重规律、合乎常识、顺天致性的态度与方式来思考与实践教育，强调"主动、个性、自然"地"生长"。要激活"每一个"的内在成长需要；要尊重"每一个"的不同生长样态；要支持"每一个"的成长规律；要发展"每一个"的综合素养。

全面育人、充分发展的"优质观"。"优质"是强调在素质教育思想指引下，既追求"结果"的优质，即"人"的优质发展；也关照"过程"的优质，即育人方式的科学性、规律性；还要体现"程度"的优质，即关切"每一个"，让"每一个"得到公平的、适合的、充分的发展，努力实现"让每个孩子享有公平而有质量的教育"。

环境育人、保障发展的"生态观"。"优质教育长出来"在强调内涵发展的同时，也强调育人环境、人际关系、支持系统的"优质保障"。要为"每一个"的健康、全面、可持续发展提供必要的、良好的育人环境，利于"成长"；要建立和谐、友善的人际关系，促进"成长"；要完善积极的、有效的支持系统，捍卫"成长"。

育人始终贯穿在教育的整个过程中，要让优质教育长出来，区域学生的品格提升是其发展之根本。

一、品格提升是优质教育之根本，固本铸魂

（一）注重品格培育，促优质教育生长。人是教育的对象，人的社会性发展是一切教育的根本。而品格是一个人的行为表现和为人形象，它是一个人素养的直接反映，是外显的。一个人言行粗俗、举止不端、品性不良，缺乏基本的礼貌、礼节、涵养、教养，其他一切均失去意义。"若失品格，一切皆失。"因而注重对学生品格的培育，必然能促进区域教育质量的整体提升，让优质教育的生长成为可能。

品格是个人、家庭、民族成功之关键。塞缪尔·斯迈尔斯在《品格的力量》一书中指出"品格是个人和民族发展的基石和力量源泉，是世界发展最强的推动力。"儿童的品格养成是社会合格公民培养至关重要的任务，是儿童养成教育的核心内容。因为其直接关系到儿童成长的方方面面，甚至对个人一生影响深远。托马斯·利科纳在《培养品格》中强调良好品格的内涵就是美德，诚实、公正、勇敢、善良，是行为良好的内在动力。品格是成功的决定性力量，培育优秀的品格对我们每个人来说都非常重要。而优秀品格的养成不是与生俱来的，需要后天的培养和训练。因而，开展对儿童品格养成的探索则具有重要意义。

在社会主义核心价值观的观照下，从学生发展的核心素养视野出发，着力加强品格养成教育的实践研究，从社会性与情感角度，致力于学生全面的、主动的、生动活泼的发展。随着学生素养的整体提升，优质教育的发展将有最显性的呈现方式。

（二）探索建设途径，强优质教育之路。美国当代品格教育运动的实践早已证明，纯粹依托学校作为品格教育的唯一阵地显然是不够的。家庭、社区具有直接或间接影响学生形成良好品格的多种决定性因素。只有加强政府、学校、家庭、社区及其他相关机构的合作，学校教育、家庭教育和社区教育相结合，才能有效地整合品格教育资源，形成教育合力，探索行之有效的建设路径。

在品格提升促进区域优质教育的生长中，需要立足区域特色，积极探索品格教育的路径，依托"尚德学堂"的建设，从课程教学体系、实践教育体系、环境育人体系等多个维度入手，充分挖掘区域资源，积极构建显性与隐性课程结合、实践与理论互融、文化与制度建设并行的品格养成教育体系，并形成有效的模式与策略，促进学生良好品行的养成。努力促使钟楼的每一所学校，每

一位教师、每一个孩子都能健康主动发展，让区域教育呈现旺盛向上的发展态势，让优质教育蓬勃长出来。

二、优质教育是品格提升之沃土，精彩纷呈

孕育土壤，优化育人环境。区域优质教育的全面发展，让钟楼的每一片社区、每一所学校、每一位教师、每一个学生都成为更优秀、更精彩的个体，主动发展，相互影响，相互促进，其必然会形成整体协作，积极向上的育人环境。在大环境的浸润中，每一位钟楼儿童的品格提升则会拥有肥沃土壤，源头活水。这样优化的整体育人环境，必然会促进学生良好品格的养成。

挖掘资源，丰富体验岗位。区域优质教育的全面发展，让整个区域的资源都得到了充分挖掘，红色教育基地、橙色社会学堂、绿色田野课堂、蓝色工艺坊、紫色众创空间等等，绘就出品格提升的多方位体验的"场馆地图"，让钟楼孩子在丰富多样、精心设计的体验课程中不断锤炼必备品格。

多元合力，促进健康成长。区域优质教育的全面发展，凝聚了学校、家庭、社会的多方力量，打通了其内在的必然关联，形成强大的教育合力，分工明确，职责明晰，方向一致，并在实践中探索出多元多样的实践路径，共同为学生的品格发展打下亮丽的精神底色。

品格教育应该是整个区域共同来提升学生的品格。因此，区域中的很多事物（环境、活动、制度、场馆等）都要被纳入品格教育之中，并成为必不可少的重要部分。实践中，我们积极探索富有区域特色的"尚德学堂"品格提升工程的建设，正是以固本、铸魂、打底色为目标，深化"立德树人"根本任务，弘扬中华优秀传统文化、革命传统精神，融入新时代要求，开展区域推进品格提升工程的建设，在"社会主义核心价值观"思想引领下，提出钟楼学生发展必备品格，创新立德树人举措，重点计划打造"五个一项目"，即：充分利用瞿秋白纪念馆、荆川公园、青枫公园等人文历史资源，建一批"尚德学堂"，架一个"共育网络"，创一套"实践范式"，辟一片"田野课堂"，织一张"场馆地图"，帮助学生从价值认知走向价值认同并外化为行为认真践行。"尚德学堂"是钟楼教育区域推进品格提升工程的重要载体之一，建设一所所"尚德学堂"将成为钟楼教育"立德树人"根本任务落地生根的重要抓手。到2025年，计划建成"尚德学堂"30家，营造全社会为儿童的健康成长提供实践空间的良好育

人氛围。

第三节　区域品格提升的策略与实践

品格养育是一项系统工程，需要学校、家庭、社会等多方资源形成合力。尚德学堂在"人人尚德、处处学堂"理念指导下明晰了钟楼儿童的必备品格，提出"1＋N＋1"共育模式，绘制了区域品格提升场馆地图，在学校努力发挥学生品格养育主体作用的同时融通多方资源，形成合力，共促学生品格的提升。

一、明晰区域儿童"必备品格"

（一）明晰钟楼儿童必备品格要素

在"社会主义核心价值观"思想引领下，以中国学生发展核心素养为基础，植根钟楼大地，我们提出钟楼儿童发展必备品格的四大要素：爱家乡、勤实践、乐分享、能创新。

爱家乡——一方水土养一方人，爱国从爱家乡做起。我们将通过一系列教育活动让学生走进家乡的一场一馆，了解家乡的一草一木，研究家乡的一人一事，体悟家乡的一情一景，让儿童能为自己生在钟楼、长在钟楼而倍感自豪。

勤实践——实践出真知，体验长才干。我们要培养的儿童应当是务实、肯干的合格公民，应当是拥有真才实学、实事求是的未来建设者。通过给儿童设计体验课程、搭建多元实践平台，打通学校、家庭、社会融通的瓶颈，让儿童在实践中培育责任心，学会合作，勇于担当，在真切的体验中获得成长。

乐分享——一个人可以走得很快，但一群人才能走得更远。从小培养儿童的团队意识、分享品行有利于未来公民竞争力的提升。我们将通过自主选择课程、自由组建研究小组、设计团队合作任务等培养儿童乐于分享的品格。

能创新——创新是民族不竭的动力，创新意识要从小培养。我们将通过学校课程的渗透、家庭环境的营造、社会时空的打开，给儿童宽松、自主、自由的创新空间，培养儿童创新意识和实践能力。

（二）确立各学校校本化的培育品格

基于钟楼儿童必备品格的内涵解读，各实验学校立足学校实际校情，依据学生群体特质、学校办学理念、学生培养目标等，确立了校本化的儿童品格培育的核心要素。

1. 立足传统显价值澄清

中华优秀传统文化课程是觅渡儿童品格提升工程的一大亮点。觅渡教育集团立足培养儿童的"秋白精神"，以建设中华优秀传统文化实践基地为抓手，依托《中华优秀传统文化》丛书，积极探索多样化的课程实施，全方位、多视野地促进儿童关键品格的形成。力求实现三个统一：价值引领与情感体验相统一，将中华优秀传统文化价值理念融入学生的道德情感体验之中；品格养成与公民教育相统一，坚持中华优秀传统文化教育与时代精神教育、人格塑造相结合；学习经典与生活实践相统一，让学生从经典中汲取营养智慧和思想精华，与生活实践相结合。学校第五届国际理解教育主题文化周"觅渡大世界——中华优秀传统文化对世界的影响"和第三届创造性教育戏剧周活动，都聚焦中华传统文化，开展了各种丰富多彩的活动，让学生在实践中体验中华优秀文化魅力，在活动中锤炼品格，学会探究与合作，引导学生胸怀祖国，为未来成长为优秀的世界公民奠基。

在钟楼，还有一些学校也是依托中华优秀传统文化，立足于儿童品格的培育。比如，五星实验小学始终以"两翼""三线"来推行实施价值体认工程。"两翼"即：节气文化，陶文化；"三线"即以文化浸润为形，以主题统整为神，以家校共育为根，学生在传承中华优秀传统文化的活动中幸福成长。再比如西横街小学"追梦"品格的养育就是借传统节日，融人文、风土、习俗、国魂于一体，带领孩子们在情境中体验、评价、认知，进而认同和理解民族精神，自觉践行和传承优秀传统文化，通过价值澄清最终实现真正的价值体认。

2. 聚焦体验促价值认同

儿童品格的养成需要经历，需要体验。为此，很多学校都在"体验"上做文章。西仓桥小学为了培养儿童"尚美"的品格，借助读吧、做吧、说吧、唱吧四个吧室开启了学生的体验之旅。"读吧"立足"诵读经典"，学校传统读书节，设置了"国学小状元""国学小榜眼""国学小探花"等岗位，结合"美文齐诵""诗词比拼"等活动，营造积极向上、清新高雅的校园文化氛围，促进学生们爱家乡、明礼仪、会感恩品格的养成。"做吧"开设"动手作坊"，设置了小小 3D 打印师、护绿小天使、小小电路工程师、衍纸小老师、插花小能手等岗位。"说吧"组建了"心灵驿站"，设置了最佳升旗手、主持小达人、小小讲解员等，培养孩子们的团队意识、服务意识。"唱吧"歌声嘹亮，培育了最佳小歌手、快乐小夜莺等。在一系列的体验中开展"西仓美少年"岗位活动评比并进行表彰。学期初公布评选条件，学生确定目标进行申报，并朝着目标不断努力，每月进行单项评价，学期末进行综合评选并颁发奖章。每学期评选出的"西仓美少年"在学校大厅显著位置悬挂照片，成为学生学习的榜样。孩子在岗位体验中以"身"体之，以"心"验之，通过体验观察去认知、认同价值意义。

通过"体验"培养儿童品格的还有许多学校，比如常州市钟楼区西林街道中心幼儿园就开展了"趣"自然体验活动，在好玩的"趣"自然活动中，感受种子发芽的力量，观察叶脉纹路的秘密，探索藤蔓攀援的奇迹，充满了趣味和挑战。"趣"自然活动，能使儿童在自然中直接感知、实践操作、亲身体验，获得诸多经验，促进品格提升。再比如星福儿小百灵艺术建构幼儿园以"勤实践"为幼儿品格培养的切入点，融合评选"绿色星娃""红色星娃""蓝色星娃""橙色星娃""黄色星娃""紫色星娃"的活动，将品格提升融入了一项项体验活动之中。西林实验学校（小学部）"求真品格"就是依托学校排球特色项目、经典诵读、梦想舞台等体验和展示培养学生"健康的体魄""阳光的心态"和"良好的习惯"。

3. 家校协作促价值引领

创建家校社共育平台，延伸品格提升的德育时空，也是很多学校培育学生品格，并通过价值引领与辐射影响家长品格的路径。

常州市爱儿坊幼儿园秉承自由、自主、愉悦、创造的游戏精神，引导家庭和学校共同关注并参与儿童"勤实践品格"的培养，发挥 5 + 2 > 7 的教育功效。在"生活体验场"中，组织家长和孩子们共同走进品格教育基地"佳农探趣"，磨豆浆、做豆腐、摘玉米、采草莓……通过亲子合作，一起"劳动"，收获"成果"。与天喜儿烘焙坊达成合作，组织家长和幼儿走进工作室与特殊儿童合作开展烘焙活动，感悟来自星星的孩子们美好的心灵世界。在"社会大课堂"里，充分利用家长资源，共同绘制社会大课堂路线图，在家委会和热心家长的牵头、支持下，博物馆、规划馆、银行、邮局、公园、各类餐厅都留下孩子成长的足迹，在这个过程中，培养了孩子们知感恩、懂环保、爱探索、乐创造的良好品格。爱儿坊大胆尝试，将传统的会议式家委会改为参与体验式。品格教育辩论会、班级公约讨论会的开展，让爸爸妈妈们更热衷于参与家委会的常规工作，爱儿坊还带家委会成员走进品格实践基地"佳农生态园"，让家委会的家长们对于品格教育有深入认知。在与家长的互动交流中发现，家长们对于幼儿良好品格的养成十分重视，园部还向家长们征集了品格教育"金点子"，通过群策群力让品格养成项目落地、生根、开花，一批"型爸星妈"也诞生了。

再比如常州市白云小学借助"梦想家长课堂""班级公众号""小小习惯箱""家长导师团"，多元携手培养儿童"自信"品格。

此外，翰林河景幼儿园聚焦"乐分享"的品格养育，建立"快乐体验、用心分享"的幼儿品格培育方式，并从对待他人和提升自我两个方面，分别确定了品格教育的培养内容和目标，即"助人""尊重""合作""关怀"和"感恩""自信""责任""勇气"这八个方面，依托家校社三个层面来对幼儿进行品格培养。

（三）积极建设一批"尚德学堂"

为促进钟楼儿童必备品格的养成，区域立足于本土资源，学校、家庭、社会多元联动，形成全域育人的良好风尚与氛围，努力建设一批"尚德学堂"，并使其成为钟楼区域品格提升工程的标志。

"尚德学堂"拥有自身的"五有"建设标准：

有鲜明的育人理念：作为品格提升实践基地，能够确立鲜明的立德树人思想，以钟楼教育提出的儿童必备品格要素为基础，从"育什么人""怎么育人"等视角提出鲜明的育人理念。

有先进的管理思想：本着尊重、真诚、合作的思想实施学校管理、社会实践基地管理，做到：尊重儿童需求，尊重家庭爱好与习俗，尊重孩子选择；真诚为每一位儿童健康成长服务，真诚为每一个家庭需求服务；尽力满足儿童需求，坚持"利他"原则，友好合作，共享共赢，携手共进。

有适切的学习课程：学校、实践基地能够开发促进儿童品格养成与提升的体验课程。

有创新的教育范式：探索学校、家庭、社会三结合的教育途径，设计富有教育意义的综合活动，让儿童在经历与体验中获得品格提升。

有丰富的社团组织：每所"学堂"要借助社团组织丰富的体验、实践活动，促进学生必备品格的养成与提升。

二、架构品格提升"共育网络"

钟楼区域品格提升形成了"1＋N＋1"的共育网络。"1＋N＋1"模式是指以一所执行学校（觅渡教育集团）为引领校，带领 N 所学校（10 所小学，9 所幼儿园）共同研究，与"1"批社会实践基地、组织联合开发品格提升课程，形成品格提升的区域模式。

该模式探索的是学校与学校的合作、学校与社会的融合、学校与家庭的协作，让品格养成在区域的实践有基地、有土壤、有资源、有特色、有成效。以区域教育网站为媒介，建立"尚德学堂"专题平台，开通"尚德学堂"微信公众号，探索"互联网＋德育"模式，实现研究资源的共享、活动组织的互通、项目成果的共赢。并不断创新区域儿童品格提升的教育范式，追求学校教育、家庭教育、社会教育三结合的品格教育境界，实施的技术路线图是：

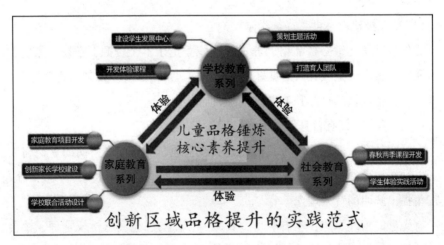

通过多元实践范式的探索，统筹全区社会资源，为儿童的品格提升提供广阔的实践土壤，促进儿童在体验课程中获得品格的提升。

（一）"1＋N＋1"——"1"之执行校品格共育职能与引领策略

常州市觅渡教育集团作为品格提升工程的引领学校，积极建立儿童发展中心，定期开展研究，全面引领区域"尚德学堂"的建设，充分发挥组织研究、协调进展、引领发展等执行校职能。

1. 整体架构组织研究

执行校组建集团儿童发展中心，下设项目管理组与项目实施组，成员涵盖学校管理人员、核心教师团队和家长理事会代表等。项目管理组负责制定研究计划与研究制度，指导、监控研究进程，提出不同阶段的研究任务和研究建议，进行项目的考核、评价、总结及成果提炼。项目实施组则围绕具体研究任务，分领域开展专题性研究，积累研究过程资料，形成研究成果。

集团儿童发展中心进行整体性思考，采用点面结合的实施策略，构建以"课程系统、支持系统、评价系统"为主体的儿童品格培育的内循环系统，让儿童在学习感悟、实践经历、情境体验中提升品格获得发展。

在集团儿童发展中心基础之上组建区域儿童发展中心。区域儿童发展中心是全区研讨交流的主阵地。每两月一次，组织各实验学校（幼儿园）的主管校（园）长、核心成员聚集畅谈、策划交流、反思总结，分享各实验单位品格提升工程建设故事，协商更优化的策略及推进方式。

在常州市觅渡教育集团有个"觅渡学生大讲堂"。这里，学生是"主讲者"。他们用不拘一格的方式讲述具有优秀品格的名人故事、身边的故事、甚至自己的故事，对所有学生开展具有贴近性、实效性的"同伴型"品格教育。当六年级学生到校外实践基地体验"勇敢者的游戏"时，发生了"女生胆小不敢上、团队合作过障碍、相互扶持到终点"等众多的趣事、糗事，让学生体验到挑战的刺激，感受到成功的快乐，更锤炼了合作、奉献、善学等许多优秀品格。而其中如何勇敢地面对困难给师生们留下了深刻的印象。学校乘此东风举办了第五期《觅渡学生大讲堂》，主题就是"勇敢面对困难"，由亲身经历的孩子们自编自演短剧，进行情景再现，配以名人故事和节目访谈，将"勇敢"这一品格力量辐射给身边的小伙伴们。全校师生从中受到了心灵的洗礼，懂得了面对困难与挫折时要思考、要努力、要微笑，要用积极健康的心态勇敢面对，不断锤炼自我，并在实际生活中做到知行合一，形成积极向上的心态。

"觅渡学生大讲堂"专设在"儿童发展中心"。儿童发展中心是学校品格提升工程的核心组织，是校本化开展品格提升研究的策划中心，是推进学校品格项目实施的主体，还是全区品格提升工程的研讨交流主阵地。在这个由核心管理团队、骨干教师团队和家长理事会代表组成的队伍里，大家用热情、智慧有效推动着区域品格提升工程的推进。

在钟楼区，这样一项品格提升工程是以"1＋N＋1"共育网络方式推进的。觅渡教育集团就是领头的"1"，是执行学校。通过积极建立儿童发展中心，全面引领区域"尚德学堂"的建设。而"N"则是各实验学校。每两个月，各实验学校的一把手校长、核心成员也都会聚集于此。温馨的环境、自由的氛围，大家轻松围坐，尽情畅谈，或策划或交流，或反思或总结，分享着各自学校的品格提升工程建设故事，也碰撞出更好的策略推进方式。于是，在这里，诞生了《钟楼区"尚德学堂"品格提升工程项目奖励制度》《钟楼区"尚德学堂"评估指南》等。另外一个"1"是一批社会实践基地。（节选自《江苏教育》）

2. 统筹资源协调进展

执行校首先开发和推动集团内品格培育体验课程，在学校、家庭、社会三结合中协调工作、统筹资源，为儿童品格锤炼与核心素养提升创造良好条件。在此基础上总结品格提升经验辐射整个区域。

开发学科课程实施中的品格提升体验。采用"发现、引导、渗透、激发、提升"等策略开展品格教育，挖掘教材中的教育因素，渗透教育内容，引导学生体验，促进品格提升。

觅渡教育集团武众庭老师执教美术课《我们这六年》，渗透了品格教育。

1. 发现：美术学科渗透品格教育，不仅是教学案例里的文字，更是课堂教学中每一次教学生成的提炼。

（1）挖掘教材，"发现"教学新内容。深入挖掘教材中的育人价值，把教材中的相关知识和内容与儿童品格提升相结合，根据儿童的年龄特点和兴趣爱好，设计合适的教学内容。例如武老师执教的这节课，该课的教学内容是将国定课程与所在学校的毕业课程进行了整合，以回忆、记录六年中难忘的点滴的教学内容来吸引学生更主动地参与学习。

（2）关注学生，"发现"课堂新问题。除了备课时的教学预设外，在教学活动中，教师还要善于发现学生新生成的问题，及时捕捉并择机开展品格教育。例如在教学过程中，武老师发现学生在欣赏作品时有不文明表现，便问学生："刚刚同学用手偶表演秋白小故事时，有些同学并没有认真观看，大家觉得这样的做法对吗?"学生则立刻意识到自身的问题，并自主反思。最后老师根据这一问题进行"尊重他人"的品格锤炼。

2. 引导："合作""创新"不仅是美术学科中常见的教学活动，更是引导学生在丰富的美术活动中提升儿童优秀品格的重要方式。

（1）"合作"情境。"合作"情境下的美术活动，是引导学生提升优秀品格的重要活动方式。《我们这六年》这节课中，武老师结合学习任务单，引导学生成立合作小组，分别完成了课前收集，课上制作、展示等学习过程。

（2）"创新"情境。创新的培养是美术学科中重要的育人价值。教师可根据教学内容，引导学生用创新的形式进行美术创作。

教学过程中武老师发现某一小组的作品较为精美，便好奇地问学生："这些画真精美，但如何更好地保存这些画呢？想一想我们生活中保管画的一些方式，你们能找到灵感吗?"老师的这一激发让这一小组的同学七嘴八舌地讨论起来，最后大家决定做一个百页册，将这些画贴进去，不仅可以更好地保管，还可以送给我们秋白讲解团的老师。

3. 渗透：只有在教学中逐步渗透对品格意识的培养，才能为时代、为国家培养出具有优秀品格的学生，美术教育才能显露出对我国全面推行素质教育的积极作用。本课教师在了解合作品格内涵的情况下，利用美术学科独特性，在教学过程中将其有效渗透到各个环节中，有效提升"合作"这一优秀品格。

4. 激发：渗透品格的美术课堂并没有固定的教学形式，每一个教学活动需要采用多种教学方法来激发儿童追求优秀品格的欲望。武老师为了尽可能地激发学生学习品格主题内容的兴趣，在课堂教学活动中运用了多种形式的教学方法，有榜样示范法——欣赏往届优秀学生作品，也有角色扮演——记者采访的方式进行师生对话。

5. 提升：美能唤起人的优秀品格。与其它学科相比，美术课程内容中除了蕴含丰富的品格内容之外，其潜移默化、寓教于乐的育人方式更是独树一帜，它让学生在实践中获得了体验，在体验中获得了感悟，在感悟中获得了提升。

美术学科是一个渗透品格教育特殊的学科，需要教师有全新的思维方式来审视自己的专业知识，创新小学美术教学方式，增设情景设计，注重问题探究，挖掘生活中的美术场景来陶冶学生的情操，培养学生的创造力，使学生能通过美术学习和绘画创作来树立正确的世界观、人生观和价值观。

（觅渡教育集团：美术学科渗透品格教育）

开发中华优秀传统文化课程：中华优秀传统文化课程是觅渡儿童品格提升工程的重要内容。学校依托《中华优秀传统文化》丛书，积极探索多样化的课程实施，通过中华优秀传统文化实践基地建设，全方位、多视野地促进觅渡儿童关键品格的形成。课程实施中，力求实现三个统一，价值引领与情感体验相统一，品格养成与公民教育相统一，学习经典与生活实践相统一。

设计校内外全域育人环境。校内实践体验根据校园周边资源建立品格实践基地（如秋白读书处）。借助资源开辟实践体验新路径，以学生讲述优秀品格故事、表演优秀品格事例的形式，激励全体学生自我锤炼品格。校外实践体验利用社会教育资源来培育儿童优秀品格。与佳农生态园等社会组织共建共育，依据觅渡儿童的品格培育目标量身定制30多门《佳农体验课程》。

建设家校共育平台。首先开发家长平台，通过家长义工护学行动，让学生从家长的榜样示范中感悟到责任与奉献；其次聚焦"品格培育"定期开展家校论坛；第三征集儿童品格培育家庭优秀案例，通过校园网站等渠道共享交流。最后借助媒体宣传集团品格培育进展情况，引导社会、家庭始终保持理念和行动的一致。

3. 引领发展区域共赢

在集团自身高质量推进品格提升工程基础上，始终履行引领区域发展的职责。区域研究中重点聚焦两方面的引领作用。

细化儿童关键品格目标，形成指标群。在钟楼儿童必备品格要素"爱家乡、勤实践、乐分享、能创新"的纬度下，依据集团学生发展目标，以秋白精神为核心，确立了觅渡儿童品格培育要素。从爱国情怀、科学态度、开拓精神三个维度梳理形成9个关键品格。在此基础上对学生的具体行为做法、情感培养、美德传承等方面进行细化，并能从家庭、学校、社会三方面提出关键品格形成的具体表现，构建出品格培育的三级指标群，进而为评价体系的完善奠定基础。觅渡集团的策略为区域学校各自形成完善的评价依据和实施方向提供了经验。

深化体验课程实施，形成实践新范式。觅渡教育集团结合新时代要求，聚焦"知行合一"，通过"课程体验——反思感悟——行动辐射"品格培育策略，构建了"认识、内化、实践"三位一体的体验式品格提升范式。集团依据自身基础特色提炼品格实践范式，为各实验单位开发品格提升路径形成各具特色的实践范式提供了榜样。

（二）"1＋N＋1"——"N"之联盟校品格共育职能与实践范式

"N"是尚德学堂以自愿参与原则吸引的 19 所联盟学校（幼儿园）。19 所联盟单位积极参与实践研究，在执行校的引领下结合自身学校基础，切实提升本校学生品格工程质量。主要职能为：参与研究、实施课程、总结成果。

常态化参与研究：19 所联盟单位根据尚德学堂总方案、自身校情制定了各具特点的科学细致的品格提升方案。在积极推进各自学生品格提升工程的同时，定期参加执行校组织的区域研究活动，在活动中相互交流、启发、总结，紧紧围绕区域项目的目标任务与时序进度开展相关的品格提升的教育活动。联盟校自身研究与区域研究始终保持高度协同发展。

多样化实施课程：各联盟学校深刻领会贯彻"尚德学堂"的建设宗旨及"爱家乡、勤实践、乐分享、能创新"品格养成内容，理清各校的核心品格与钟楼必备品格的内涵关联。在自主开展品格提升工程过程中，依托执行校的带领共同致力于课堂新范式的研究、特色资源的整合、社会实践体验课程的开发，努力促进儿童良好品格的养成。整个过程避免雷同，各具特色又促使整个项目联盟极具区域特色。

特色化总结成果：作为项目实验学校，在扎实开展各项品格提升工程的同时善于收集实验素材，总结提炼各校项目实施经验。各联盟校高度重视定期做好体验课程汇编、特色活动方案的收集、项目论文的撰写等成果总结。以学校鲜活特色成果总结促进教师科研思维提升、品格提升项目成果的显性呈现。

课堂是立德树人的主渠道和主阵地，是中小学生品格提升的重要载体。"人人尚德、处处学堂"，课堂可以在学校内也可以在社会中。"社会课堂"与"学校课堂"的有机结合，是我们品格提升的重要策略。在引领校的带领下各联盟校紧紧围绕"儿童必备品格"的目标，以学校、家庭、社会教育三结合的路径实现相互的影响与融通，以体验为主要学习方式，积极创新区域品格提升的实践范式。

1. 国定课程实施促进品格提升

【观点概述】

国定课程是学校教育的主渠道和主阵地，是学生品格提升的重要载体。品格提升不仅可以通过专门的品格课程实施，更应通过国定课程的渗透，使其在学科渗透中关注学生生命成长的核心价值。

在《关于适应新形势进一步加强和改进中小学德育工作的意见》中指出"德育要寓于各学科教学之中，贯穿于教育教学的各个环节。"并且明确提出要将德育寓于各个学科教学之中，加强学科教学中德育渗透的意识，发挥学科主导的德育功能。

"各学科课程标准"也明确提出关于品格培育的相应要求，例如《英语课程标准》明确指出"英语课程承担着提高学生综合人文素养的任务，即学生通过英语课程能否开拓视野，丰富生活经历，形成跨文化意识，增强爱国主义精神，发展创新能力，形成良好的品格和正确的人生观与价值观"。

因此，如何在国定课程中有效促进品格提升，形成行之有效的新策略，每一位"尚德学堂"成员势在必行。

首先，教师更新理念，重视品格教育。每一位学科教师在课程设计前，用心挖掘教材中与品格教育的相关议题，找到学科教学与品格教育的切入点，在教学过程中实现学科教学与品格教育的交汇点。透过课程来培育品格，把品格教育和学科教学融为一体。

其次，以活动为载体，重视学生主体。在教学中，教师组织学生进行一些活动，引导学生相互欣赏、相互支持、相互帮助，有助于提高学生的成就感、自尊心，让学生参与其中，激励学生充分发挥自己的才能，注重自己的道德修养，培养学生的责任感、使命感、自我管理的能力和民主意识。

第三，以问题为入手，重视学科融合。在教学中，教师善于捕捉学生身边的问题作为案例，进行深入剖析，学科教师之间相互沟通，相互融合，达成共识，依据同一问题，在同一阶段，通过"发现、引导、渗透、激发、提升"等新策略，帮助学生改善身边的问题，提高自身修养，使品格提升成为不断生长的过程。

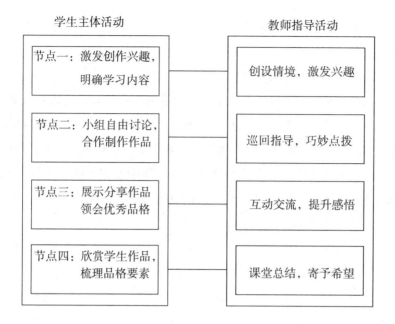

【整体建模】

在国定课程中有效促进品格提升，形成行之有效的新策略。具体见上图：

【实施要点】

各所学校确立立德树人思想，将学生的品格的养成有机渗透到各门国家课程中去。做好学科内的渗透、学科间的融合、校际间的共享。

学科内的渗透：在10门国定课程的实施中要重点关注如何有效提升儿童品格养成质量，如何围绕核心素养的全面养成进行课程改革。既要研究内容的渗透，也要研究方式的创新。例如：

综合实践活动"人与社会"的课程内容要求学生积极参与社会实践与活动，在实践中形成积极的体验，获得真实感受，增强社会责任感，培养良好的个性品质。自然、社会、自我发展三个基本的内容维度之间是有机联系的一个整体。学生在实践活动中不断张扬个性、健全人格，校内外丰富的课程资源成为学生开展学习与实践活动的沃土。下面以"探究辣条的奥秘"这个课例为例，具体阐述培育策略：

1. 在发现问题中敏锐深刻

"火得不得了"又"脏得不得了"的辣条到底是怎样的一种零食？小伙伴们又能不能吃呢？为了更全面地了解辣条，五年级学生提出了"探究辣条的奥秘"这个研究课题。综合实践活动的选题让学生学会思辨，思考问题更敏锐深刻。

2. 在主动探究中自信自律

同学们制定了小组活动方案，组织策划后续活动。通过查找资料，发现辣条生产厂卫生不合格，15 款辣条质量不合格。同学们又对荆川小学周边的商店和超市进行了市场调查，发现辣条是一种调味面制品，口味麻辣，但配料表中不含牛肉、鱼肉，都是靠食品添加剂来调味。在探究活动中，组员团结协作，表现自信大方，自我管理能力得到锻炼和提高。

3. 在调查访问中抗挫坚韧

同学们设计了关于辣条的调查问卷，对一到六年级的学生随机进行问卷调查。经分析数据，发现73%以上的受访学生喜欢吃辣条；20%的受访者认为辣条健康，44%的人不清楚辣条的危害。怎样让同学们对辣条有更清醒理性的认识呢？周六，同学们来到常州市儿童医院，就辣条的危害、学生能否吃辣条等问题采访了儿科的医生。活动的过程并不是一帆风顺的，在遇到困难、被人拒绝时，同学们想方设法，坚持不懈，使任务顺利进行。

4. 在成果汇报中合作创新

最后，同学们将自己的研究成果以各种形式在班级汇报，向全校同学宣传并提出倡议：拒绝辣条，多吃蔬果等有营养的食物，把零花钱积攒下来，用在更有意义的地方。总结交流环节也引发了同学们对新一轮课题的思考。

不管是"地铁来了"的地铁模型制作，还是"无土栽培"的种植实验；不管是"探究辣条的奥秘"的市场调查，还是"寻找我心中的'百年荆川之星'"的采访活动，都潜移默化地培养着学生的实践能力。让研究成为常态，让实践成为习惯。（荆川小学：品格在三位一体实践课程中提升）

在课堂教学中，各科教师都可通过学科课程，充分利用其中潜在的品格资源，对学生进行品格教育。数学老师可通过强调科学研究中精确、实事求是地汇报数据的重要性，来培养学生诚实、认真的学习品格；语文课程更富于道德含义；英语老师可通过认识世界文化来培养学生对中国传统文化传承与创新；综合学科老师可培养学生合作、分享的品格。这种渗透于具体学科之中的品格教育方法，避免了简单说教之嫌，往往达到"润物细无声"的效果，让学生潜移默化地把一些品格素养内化为自身的行为准则。

学科间的融合：除了每一门国家课程有机渗透品格养成外，更要研究跨学科的统整、融合。每一所实验学校积极探索围绕品德锤炼、核心素养提升的课程综合、统整的策略、路径。

小学阶段的教育目标强调基础性、整体性，小学生的身心发展也是一个不可分割的整体，作为实现小学生完整发展的基本手段——学科课程，必须保证儿童完整发展。因而，为了儿童达到整体性发展，各个学科之间应该保持必要的有机联系，不可相互孤立。

学生通过综合性与全面性的知识学习，从而培养小学生健康的对自我与现实的态度、良好的意志品质以及积极正确的情绪，并能够对社会、自然以及自我的一些事物与现象进行初步思考，使得小学生成为拥有健康身心、健全人格、良好品德、基本知识以及完整的实际能力结构的人。例如：

在五千多年文明发展历程中，中国人民创造出的博大精深的中华文化，蕴含着强大的精神力量，这不仅是人类文明发展的宝贵财富，更是中华民族生生不息的精神支柱。习近平主席在党的十九大报告中指出："中国特色社会主义文化，源自于中华民族五千多年文明历史所孕育的中华优秀传统文化，熔铸于党领导人民在革命、建设、改革中创造的革命文化和社会主义先进文化，植根于中国特色社会主义伟大实践。"

中华优秀文化的继承和发扬需要经历，需要体验。只有开发基于中华优秀传统文化教育的"陶艺＋"课程，提供丰富的体验资源与平台，才能让孩子对优秀文化的个性化理解落地生根。无论是基础课程、拓展课程、还是定制课程，我们都将围绕"陶艺＋"做文章，注重学科整合，让孩子在了解、体验、表达中，在尊重个体意愿的活动中，在有趣中、好玩中不知不觉理解传统文化。

主要从基于技术、基于需求、基于内容、基于组织形式的维度进行思考。以基于学生需求的范式为例：线上授课平台定时预告空中课堂时间，学生线上报名。平台向报名者收集需要解决的问题，由指导老师针对不同需求给予指导。学生互动讨论，提交观点，从而清晰探究方向，解决创作中遇到的困难。线下探究时前往实地考察，如宗教建筑、园林、公共雕塑，从中挖掘优秀传统文化元素，选择优秀的陶艺工作室、博物馆作为校外实践基地。在群活动则聚焦各方资源和智慧，与合作校——第三中学、博爱教育集团，共同优化课程硬件，邀请专业人士，和学校老师一起为学生提供更多个性化、类别化的提点，从而不断完善构思、设计和制作。（五星实验小学："基于中华优秀传统文化教育的陶艺＋课程"中的品格提升）

整合实施过程中与学校特色课程有机结合。例如在"尚德学堂"品格提升项目工程的引领下，本着"在传承中发展，在发展中完善"的原则，盛菊影幼儿园成功地把传统武术引进校园，全园普及全体参与。依托武术特色课程建设拓展和丰富了"武德文化"内涵，提出"以武尚德，德耀人生"的办园新理念，探索和实践了一条"文武双馨"的育人新路子。再如常州市西林实验学校尝试将绘本作为低年级孩子的阅读材料，针对班级孩子实际需求，整合绘本故事中的品格教育题材，开展多种形式的绘本阅读活动，引导孩子们深化感悟，从而促进他们品格的健康发展。

校际共享：抱团发展是区域推进品格提升工程的重要举措。钟楼区邹区镇的"佳农生态园"作为钟楼区品格提升工程"1＋N＋1"模式中倾力打造的社会实践基地，融合实践、体验、探趣、合作等于一体。9所幼儿园、11所小学根据校园文化特色和品格提升项目领衔子课题的研究方向，精心设计了佳农体验课程。让孩子们在老师的带领下走进野菜耕作园、民俗大观园、佳农播种园，以问题为导向、以体验活动为载体、以自主合作为主要方式，积极开展丰富多彩的体验活动。在聚焦现实、问题导向、价值引领的基础上，着力于学生思想品德、人文底蕴、科学精神的系统培育。

2. 多元体验创新促进品格提升

【观点概述】

儿童品格的养成需要经历，需要体验。何谓体验？体验就是让儿童在活动中以"身"体之，以"心"验之，为此要构建"多元体验"模式，开发适合儿童品格养成的体验课程，提供丰富的体验资源与平台，以丰富的社会活动教育、培养孩子的好品格，让学生的品格在活动中、在体验中萌生和发展，进而落地生根。因此，无论是学校教育、家庭教育、还是社会教育，我们都将围绕"体验"做文章，让学生参与到富有体验性的实践课程中去，在有趣中、好玩中不知不觉习得品性，明白道理。为此，我们尝试从六个维度探索促进品格提升的新范式：基于学生主体行为的、基于组织形式的、基于环境的、基于技术的、基于目的的、基于内容的。经过一年的实践探索，范式教学取得了显著的成效，并具有了一定的典型性和推广性。比如常州市卜弋小学就利用地域优势开发出了适合学生品格养成的"野菜课程"，通过"认识野菜，热爱家乡——基于组织形式的体验""培育野菜，勤于实践——基于活动环境的体验""制作野菜，乐于分享——基于主体行为的体验""发展野菜，探索创新——基于活动目的的体验"，为学生提供丰富的实践资源与平台，让他们在富有体验性的野菜课程中提升品格，争当"卜小品格新星"。再如常州市盛毓度小学架构了"学校＋家庭＋社会"品格共育的立体体验场，通过"入学体验""阳光体验""节日体验"等基于主题和内容的体验，引导孩子们关注社会，放眼世界，参与社会生活，彰显了盛小学子的多才多艺和蓬勃朝气。总之，提升学生品格，设计要在"课程"上多元整合，要在"实践体验"上下足功夫，让学生玩出品格，验出能力。

【整体建模】

以体验为主的品格提升新范式从六个维度探索，每个维度又创生出许多的实践范式。具体见下图：

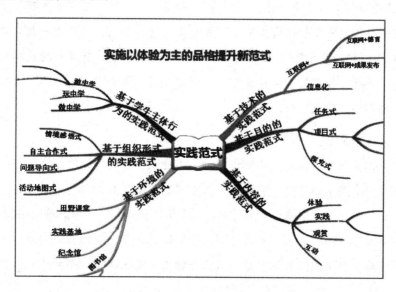

【实施要点】

问题导向为先：

学生的体验从"问题"中开始。让学生带着有助于品格提升的问题参与到体验课程的学习中来，以解决问题为主要学习成果，有需要的时候还可以设计

"问题导向学习单"，学生在体验课程中，可以提出若干问题，让学生带着问题学习，在体验活动中找寻问题答案，获得内心真切的感受。比如常州市西横街小学就是基于学生在欢度传统节日中出现的突出问题为抓手，通过自主探究、交流分享、情感体验、智慧行动等方式，带领学生提出问题、分析问题、解决问题，在实践中把优秀传统文化与发展现实文化有机统一，紧密结合起来，在继承中发展，在发展中继承，让传统节日文化教育更有精神内核，更有时代感。

对于有好奇心的儿童来说，自然的秘密永远探究不完。教师可借助儿童感兴趣的问题，引导幼儿在积极猜想、尽情投入过程中逐步提升观察、发现、探究等关键品格。中班趣味游戏《猜猜它是谁》：三月末，一位家长带来四个圆菌包，大家猜是土豆、巨大的种子……说明书提示是白平菇，黑平菇，大玉菇，鸡腿菇，可四种菇长得差不多，谁是白平菇谁是黑平菇呢？几天后，长出白色小菇的被猜白平菇，有小黑圆点被认为黑平菇。又过几天，白白胖胖的菇被猜是鸡腿菇。随着时间的推移，大家最后发现"黑平菇"长成了白平菇，"白平菇"长成了大玉菇，而"大玉菇"长成了黑平菇。原来大家都猜错了……教师以问题为导向，与儿童一起发现、猜想有趣的事物和现象，这其中，儿童有意义的猜想、有目的的观察等关键性品格也如菌菇般"茁壮成长"！（西林街道中心幼儿园："趣"自然活动中的品格提升新范式）

情境感悟为基：

学生的体验在"情境"中感悟。创设多样的、生动的情境让学生获得真切的感悟，是有助于品格提升的路径。如在《我要攀登》的学习过程中，以电影片断渲染情境，以模仿体验为学习方式，真切地获得坚持、坚毅等品格的提升。再比如常州市钟楼区清潭第三幼儿园，就是让幼儿在"玩转音乐游戏"的过程中感受音乐节带来的快乐与智慧，韵味与魅力，随乐听赏，多元表现，在心中播下了大方自信、表现创造的品格发展种子。

在情感感悟式活动中，激发孩子们形成积极的品格，收效往往很大。例如在三八国际妇女节这天幼儿园招募到了各色"星妈"："红色星妈"带来勇敢的运动类游戏《非洲大草原》，孩子们在运动中体验到自信表达的快乐；"橙色星妈"带来故事表演《宝宝长大了》、"紫色星妈"带来创意国画《叽叽喳喳》、"绿色星妈"带来文明的礼仪故事《不讲文明的小长颈鹿》，孩子们在欣赏故事表演中学会了讲文明懂礼仪……孩子跟着"星妈"们在情景游戏中学得不亦乐乎！情感感悟式的活动融洽了亲子关系，为孩子心中播下了勇敢自信、健康文明、表现创造的品格发展种子。（星福儿小白灵艺术建构幼儿园：多元谋划幼儿品格养成新范式）

自主合作为主：

学生的体验在"合作"中进行。体验课程需要尽量让学生以自主或合作的方式进入学习过程，真切地感受品格的提升、核心素养的养成。学校或实践基地的体验课程可以选课的方式进行，学生自主选课、自主成立合作小组、自主安排学习时间，获得自信、自律、合作、分享等品格的锤炼。比如常州市邹区中心幼儿园的"走趣"体验课程，就是通过自主探究、小组合作的方式，让幼儿面对社会中多种教育资源，让幼儿学会自主探究，观察追寻、探趣经历、合作采访，成为探究的主体并感悟出家乡的点滴变化。

儿童会以独特的视角观察植物生长，发现微妙变化。教师在这过程中可引导其开展持续、深入的自主探究活动，支持儿童在探究中进行有效合作。

如大班持续近一个月的"豆豆解密"：大家投票选择5种豆类与水、土、沙培三种方式试验。一周内，有儿童发现三种培养方式中，水培最利于豆类发芽。那么，同样是水培，哪种豆豆长得快？于是，5种豆被放入同一种水培器皿。15天后，黑豆最先长叶子，黄豆苗长得最高，绿豆苗最先枯萎。之后幼儿还做了纸条吸水、有色水灌溉等小实验……在这次探究经历中，一个个问题成为儿童自主合作探究的起点，其"勤实践""会合作"的品格也在此过程中悄然提升。（西林街道中心幼儿园："趣"自然活动中的品格提升新范式）

角色探究为重：

学生的体验在"角色"中深化。要注重角色体验，为学生创设道德情境，设岗位、创环境、演角色、多体验，对其道德情感的体验提供多样的机会，像春雨绵绵润物无声，激活学生情感原点，使学生动情践行，渐成修养，内化品格。比如常州市西仓桥小学就通过设置"读吧""做吧""说吧""唱吧"这四个吧室三十多个体验岗位，并模仿银行"积分卡"的形式，让无形的道德教育工作变得有形化、具体化。再如：

星福儿小白灵艺术建构幼儿园的"玩出星娃课程"

1.《小娃娃走进大消防》育责任

为期一周的消防教育周系列活动课程，从目标到内容，立足幼儿责任与意识的品格培养视角，通过"星娃说消防""星娃唱消防""星娃练消防""消防海报大制作""星娃消防运动会"等一系列活动课程让孩子在说说唱唱、画画、演演中多元表达自己对消防员叔叔的敬佩和向往。模拟消防运动会中，孩子们和家长一起身穿消防服，头戴消防帽，穿越各种障碍去灭火救援，这生动有趣的游戏情境让孩子体验到了消防员叔叔的不怕苦累危险、乐意为人民服务的品格，并在完成任务中孕育出孩子的消防意识和社会责任感。

2.《星娃探游少数民族》长见识

从综合主题常会延伸出有关星娃品格的小主题，《星娃探游少数民族》就是一个典型的主题课程。在主题探索之下幼儿园创设了自由、宽松的活动环境。一个班选择一个少数民族，围绕各个少数民族衣食住行进行深入探索。教师支持、鼓励幼儿成为具有探索精神的黄色星娃，和小伙伴一起搭建吊脚楼、蒙古包、竹楼……和爸爸妈妈一起制作五色米、泡菜、酸奶、糍粑……孩子们沉浸在活动中，感受到了中国文化的博大精深，为自己是一个了不起的中国人而感到自豪！

3.《星娃相聚喜闹元宵》乐分享

过年寒假后的第一个礼拜是幼儿园园本期初课程元宵主题。围绕红娃勇敢自信和橙娃交流分享的品格，三个级部以"闹元宵节"为主题展开线索，设计不同年段的品格培养活动。例如小班的《穿新衣拜大年》、小班拍摄年味亲子照，请哥哥姐姐来点赞；中班说说吉祥话，还能收到星娃福卡；大班自制签名簿，全国上下去拜年。大班的《元宵书市》更是结合橙娃乐分享和紫娃品质，与同伴一起分享、学习，然后把所有的书进行分类、制作标签、贴上价格，将元宵节主题系列活动推向高潮，合作做事、分享快乐成为其中的主旋律。(星福儿小白灵艺术建构幼儿园：多元谋划幼儿品格养成新范式)

活动地图为导：

学生的体验以"地图"为导向。设计有意义的活动地图，既帮助学生"导向"，更帮助学生"导行"。以活动地图设计评价单，对儿童进行过程性评价，以获得品格提升的自我认知。如：进入任何一个实践基地，都可以让学生手持自制的活动地图，自主学习、自我评价，在不同的场地由老师或学生根据学生完成体验的情况给出"盖章"或"加星"等的评价，以促进儿童在活动中获得自我认同感、活动成就感。又如常州市翰林河景幼儿园就将品格教育作为幼儿户外实践活动中的重要组成部分，在户外实践过程中，从地域传统文化入手，师幼共同协商制作活动"地图"，一环地图指向近郊社区活动，二环地图指向近郊运河活动，三环地图指向周边公园活动，四环地图指向远郊场所活动，借助活动地图开展活动，自主学习，以此来充分认识和了解常州地方文化，增加对传统文化的亲近感与感受性。

整体架构园区内"趣"自然环境，创设了5大生态体验区，分别是：开放式的生态小农场，以大型果实类作物为主的绿色百果墙，以藤类植物为主的多彩艺藤廊，清新多姿的微型小树林以及多个妙趣横生的小小生态体验坊。力求活动环境顺应童心、开放多元。各班"趣"自然环境创设力求追随儿童需要。小班，关注了情境化、儿童化，尽量以图代文；中班，加入趣味性、探索性元素，关注儿童探索中的个性化表达；大班，则更注重自主性、挑战性。如大一班阳台上微型发芽区的小蛋壳打开幼儿探索之窗，拐角处藤类植物探索区废旧皮球中的五株牵牛花，让观察可持续有系列。标本展示区罗列了各种叶子、根须截面和土壤标本。以上多元化活动地图为儿童品格提升提供了机会。（西林街道中心幼儿园：趣自然活动中的品格提升新范式）

3. 家校社协作共育促进品格提升

【观点概述】

品格教育联盟（CEP）认为："品格教育是一项国家运动，它是学校、地方、国家有意识地、预先积极地教授学生诸如关心、正直、公正、责任以及对自己和他人尊重等核心价值观"。

基于"尚德学堂"的重体验、勤实践、整合融通实践范式，各校园充分挖掘校园周边环境，构建家校社协作创新的品格提升一体化课程资源：邹区中心幼儿园"走趣"课程可谓丰富多彩，离不开对社区资源的开发利用；翰林河景幼儿园的"四环"地图式实践活动，基于幼儿园周边社会资源，构建园所品格课程的实践框架；星福儿小百灵艺术建构幼儿园借助城区地理优势，为幼儿构建园内、社区、市级各种品格展示实践舞台，锤炼自信勇敢的幸福星娃。

各校园的品格提升教育在有基地、有路线、有实践的基础上，更具特色。西林街道中心幼儿园结合幼儿园"趣"自然种植课程，强化幼儿品格在种植活动中的细节浸润。清潭幼儿园鼓励幼儿在音乐特色教育中"享玩、乐玩、智玩、慧玩"，在孩子心中播下了大方自信、表现创造的品格种子。怀德苑幼儿园通过亲子阅读特色，拓展出品格体验日、分享日和实践日等不同形式的幼儿园品格提升活动。白云幼儿园的体育特色更是在各种形式的体育特色活动中，鼓励幼儿在运动中练就体能，挑战自我，发展品格。

不仅如此，各联盟校通过精心设计家校社品格教育活动，以问题为导向、以自主选择、合作学习为主要方式，做到目标明确，过程简明，层次清晰，寓教于乐。

针对外来儿童较多的情况，白云小学、盛毓度小学充分了解家长群体特点，鼓励家长多形式参与到学校品格活动中，造就儿童品格的同时，也在提升家长自身素养。芦墅小学把家长请进课堂，参与课程建设，开发出各年级序列性数学亲子实践活动内容，帮助孩子们在与家长的互动学习过程中激发兴趣、习得学习方法。谭市小学从课程角度出发，印发了《谭市小学佳农探趣体验课程安排表》，教师的精心准备换来学生的真实体验。

【整体建模】

品格提升工程围绕"儿童品格锤炼和核心素养提升"的目标，以学校、家庭、社会教育三结合的路径实现相互的影响与融通，以体验为主要学习方式，创新区域品格提升的实践范式。

【实施要点】

结合学校办学特色，开发共育体验活动

尊重教育规律和学生身心发展规律，为每个学生提供适合的教育，促进每个学生主动、生动活泼的发展，是学校工作的终极目标。各校园基于本校办学特色，开发品格体验课程，打造育人团队，着力策划出了一系列家园共育系列体验活动。

西林街道中心幼儿园以"趣"自然为核心，基于学生主体的实践范式，以"趣"亮化园本特色，融合品格提升内涵。在系列化的"趣"自然活动中，儿童直接感知、实践操作、亲身体验：感受种子发芽的力量、观察叶脉纹路的秘密、探索藤蔓攀延的奇迹，充满了趣味和挑战，也促进了儿童责任心、会分享等品格的提升。

清潭幼儿园基于园所音乐特色课程开发的前提，在音乐、健康、社会等领域多元体验促良好品格养成，谋求品格提升新范式。例如场馆四和场馆五：《快乐的小青蛙》《厨房音乐会》，充分利用平时的生活用品，敲打出音乐的旋律，使他们的生活乐享其中。让孩子们在游戏中感受音乐、理解音乐、玩转音乐，从而达到发展智慧、锻炼身体，学习与人交往合作的多重目标。

常州市怀德苑幼儿园从实际出发，开发家校社协同的亲子阅读游戏，积累了大量探索亲子阅读体验游戏，拓宽了品格培养路径。通过品格体验日、分享日和实践日活动，让儿童在各种阅读游戏中养成良好品格。

"微课"特色是一项立足于现代化传媒的展播方式，方便、快捷、简明，通过微课的分享提升家园共育的契合度、密切度。融"品格"教育于"微课"之中，向家庭推广品格教育的重要性，探索出比较成熟的家园微课堂流程和管理标准，通过定期微信平台的推送，丰富家庭、幼儿园、社区之间开展各类助推幼儿"勤实践"品格养成的综合实践体验活动。

园部对于幼儿的良好习惯与品质进行分类、统计、设计，根据三个层次（大、中、小）的目标要求制定问卷，在全园范围内开展幼儿品格内涵大调查。了解家长在幼儿品格养成的过程中有哪些困惑、哪些妙招。

知的具象传递：从形象事例教育着手，把英雄模范和发生在孩子身边的好人好事等生动例子融入"微课"内容汇总，帮助幼儿通过直接的感官体验形成道德认识，从而陶冶情操、培养性格、启发行动，逐步形成正确的是非观念。

情的潜移默化：通过情境化的教育方式感染与鼓励幼儿，帮助家长在家庭教育中，梳理自身的榜样作用，创造良好的正面情感环境。借助于微课，向父母甚至隔代的教育者有效地传递多样的方式，帮助他们学习到更多与孩子正确交流的方式，促进父母或祖辈把优良的品格素养渗透在生活的点点滴滴之间。

行的有效实践：品格的概念非常抽象，怎样帮助幼儿理解并逐步养成呢？借助"微课"这一新鲜事物，根据各个年龄段幼儿的发展特点，将品格教育划分成细小的范围。教师收集素材，制定微课实施计划，通过现代化的手段制作出适合幼儿学习操作的系列品格养成微课。每月定期将微课推送给家长，鼓励幼儿在家庭中进行实践与操作。（爱尔坊幼儿园：家校社协作——"5+2>7"的教育功效）

建构家校协作课程，创设和谐亲子关系

近年来，钟楼区由于城市化进程的发展，各个校园吸纳了大量外来务工人员的子女。通过各校园调查研究发现这些孩子在文明礼仪、家庭教育、社会实践等诸方面，均与城市孩子存在一定差距。各学校依托实践在家庭教育和学校教育之间架设了一条条共育路径，积累了丰富的家庭教育课程。

盛毓度小学基于主题的学校式体验，鼓励学生了解学校历史，做毓英好少年。其次，创设基于学生主体行为的家庭式体验活动，如"跟着爸爸妈妈学本领"家庭式体验课程，是一段"特殊"而有意义的体验活动："走近我的家乡"走访、"走近我的父母"体验、"爸爸妈妈进课堂"。最后，基于环境进行社会式体验，开办"盛小兴业银行理财课堂"，带领学生走进田野课堂，体验田野文化。系列活动帮助孩子们重新构建自己的人生观和价值观。

常州市芦墅小学以新家长、学校建设为抓手，以省级课题为支撑，家校共育为主要途径，促进学生核心品格的有效养成。"芦菱家长讲坛"各班每学期每月利用一节班队课，邀请家长结合自己的专长和工作特点，走进课堂，为孩子们授课。"家庭互动阅读"中倡导"每日乐读，陪伴成长"，家长和孩子一起用绘画、表演等形式汇报阅读成果。"芦菱星娃评选"注重"动态评价，榜样助推"张榜公布。

爱尔坊幼儿园在课程游戏化背景下，秉承自由、自主、愉悦、创造的游戏精神，引导家庭和学校共同关注并参与儿童"勤实践品格"的培养，发挥5+2>7的教育功效。向家长们征集品格教育"金点子"，家园群策群力让幼儿品格养成落地、生根、开花。

白云幼儿园利用家校社三方联动形成"凝心聚力，不忘初心"的家园携手共育合作，"小手大手，合作双赢"的园级创新合作，"以爱之名，创玩共享"的亲子互动乐享合作等三大策略。例如家长半日开放活动、亲子运动乐翻天活动、家长代课日活动，通过不同途径鼓励家长参与到幼儿园课程建设和游戏活动实施中。

依据自组织理论，重点落实"123"家庭自组织之"亲子共读"。

1. 刊发《谭小悦读者》。读书使人明理，拥有学习氛围的家庭必将促进学生的发展。学校重点推出《谭小悦读者》，引导家长放下手机，拿起书本，与孩子共读、共写。2017年9月初，利用中央电视台《开学第一课》的播出，我们组织家长和学生一起收看并撰写观后感，于9月26日刊发了第一期《谭小悦读者》，13位家长的观后感刊登在报纸上。我们印刷后面向全体师生、谭市社区领导人手一份，极大鼓舞了家长参与亲子阅读的积极性，家长和学生"博爱善纳"的品格得到提升，真正实现了"教育一代人，影响两代人"的育人目标。

2. "书香溢校园·阅读铸品格"。2017年10月—11月学校结合阅读节开展"亲子共读书"活动。针对谭市学生的家庭实际情况，学校投入5000余元精心挑选图书提供给学生和家长一起阅读。学生做读书笔记、做采蜜集，开展古诗文接龙赛、讲作文赛……家长和学生一起成长。在活动中悦纳、坚持，"责任担当"品格得到提升。优秀读书心得继续在《谭小悦读者》上刊发，获得家长和同学们的一致好评！（谭市小学："生态"理念引领下的家校社协作共育新途径）

小小"习惯箱"，大大正能量——"好行为箱"的推广，成了家庭里一道温柔的"强制力"。在全体家庭成员中，无论是谁，只要发现家庭成员中有好行为都可以写成小纸条放进"好行为箱"内，每周举行"开箱大吉"仪式，取出一周以来积攒的好行为进行宣读和分享。

诚如家长所说："在主动参加了学校精心为我们家长开设的'梦想家长课堂'的学习后，在专业辅导老师的指导下，采用了'好行为箱'的举措。我和儿子一起在淘宝网上购买了一个他最喜爱的卡通造型屋作为'好行为箱'，商讨了作为一名六年级毕业生该有的良好行为，包括适度玩游戏的行为。在全家人的商议下，孩子很郑重地写下了自己要有的10大好行为，既贴在墙上约束自己，又放进'好行为箱'激励自己。每天，当我发现孩子做的好的地方，都会写成心形的小纸条放进'好行为箱'。到了周末，我们全家还会举行隆重的'开箱大吉'仪式。我们打开箱子，取出一周以来积攒的好行为，一起大声地读出来，我欣喜地发现，儿子特别开心，还忍不住自豪地说：'我的好行为还挺多的嘛！'连平时严肃而粗暴的爸爸也有浅浅的笑挂在脸上。

后来，不仅儿子，我们家长也加入了'好行为'的积攒行列中，无论是谁，只要发现家庭成员中有好行为的都可以写成小纸条放进卡通屋里，无形中，'好行为箱'成为家庭里一道温柔的'强制力'。不仅孩子，我们家长也越来越关注自身行为的提高。在辅导班中，我带着儿子一起上课学习，儿子还上台分享了自己的成长故事，赢得了指导老师和很多爸爸妈妈的大力赞赏。不知不觉中，儿子就在小小行为箱传递的大大正能量里慢慢改变，我们也在与孩子同行的路上，不断成长。"（白云小学：精准辅导提升家庭教育品质）

吸纳社会教育资源，架构联盟教育场域

社会教育空间的打开，将会给儿童以真切的品格践行时空，真正做到知行合一。各校园积极探索校园周边教育资源，尝试在社会实践基地中通过课程统整与拓展，以体验的方式促进儿童品格养成。

星福儿小百灵艺术建构幼儿园融合星娃六大品质教育，关注周边社区教育资源，鼓励幼儿亲社会，做中学。作为艺术特色的幼儿园，为孩子架设园内、社区、市级等各种舞台：《央视大风车》《常州电视台》、"常州文化100惠民活动"等社区广场上都留下了孩子们自信勇敢的身影。

邹区中心幼儿园周边拥有丰富的社会资源，幼儿园以"走趣"为体验课程，滋养品格生长，园所逐渐构建出了一套规范的"走趣"体验园本课程资源库：如邹区灯具城、邹区商业中心和佳农品格实践基地。每次活动，幼儿园都会选择适宜的实践地点和内容，制定"班行地图"与"蹭游地图"制定"小脚丫行百里"路线，绘制"班行地图"。

为了加强家校合作教育的力度，致力于学生良好品行的养成，真正达到家校携手共同培养孩子的目标，学校积极探索家校共育品格提升新途径。继续与北大家庭教育研究所协作，通过创新家校互动模式，让家校同力同行，实现教育共赢。

举行"梦想家长课堂"现场推进会，邀请班级里热情支持学校工作、对家庭教育有一定体悟的家长成为家庭教育的"火种"，参加与专家面对面交流的现场活动，进一步深化这些"种子"对家庭教育的认知与践行能力。

开展家长线上学习。建立家校协作微信群，引领家长每日在线上分享《爱是一次共同的成长》《成长比成功更重要》等专业书籍的相应章节内容，由群内自荐或推荐的组长负责每天学习情况的实施和统计。

推进现场互动答疑。每半月一次，通过微课、现场对话等方式，对家长在教育孩子的过程中遇到的困惑进行互动答疑，及时解决问题。

共同践行家庭公约。引导家长与孩子共同制定家庭公约，促使家长与孩子之间进行平等互助的家庭活动，共同成长。

借助多元途径，培养一批家长，使其成为班级家庭教育的引领者，不断成长、分享、辐射、服务一个班级，乃至一个年级。（白云小学：精准辅导　提升家庭教育品质）

各项目联盟校通过社会实践基地进行创新学习与实践。精心设计品格教育课程及学习任务单，以问题为导向，以自主选择、合作学习为主要方式。使得品格提升活动做到目标明确，过程简明，层次清晰，活动有效。

（三）"1＋N＋1"——"1"之社会实践基地品格共育职能与服务策略

"1"是指一批校外社会实践基地，目前以"佳农生态园"为代表。佳农生态园蕴藏着丰富的育人资源，立志为青少年品格教育做出贡献，履行立德树人的社会责任。社会实践基地承担的品格共育责任与策略主要是：开放资源、开发课程、辅助指导。

开放资源——在不断完善实践基地的设施、设备等方面积极作为，在环境营造、资源提供、场馆开放等方面积极作为。

伴随着钟楼区西进策略的实施，坐落在邹区镇的佳农生态园为了让品格教育更加具体化和可视化，形成了"建设品格教育基地，培养未来社会栋梁"的核心理念，并顺应时代发展潮流，创意开发育人资源，通过多种渠道和方式向师生呈现育人资源，实施体验课程和实践活动，力求与普通学校共建共享，拓展互通，探索儿童成长新路径，让孩子养成优秀品格，成为有用人才。

基于此，该实践基地全力构建并实施了融合实践、体验、探趣、合作等内容于一体的品格教育综合体系，呈现了丰富多元的品格提升教育资源：以一廊（舜德长廊）、一院（文昌书院）、三区（状元励志区、探趣科普区、科学名人区）、三园（野菜耕作园、民俗大观园、佳农播种园）为核心的"1133"工程，搭建了以体验、实践为主的品格提升学习载体。在占地600多亩，投资8000余万元的生态园内，学生既可以通过设计舜德故事、微信互动等方式，了解大舜孝德、让德故事，培育仁爱、感恩的品格，也可以研读经典走进生活、融入社会教人求真；学以致用学做真人，培育诚信、创新的品格。而在状元励志区、探趣科普区、科学名人区等环境中，学生通过实境呈现、互动体验等设施设备的提供，在感悟状元精神中养成勤奋、坚毅、谦让、自信的品格，并在探索科学奥秘实践中提升创新品格，在走进名人中养成爱科学、勇挑战、乐进取的品格。当然，在野菜耕作园、民俗大观园、佳农播种园，在真实生动的农家风貌与农耕背景中，更能体验传统农业习俗，学会珍惜当下生活懂得感恩、感受成功喜悦确立劳动观念，培养自律、勤奋、坚毅等品格。

豆腐坊里，在老师傅的示范和帮助下，同学们麻利地过滤豆浆、点石膏，一点都不含糊。喝着甜甜的豆浆，吃上自己做的豆腐，味道是从没有过的美！

民俗大观园里，同学们看到了爸爸妈妈，甚至是爷爷奶奶小时候使用的农具、生活用具……这些"老古董"让同学们对于家乡民俗文化有了更多切实体验。

生态园里的"呱呱谷"内，同学们手拿钓竿，时而为成功垂钓而欢呼，时而为龙虾脱钩而叹息。走进"昆虫之家"，同学们欣赏到了造型多样的海洋鱼类、丰富多彩的昆虫标本、种类繁多的爬行动物……"百鸟园"里，大家零距离接触了高雅的白天鹅、美丽的孔雀、水中嬉戏的鸭子……"蝴蝶谷"内，同学们又和蝴蝶一起嬉戏玩耍，翩翩起舞，乐而忘返。

在拓展训练营，同学们仙踪狩猎、真人CS、勇敢攀岩，体验到了游戏与挑战的刺激，锻炼了个人的意志品质。大家换上军装，英姿飒爽，有模有样，一招一式整齐划一，刚劲有力。小军人们齐心协力完成了一个又一个具有挑战性的项目，射击、攀岩、真人CS……不放弃，多鼓励，在勇攀高峰中坚持不懈，在模拟战斗中团结协作，在突破自我中体验成功。这不仅是一次实践活动，更是一次磨炼和考验。同学们在仙踪狩猎中体会猎人的坚韧、耐心；真人CS又让同学们体会到团队协作的重要性；勇敢攀岩不仅要讲技巧还要有足够的勇气和坚毅的品格……

中午时分，同学们一个个品尝着自己的劳动果实，脸上洋溢着说不出的高兴劲儿。下午的种蔬菜体验，同学们虽然没有种菜的经验，但确也做得有模有样。挖土的挖土、放苗的放苗、填土的填土、浇水的浇水，看着努力种下的菜苗，心里美滋滋的。

在佳农生态园里，同学们打开大自然绿色的课本，包饺子、做春卷、磨豆浆、做豆腐、种蔬菜，这些从没干过的农活，都让同学们体验到了什么叫"自己动手丰衣足食"，更懂得了幸福生活的来之不易。同样，在与自然的亲密接触中，同学们磨炼了自己的意志，增进了彼此间的友谊，收获了科学知识，寻找到了乡野间的乐趣，觅得了生活中的志趣。"纸上得来终觉浅，绝知此事要躬行"，少先队员们在丰富的实践体验活动中绽放了精彩，提升了品格，收获了幸福！（荆川小学品格基地实践感言）

开发课程——实践基地在实验学校的积极参与下组织相应人员开发体验课程，提供课程菜单，供学生社会实践时自主选择。

佳农生态园充分发挥自身优势，为儿童品格的提升创造更具生机活力和互动乐趣的"田野课堂"。基于钟楼区品格提升从学校向社会延伸的思路，针对不同群体需要，佳农生态园的课程开发体现"童趣、识趣、情趣、生趣、理趣"，包含科普探趣、生物生态、军事体验、种植、酿酒、成长礼、毕业季等内容的60门课程。同时钟楼区多所品格提升项目学校，结合自身基础，与佳农合作开发了诸多特色课程。如：

白云小学与基地合作开发《"七彩纸艺"课程》，在纸艺浓厚的创新元素上，更多地与佳农的特色资源整合，借助不同节日、节气活动的开展，用主题创作方式推进，并结合成品制作、爱心义卖等途径，让纸艺融入公益性元素，以纸为媒，传播大爱，让更多的人在纸艺的创作体验中，在心田播下真善美的种子。

谭市小学开发的阳光品格养成共育路径《"微生态"课程》，将佳农生态园作为拓展性的田野活动基地，通过在基地开展研究性学习活动，使学生们在玩中学，学课本以外的知识，并通过实践，增强他们的探究和创新意识，学习科学研究的方法，发展了综合运用知识的能力，努力提升学生团队合作的品格。

卜弋小学与基地合作开发《野菜课程》，以农村孩子熟悉的野菜为载体，以学生的主动研究为途径，在实践活动过程中培养学生可持续发展能力，促进学生环境意识、创新意识的培养与发展。并通过引导学生仔细观察、勤于思考、大胆实践、勇于探索，感悟野菜的价值，感受自然的野趣，体验劳动的快乐，增强公民的意识，努力成长为一个有自信、懂感恩、会合作、能创造的新时代社会栋梁。

除此以外，佳农生态园还是西仓桥小学的"国学经典实践基地"、西林街道中心幼儿园"趣自然"课程基地、钟楼区科技实验幼儿园"玩转科学"科普教育课程基地……随着品格提升项目的逐步推进，根据课程特点和育人目标的指向，结合学生身心特点，社会实践基地中的开发课程形成了以问题为导向，以体验活动为载体，自主合作为主要方式的模式。

2018年4月25日，佳农生态园的圆木空间里，星福儿幼儿园陈老师正在带领孩子们开展综合教学活动《挑战》。活动以引导孩子完成三个任务为线索串联起来，每个任务都需要孩子两两结合或多人组合共同协作来完成，活动旨在提升孩子上下肢力量，锻炼身体动作的平衡、协调、敏捷性，尝试克服一定的心理压力挑战闯关，从而进一步养成自信、勇敢的品格特征。活动中亮点频现：

闯关，同伴互助趣起来：充分利用佳农圆木空间的大型玩具，老师从中精心挑选了五组作为孩子的闯关任务，要求必须两人合作完成，并对自己的闯关情况用三种符号做出实事求是的评价，在两两合作中学会协商、分工、互助，能快速地完成各项任务，并且乐意与同伴交流、分享成功的经验。

感恩，毕业心愿飞起来：随着充满感情的歌表演《感恩的心》，孩子们进入了第二个任务，把自己亲手制作的毕业感恩心愿卡贴到毕业墙上的爱心图案中，不过老师再次设置了障碍，爱心图案挂得很高，孩子们必须利用现场一切可利用的资源才能完成任务。爬绳子、攀登绳梯、叠轮胎，孩子们尝试了多种方法，最后终于齐心协力顺利贴好了心愿卡。在感人的音乐声中，五彩的气球带着大家的感恩心愿冉冉飞上蓝天，这充满仪式感的场面，孩子们充分感受到了风雨过后见彩虹的喜悦和感动。

摘旗，竞赛激情亮出来：利用佳农太阳形的轮胎阵地，孩子们仍旧是两两组合进行接力运小旗比赛。这一任务的最大阻碍是烂泥，没错！雨后的草地满是泥泞，平时养尊处优整洁干净的孩子们直皱眉，有大惊小怪的，有嘟嘴抱怨的，可比赛一旦开始，想赢的强烈愿望让这些小公主、小王子再也顾不得嫌弃纷纷化身小泥猪，勇夺第一。

返程回家时孩子们的衣服鞋子不再光鲜，但闪亮的眼眸、昂扬的面貌昭示着他们从身体到精神与大自然亲密接触后所获得的满满元气。孩子们手拉手相视一笑，合作共赢的品格已经被他们融入在自己的体验中和行为里，她们幼小的心里种下了自助合作的美好品格。（星福儿幼儿园品格基地实践感言）

辅助指导——各实验校在社会实践基地开展活动过程中，基地选派得力、有教师资质的工作人员担任活动辅导员、课程导师，引导学生开展适切的体验、实践活动。

下田插秧是一种怎样的体验？相信现在不少人已经忘记或从未体验过农耕的感觉。6月16日，端午节放假的第一天，在佳农生态园，2018年大运河文创节将在这里拉开帷幕。觅渡教育集团三（11）班的25名同学分别由家长陪同，参加了江南运河插秧节活动。当天的插秧节活动精彩连连。以四面中国大鼓开场，舞台中心用太极图布置，表演者手捧黄土通过舞蹈动作来表现农民对土地的一份敬畏。年轻的舞蹈演员伴随着音乐从农田的两侧上场，舞蹈动作主要表现江南地区农作的一种状态，让人从中感受江南水乡的韵律、江南女子的俏丽和江南劳作的愉悦。老年舞蹈队也从音乐声中走来，其舞蹈动作主要表现农耕时的辛勤和喜悦，舞蹈动作源于农民平时种地的生活动作，在舞蹈中将会感受不同的天气乃至季节农民对劳作的这一份热爱，对庄稼的这一份付出和珍惜。

活动现场邀请当地地道的老农民进入水田展示犁地过程，为"抛秧"做准备。生态园选派了得力的工作人员，辅导家长与孩子排着整齐的队伍，分成六个小队，按引导同时进入事先准备好的秧田。秧苗从家长手中有仪式感地传递给孩子，手把手教会他插秧。虽然很多孩子弄得满身是泥，但辛勤耕耘、节约粮食的理念在他们心间留下了深刻的印象。（觅渡教育集团品格基地实践感言）

除了端午插秧，关于植树、种植、豆腐制作、酿酒、丰收等活动，生态园中均有专业人员负责辅助指导。同样每年的成长礼、青春礼、成人礼、生日礼、毕业季以及诸多佳农拓展课程里，均有专业团队带领学生实践体验。

随着品格提升工程的逐步推进，佳农生态园已真正成为学生的"田野课堂"，其依靠周边文化资源背景，选派课程意识实践能力强且有教师资质的工作人员担任各类实践活动辅导员、课程导师，引导学生开展适切的体验实践活动。例如，基于生态园中的多种生物资源，开展以体验绿色为主的实践活动；基于不同年段的学生成长规律，开设绿色课堂感悟活动；基于广袤的田野基地与丰富的农事经验，实施以创造绿色为主题的体验课程。

在现有基础上不断扩建的桑蚕基地、无人机训练基地、陶泥工作室、纸艺馆、木工坊和烘焙坊等场馆中，佳农生态园不仅会继续完善设施，不断丰富资源，扩大开放面积，还会逐步加强辅助实践师资，提高实践活动质量。

三、绘制品格提升的"场馆地图"

钟楼是常州市的中心城区，面积虽只有 132.98 平方公里，但钟灵毓秀、人文荟萃，充分挖掘区域内有利于儿童品格提升的特色资源，是品格提升工程的内容之一。品格提升联盟的二十所学校有着丰富的教育资源：觅渡教育集团的瞿秋白纪念馆、荆川小学的荆川公园、盛毓度小学的盛毓度纪念馆……这些都是常州的名人资源。加上邹区镇丰富的人文、自然资源，很有必要对整个区域内的场馆资源进行梳理，画出一张"场馆地图"，以利于区域内各所学校就近开展丰富多彩的教育活动。同时也积极建设主题场馆，拉出"赤、橙、绿、蓝、紫"五条实践线路，即红色教育基地（以瞿秋白纪念馆为代表）、橙色社会学堂（以南大街、双桂坊特色文商旅为代表）、绿色田野课堂（以佳农生态园为代表）、蓝色工艺坊（以梳篦厂、乱针绣馆为代表）、紫色众创空间（以 ASK 众创空间为代表），绘就"尚德学堂"多方位体验的"场馆地图"，让钟楼学子能够在精心设计的体验课程中不断锤炼必备品格。

（一）红色教育基地

红色基调的爱国主义教育基地是青少年学习了解历史知识、革命传统的重要课堂，是增强爱国情感、培养民族精神的重要载体，对锤炼、加强和改进青少年优秀品格具有不可替代的特殊作用。

依托瞿秋白纪念馆，传递青少年正能量。瞿秋白纪念馆是常州地区唯一一家中国重点文物保护单位的人物类纪念馆，陈列、收藏丰富而完备的有关瞿秋白生平和思想的照片、实物、文字、文献和研究资料。英雄人物身上也可融入现代教育元素，以激发青少年学习英雄的热情，使孩子收获属于内心的真实体验。

参观秋白纪念馆、清明祭扫先烈、让青少年担任小讲解员，这些活动让秋白纪念馆真正成为爱国主义教育的红色课堂。作为秋白的母校，觅渡桥小学享受着秋白精神的恩泽，创造性地形成了以"秋白精神"为核心的学校主流文化，引导学生把瞿秋白纪念馆、故居当作自己的课堂、当作校园一部分。31年红色接力，一代又一代的小讲解员在这里施展才能、锻炼才干、丰富阅历、传承"秋白精神"。

体验毓度精神，培育毓英少年。盛毓度先生纪念馆馆藏虽小，但有着二十多年的历史，馆内陈列了先生的生平介绍、相关著作等，而"毓度精神"，则体现盛毓度老先生的家国情怀、社会关爱和个人修养等诸多方面。

参观盛毓度先生纪念馆，是每个"新毓英少年"及家长们必备的课程。通过寻访传统、了解盛小历史、观看盛毓度的生平介绍，让学生用自己的语言来讲述盛毓度爷爷的故事，了解"毓度精神"的核心，培养学生爱家乡、勤实践、乐分享、能创造的良好品格。学习"毓度精神"，让学生树立自己的发展目标，使更多的学生真正成为"毓秀萃英、悦纳善度"的优秀学子。

走进刘海粟美术馆，传承红色基因。刘海粟美术馆具有现代美术馆和名人纪念馆双重功能。走进展馆，学生通过聆听文化志愿者讲述刘海粟先生的生平创作故事，继而解读故事背后传承的海粟"博采广搜冲天劲，勤奋书画持以恒"的精神。描摹刘海粟先生的画作，孩子们能感受到祖国山河的沧海桑田，为孩子们种下了一颗热爱艺术的种子，更激发了爱祖国、爱家乡的情怀。海粟先生优秀的学习精神和对艺术的执著、坚韧，也给孩子们带来了精神洗礼，明白了"只有好的精神状态才能学到内容"，懂得了持之以恒、业精于勤的道理。

深入钟楼消防军营，习得勇敢品格。在真实的情境中设计品格体验活动，最能够激发学生的真切感悟。常州市飞龙路的消防中队成了孩子体验勇敢、自信品格的专属体验场。对于星福儿幼儿园等附近校园里的孩子来说，其硕大的训练场是课堂，训练用的消防设施是学具，消防官兵客串了教师，讲解消防知识、演绎安全逃生、示范灭火操作步骤，孩子看到的都是真实的场景。耳濡目染下，孩子们穿戴消防服，提起十多斤的消防水管接力"灭火"……一个个稚嫩的身躯立刻变身为英勇团结的"战士"。此时此刻，每个孩子都在闪闪发光，做最勇敢最自信的自己。

　　游荆川公园，传爱国精神，立自强之志。荆川公园是常州市为纪念明代抗倭英雄唐荆川而建设的综合性公园。公园里有"四区、四道"景观，学生在此可以了解荆川生平，传承荆川精神。通过当小小宣讲员的讲解，能够了解到荆川先生文韬武略之才、坚毅自强之志和爱国爱民之情，了解到荆川先生不尚空谈、务实求本的治学精神。在荆川石像或墓前开展入队仪式、成长仪式等庄重活动，在海棠节开展海棠文化之旅，清明时节开展祭扫活动，在公园内设立小小志愿服务点……通过丰富的体验活动，引导学生传承荆川先生的优秀品质，争当优秀的"荆川学子"。

　　（二）橙色社会学堂

　　时下兴起的文商旅融合，实现了文化和商业的价值最大化，也体现出多元的教育价值。有依托于当地历史文化沉淀的自然和人文资源；有以古镇、古城、古街为依托，修旧如旧的特色风貌区；也有在承继历史文脉、保持原有风貌的基础上融入现代元素的综合体。

　　印象南大街，感受"老字号"。百年老街南大街号称龙城第一街，孕育了许多资深的"老字号"店铺，如今已然成为一条凝聚龙城千年神韵与现代时尚的步行街，融汇了现代文明与经典的传承，它的历史文化积淀与发展历程非常值得探寻与研究。作为常州未来的小主人，需感受常州"商"文化的悠久历史与飞速发展，通过历史的印记——南大街历史探索实践活动、街区小管家——寻商之旅体验活动、未来南大街——南大街商业改造梦想设计等系列社会大课堂活动，体会作为一名常州人的骄傲，珍惜现在的幸福生活。

　　特色大麻糕，怀揣乡土情。常州麻糕店是传承清咸丰年间大麻糕特色名点的百年老店，先后获得"大麻糕制作技艺"非物质文化遗产传承单位、"常州十大名点"等荣誉称号。聆听着民俗专家、企业负责人畅谈地方民俗，讲讲麻糕作为"常州骄傲"的历史渊源，明晰许多人为了百年技艺传承，一脉匠心不变所付出的努力，此时执着、坚守、责任、踏实、有担当、敢创新的工匠精神，势必会扎根于学生的心灵深处。元宵节，搓汤团；中秋节，做月饼；重阳节，制作重阳糕……抓住节点时间与事件，自己动手做糕点，必将成为日后美妙童年回忆的一部分。

　　半山书局，体味书式美学。半山书局是由台湾著名商业设计师打造的，传递着"书式"的生活美学。这里馆藏图书200万册，蕴含"半山人文""半山生活""半山美学"三大主题。

半山人文——"半山"的故事从北宋绵延而来。为纪念时任常州知州王安石而建的"半山亭"古迹，而"半山"二字，又隐喻了文人们对"大隐隐于市"的向往和感悟。孩子们可在其中探索追溯，感受常州独特的文化传统和现代脉搏。

半山生活——在这里，孩子们感受着书香，或静静欣赏，或窃窃分享，或享受着亲子阅读的乐趣。这里还可以享受美食，进行各种手工艺小制作，能感受真实的烟火人生！

半山美学——十多米高的书墙"别具一格"，放着近万册书籍，让来此阅读的人们仿佛隔着书架都能闻到飘逸四溅的墨香。还有三十六间"格子"书房，通过对建筑美学的探究活动，让孩子们开阔眼界，提升感受美的能力。

院街，中国式"文艺复兴"。院街，一座中国式"文艺复兴"商业街区，坐落在常州老城区清潭的中心，是一个东方特性与国际化并蓄、文化与商业相结合的旅游消费新时尚坐标。

其江南古典园林式建筑，浸润着中华文化的内蕴，带给孩子们美的享受、文化的熏陶。其中遍布的特色餐饮，有着悠久文化历史传承，不仅挑战着孩子们的味蕾，更激发了他们的民族自豪感。在儿童天地里，孩子能根据自己的兴趣选择"我想怎么玩"，体验回归儿童游戏天性的本质，运动能力和社会交往能力得到充分发展。

百年老街"双桂坊"。双桂坊，见证常州 1000 多年的历史，留下了各朝各代名流雅士的足迹，是地方美食文化的熏陶、练兵的要地，以浓郁的历史文化氛围见长，堪称常州第一街。

学生们来自五湖四海，双桂坊店铺商家亦是，因此，让学生通过观察和实践，能更深入了解自己家乡的特色美食的制作过程，从而深入了解常州。且双桂坊一直秉承"用道德良心做放心食品"的企业文化，有助于学生养成自律、责任担当的良好品格。

（三）绿色田野课堂

常州市佳农科普生态园坐落在常州钟楼区邹区，是常州地区唯一以农业为基础，专门从事青少年新品格培育的正规教育机构。该园于 2017 年 4 月作为常州市新品格教育服务公司成为江苏省区域推进品格提升工程联盟中的一员。生态园占地 600 亩，总投资 8000 多万元，生态园中建设了一廊（舜德长廊）一院

（文昌书院）三区（状元励志区、探区科普区、科学名人区）三园（野菜耕作园、民俗大观园、佳农耕作园）的"1133"工程。

抓住教育契机，架构课程体系。围绕"探趣"核心，创设"田野课堂"，建设品格提升课程体系。

童趣课程：指依托野菜耕作园、民俗大观园和佳农耕作园，让孩子们在童年的游戏中感受自然的恩赐，感受大自然的美好，培养感恩品格。

"识"趣课程：指依托探趣科普园，让孩子们在玩与学的活动中，认识自然趣味，探索科学奥秘，在发现中学会创造、创新，提升儿童的创新品格。

情趣课程：指依托探趣科普园，让孩子们通过对动植物的认识，与动植物零距离的接触，感受生命教育，培育"爱"的品格。

生趣课程：指依托佳农耕作园，让孩子们通过体验作物的播种、管理、收获，感受生命生长过程中的不易，农事劳作中经受艰苦磨炼，确立劳动观念，获得人生财富，提升勤奋、坚毅品格、自律、勤奋的品格。

理趣课程：指依托舜德长廊、文昌书院、状元励志区和科学名人区，对孩子进行勤奋学习、博览群书、脚踏实地、从小立志等品格教育。学习大舜至德楷模，培育儿童的仁爱、感恩的品格；学习状元精神，养成勤奋、坚毅、谦让、自信等优秀品格；学习科学家精神，养成热爱科学、不畏艰辛、锐意进取的品格，获得奋发动力。

多元活动建设，打造绿色课堂。生态园围绕"绿色"开辟序列活动，为学生的多元体验开辟课堂。

体验绿色——开设一系列体验型绿色课堂，例如生物生态、科普探趣。

感悟绿色——开设一系列感悟型绿色课堂，例如成长礼、青春礼、成人礼、生日礼、毕业季、佳农拓展课程及各年段学生社会实践体验等二十多种活动内容。

创造绿色——开设一系列感悟型绿色课堂，例如种植、豆腐制作、酿酒等活动内容。

（四）蓝色工艺坊

"社会即生活，生活即教育。"推进生活课程是促进品格提升的有效方式之一。合理利用"常州三宝"传统手工艺街区、运河五号创意街区、邹区灯具城等有着独特传统文化作坊和现代工艺基地，实施体验式课堂和实践活动，能扩展儿童品格养成的教育空间。

"常州三宝"传统手工工艺坊。赫赫有名的"常州三宝"坐落在勤业桥旁，里面有着国家级非遗常州梳篦博物馆、白氏留青竹刻博物馆和乱针绣博物馆。在其中可带领孩子们一起回顾常州三宝的历史，讲解制作工艺，还可了解到许多关于古代的三宝趣事儿。孩子们可以参观梳篦、留青竹刻和乱针绣的展室，亲自体验梳篦的开齿、锯背、描绘，竹刻的选材、刻画，乱针绣的排比其针、密接其线等一系列制作工艺流程。孩子们在体验过程中，感受其独特的艺术价值，对常州本土传统文化有了更深层次的了解，心中播下爱家乡的种子，动手实践能力得到提升，而严谨、专注、坚持的"中国工匠"精神也会潜移默化地融入每个孩子的血液里。

运河五号创意街区。这是第一家利用工业遗存保护来推进常州文化旅游的景点，可全面、真实、生动地反映常州百年工业的历史。在这里可以开展丰富多彩的亲子活动，回味"老常州"。如家长用常州方言给孩子边讲边玩"小辰光白相个弄堂游戏"，"跳屎坑、乾轮叉、摸死哈、拍墙头、滚铁圈、掩蒙蒙……"个人游戏，小组合作，团队竞赛，让大人回到了无忧无虑的童年，让孩子们在传统游戏中感受到了无尽的欢乐，学会了以礼待人，变得胆大心细，懂得了胜不骄败不馁。

邹区灯具城。灯具城作为邹区的名片，集制作、销售于一体，是孩子们进行实践体验的好场所。把课堂搬到灯具城，让孩子们的学习兴趣更浓，幼儿通过观察认识不同灯具的造型和作用，了解灯具城买卖的方式。在灯具城三楼，开辟了"童心灯具城"的实践体验馆：由"灯具展厅""制作工坊""灯的奥秘""花样玩灯"四大部分组成，孩子可以参与自主设计、加工、买卖、运输等一系列活动，体验设计师、销售员、运货员、顾客的角色，在体验中学会分工合作，树立良好的品格。

蓝色工艺坊还远远不止这些，我们将继续考察、开发更多适合儿童品格培育的企业场所，集合社会力量，共筑优质教育。

（五）紫色众创空间

自从李克强总理发出"大众创业、万众创新"的号召，创客教育也悄然成了教育界关注的热点话题。众创空间为创业者提供良好的工作空间、网络空间、社交空间和资源共享空间，也为学生提供了感受创新科技的场所。

ASK 五星智享空间。钟楼区五星街道的 ASK 五星智享空间是"互联网＋文

化 + 众创"模式，内设图书室、书画室、电子阅览室、艺术工作室、健身房、多功能剧场、舞蹈房、展览走道等。这为学生品格提升提供了丰富的体验空间，对儿童来说这里可能是：实践空间，能让学生实现属于自己或同伴的奇思妙想；探究基地，在自主体验和探索中发现、学习，让探究从平淡走向神奇；创新乐园，让创意的环境和学生生活紧密结合，萌发学生乐于想象和创造的愿望；分享平台，将创意过程、创意作品与同伴分享，感受合作乐趣。

ASK 永红创意空间。地处永红街道，以服装为主题，专业化垂直化的众创空间，其间有实体销售店铺生活馆，打版、制样、生产的小型工厂，电商、微商的创业平台，服装设计的众创空间。这些丰富的资源，也为孩子们体验服装生产的流程及销售有更真实的体验，在其中担任小小服装设计师、营业员、制版师等角色，促进学生在体悟中提升品格。

五星智造园。这是一方多元体验的园区。"素陶——轻悦时光"。学生在陶艺实践过程中不断分享、合作、创新，有助于促进勤实践、能创新、乐分享、懂尊重、明礼仪品格的提升。

"麦点"——"文化传媒"。学生能参观栏目包装、影视后期、动画媒体等设计制作过程，逐步提升能创新、勤实践的品格，通过参加公益活动，培养社会责任意识和综合素养。

ASK——"展览长廊"。参观展品、制作展品，有助于培养学生的意志力、观察能力和创新思维能力，提高学生的审美观，促进学生"勤实践、乐分享、能创新"品格的提升。

0 + 创新工场。位于西林街道的"0 + 创新工场"与常州市西林实验学校毗邻而居，是一个以 3D 打印为主题的众创空间，主要开展 3D 打印科普、3D 打印工业应用、3D 打印创客教育、人工智能开发等服务活动。

课余，附近学校的孩子们走进创新工场制作精美的 3D 作品。创新工厂帮助学校成立非凡创客社团，组织孩子们开展电路工程师、3D 打印笔、智慧电子、3D 打印机建模、SCRATCH 创意编程等创客项目活动。这不仅开阔了孩子们的眼界，使其享受科技创新带来的快乐，提升了团结协作和创意想象能力。

品格提升工程结合众创空间，是在新时代背景下产生的一个创新合作模式。学校与这些众创空间通力合作，让更多人了解到品格教育的意义所在，让钟楼儿童在更广阔的时空里孕育必备品格。

第二章

学业质量：区域优质教育生长的关键

第一节　区域学业质量标准的研制

一、区域学业质量标准的研制背景

（一）国外区域学业质量标准的研制现状

近年来，世界上各国和国际组织都对学业质量予以关注，纷纷展开各种测试、评估和研究，如国际阅读素养进展研究 PIRLS 评估项目、国际学生评估项目 PISA 测试等，都试图用监测和评估来诊断学生的学业质量，以此作为跟进性改革的依据。从国家来看，澳大利亚建立国家学业质量标准的设计思路体现为从设立国家公民的统一形象出发，描述三类学习结果，形成对学生学业质量的系列性预期，并监控整个学校系统，澳大利亚的学业质量标准体现了一种建构超越于学科之上的普适能力架构的设计思路，其质量标准的特点为侧重能力、兴趣维度，而弱化知识维度。美国是从提高全民素质的战略高度来定位基础教育学业质量标准的研制，通过组建强有力的研发团队和创建有效的机制来保障标准研制的实效性，设置严格的标准制定准则确保标准的高质量。

（二）国内区域学业质量标准的研制现状

改革开放以来，尤其是自 2001 年随着基础教育课程改革的实施，各地在改进中小学教育质量评价方面进行了积极的探索，但总体上来说，中小学以学业考试成绩和升学率为重的观念依然没有得到根本性扭转，尤其是在评价内容上重考试分数而忽视学生综合素质和个性发展，在评价结果上重定性评价而忽视诊断和改进，这对学生的可持续发展是有阻碍作用的。目前，我区在学业评价上已经进行了很大形式的改革，分项等第评价＋总体等第评价结合的素质报告单已经成为评价学生的主要方式，但是很多时候依然是分数考核为先，再利用分数折算成等第，这样的方式依然影响学生的健康、全面发展，制约了学生社会责任感、创新精神和实践能力的培养。

2009年和2012年，上海学生在 PISA 测试中两度夺冠，充分说明了我国义务教育发展取得的成就，印证了我国在推进素质教育和义务教育均衡方面的进步。然而，PISA 作为一项对义务教育成效进行纵深化透视的国际评价研究项目，其折射出的其他问题值得深思。其一就是上海学生课业负担重，报告显示，上海学生每周上课时间平均为28.2小时，在65个国家和地区中位于第九位，上海学生每周回家作业时间需花费13.8小时，不仅远远高于 OECD 平均课外作业时间4.9小时，比排在第二位的俄罗斯不到10小时也高出一大截，高负担与高成绩相伴相随，成为上海 PISA 测试的显著特点；其二教师教学方法方面有薄弱之处，对于"老师经常布置需要我们花很长时间思考的问题"这个测试项目，回答"总是或几乎总是"和"经常"的上海学生比例仅为31.1%，大大低于 OECD 各国平均值53.3%，在"老师让我们解释我们的解题思路"方面，上海也低于 OECD 各国的平均水平。上海学生的数学素养、阅读素养、科学素养表现优异，付出的是学生课内外作业负担重的代价，学习上的高负担会损伤学生的好奇心、持续学习的热情和健康成长空间，高阶思维的培养在课堂上是缺失的，PISA 测试反映了现行学业质量标准的不足。

（三）研究结论与建议

在我国，早在《国家中长期教育改革和发展规划纲要（2010—2020年）》中，明确提出要"树立以提高质量为核心的教育发展观……制定教育质量国家标准。"制定教育质量国家标准，这是深化和推进我国基础教育改革的重要举措，我们认为，国家教育质量标准是宏观的指导思想和质量要求，这对区域层面提出了教育质量要求。但真正要让教育部部长陈宝生所说的"努力让每个孩子都能享有公平而有质量的教育"落地，就必须要将研究的着眼点，主要的落脚点落在学生，扎实推进基于关键能力研究的区域学业质量标准研制。

要解决这些突出问题，区域必须要在《教育部关于推进中小学教育质量综合评价改革的意见》和《中国学生发展核心素养》的基础上在进行以关注学生关键能力研究为核心的区域学业评价标准的研制，建立体现素质教育要求、以学生发展为核心、科学多元的评价标准，让各中小学在标准框架内进行创造性的思考和实施，形成校本化的实施策略和案例。基于关键能力研究的区域学业质量标准参考了 2013 年教育部发布的《中小学教育质量综合评价指标框架（试行）》，关注了《中国学生发展核心素养》，力求区域学业质量的评价更加科学、全面，对促进我国学业质量评价体系结构性改革将做出积极的贡献。

二、基于关键能力培养的区域学业质量标准框架

（一）学业质量标准与核心素养、关键能力的关系

着眼当前的国际和国内教育改革的状况，我国专家团队一直在研制核心素养体系和学业质量标准体系。从核心素养体系和学业质量标准出台的先后关系来看，有些国家如美国，是先有核心素养体系，再基于核心素养体系建立学业质量标准，前者在 2002 年有了雏形，后者在 2010 年才出台；也有些国家如新加坡，是先有学业质量标准，再有核心素养体系。我国的研究时序和美国相似，中国学生发展核心素养于 2016 年 9 月 13 日在北京师范大学举行了研究成果发布会，对学生发展核心素养的内涵、表现、落实途径等做了详细阐释。但是对学业质量标准的研究，目前成果还不多。我们认为，区域学业质量标准研究就是为了关注群体和个体学生的学业质量情况，以此进行跟进性改革，这是将学生核心素养落地的必要过程，是区域层面推动中小学全面贯彻党的教育方针、全面落实素质教育、落实立德树人根本任务的重要举措，是引导社会和家长树立科学的教育质量观、营造良好育人环境的迫切需要，是加强和改进宏观管理的必然要求。

学生发展核心素养是指学生在学习过程中逐步形成的适应终身发展和社会发展需要的必备品格和关键能力。核心素养要落实在学科核心素养上，学科核心素养需要在学科关键能力上落地，由此可见，学科关键能力的目标达成是学生发展核心素养的必备条件。在我国实行分科教学的背景下，也已经通过出台了规定某一学科的课程性质、课程目标、内容目标、实施建议的教学指导性文件，这样的指导性文件就是课程标准。课程标准和学业质量标准有着本质的不同，华东师范大学课程与教学研究所副教授杨向东先生在厘清了学业质量标准和课程标准之间的关系后，认为学业质量标准是指学生应当具备的各种基本素

养以及在这些素养方面所应当达到的具体水平的明确描述和界定。同时，国际上的共性认识是学业质量标准不仅仅是指学生通过学业水平测试而体现的表现标准，而是以总体教育目标为导向，以达成核心素养整体模型为基础的规范性表现标准。我们认为，学业质量标准和课程标准有着本质的不同，不是包含和被包含关系，学业标准一方面是对课程标准的进一步细化，使得课程标准可操作、可实施。另一方面将课程标准达标的相关因素进行了纳入和分析，如学业负担等方面，使其成为培养学生核心素养的重要指标。

（二）区域学业质量标准研制原则

学业质量标准最关键的是明晰核心价值观，这是学业质量标准研制的方向和原则，也是后期在实施过程中的价值体现。我们认为，推进基于关键能力研究的区域学业质量标准研制主要有以下四个基本原则：

第一，以学生发展为主体，坚持"人"的全面发展。综合考查学生发展情况，既要关注学业水平，又要关注品德发展和身心健康；既要关注共同基础，又要关注兴趣特长；既要关注学习结果，又要关注学习过程。

第二，以跟进性改革为目标，坚持促进发展。注重发展评价的引导、诊断、改进、激励等功能，改变过于强调甄别和简单分等定级的做法，改变单纯强调结果和忽视进步程度的倾向。

第三，以实证研究为路径，坚持科学规范。遵循学业评价的基本要求，评价内容和评价方法科学合理，评价过程严谨有序，并让评价结果真实有效，不断提高评价的专业化水平。整合和利用好相关评价力量和评价资源，充分发挥各方面优势。协同推进相关改革，使各项政策措施相互配套，形成合力。

第四，以创造性实施为方式，坚持以学校为中心。鼓励学校结合实际，针对存在的突出问题和薄弱环节，完善评价指标体系，积极探索适宜的评价方法和工作机制，逐步形成各具特色的评价模式。

（三）区域学业质量标准框架

为了确保区域学业质量标准框架的质量，我区学业质量标准的研制遵循计划、研究、制定、试用、修订、实施的整体思路。计划阶段主要是确定区域学业质量标准框架的顶层设计方案，明确研究的方向和路径，然后分学科进行研究研制，各学科从厘定学科关键能力、确定能力维度及学生表现性水平标准、形成课型范式、确定学业评价方式等方面进行研究。研究整体思路如下图：

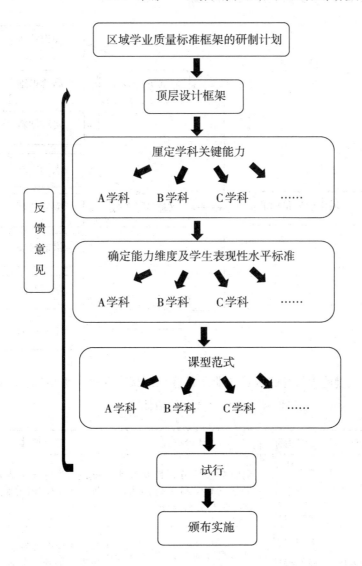

基于关键能力研究的区域学业质量标准的实施，主要是通过测试和问卷调查等方法进行评价，以及现场观察、个别访谈、资料查阅等辅助方法。测试和调查都是面向学生群体采取科学抽样的办法实施，充分利用已有的学生成长记录、学业水平考试、基础教育质量监测等成果以及第三方机构的评价结果。具体框架如下：

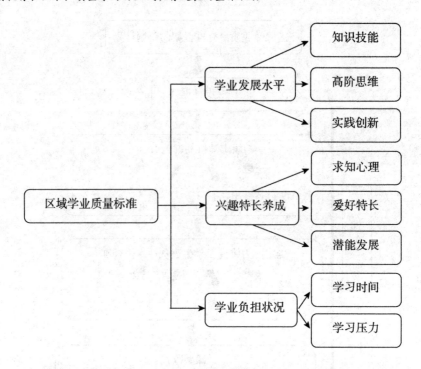

基于关键能力研究的区域学业质量标准框架有 3 个一级指标，8 个二级指标：（一级指标、二级指标、评价方式和价值体现）

一级指标	二级指标	评价方式	价值体现
学业发展水平	知识技能	利用综合性分析性学业水平测试和学科关键能力测试等进行分析与评估	促进学生打好终身学习和发展的基础，培养面向未来的人
	高阶思维		
	实践创新		
兴趣特长养成	求知心理	利用教师对个体学生的评价以及问卷调查等方式	促进学生个性发展和可持续发展，提升学生学习的主动性和积极性
	爱好特长		
	潜能发展		
学业负担状况	学习时间	利用问卷调查等方式进行相关数据的收集与分析	减轻学生过重的学业负担，提高学习的有效性，提升学生的学习兴趣
	学习压力		

三、区域学业质量标准的价值立意

基于关键能力研究的区域学业质量标准的实施是以区域顶层架构为首要前

提，学校进行创造性的校本化实施。区域学业质量标准的探索，为区域和学校跟进性的教学改革提供了科学依据。

（一）开展实证研究，建立质量常模

我们以数据作为支撑，展开前期数据调查分析，我们的研究是从区域现状进行展开，目前我们有各方面的数据，从学业质量现状和影响学生发展因素进行前期数据调查分析，然后分析问题确定研究目标——制定区域学业质量标准——展开校本化学业评价研究——通过区域或第三方进行监测和问卷调查——由此作为前期数据再次调查分析，根据这样的研究回路真正为优质教育长出来提供支撑。学生学业质量评价标准促进了区域学业质量监控体系的建立，实证研究的方式提高了教育行政科学决策的精准性，确保了教研部门和学校进行业务培训和教学指导的针对性，保障了教学质量和学业水平的有效性，从而为跟进性改革提供依据，整体提高了教学质量，促进学生全面发展。

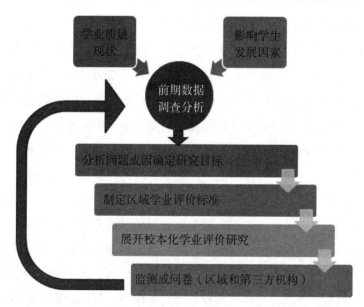

（二）转变教学方式，实现减负增效

我们在实施学生学业质量标准时，不仅仅是关注学业发展水平，还将身心发展水平和学业负担状态等进行了整体性的评价和思考，就是关注学生全面发展不仅要看学业成绩还要看学习成本。在追求提升学业质量的同时，要减轻学生相应的负担。过去教师怎么教、学生怎么学，很多都是基于经验来进行，区域学业质量标准的实施使学业质量评价走向科学化，引导学校和教师反思自己的教学行为并进行有效教学行动研究，根据学业质量标准，以研究学生为立足点，以构建多元化评价为落脚点，以优化教学策略为研究点，落实学生学业质量评价标准。区域学业质量标准既衡量学生一般认知能力水平，又衡量学生体质、品德等发展水平；既以学生发展为中心，又兼顾教师、校长、学校、家庭对学生发展的影响。可以说，直接指向教育内涵要素的区域学业质量标准，是优质教育长出来的土壤。从微观上看，区域学业质量标准可以帮助教师自主开展教学评估，利于学生进行自我评估，这将促进教与学的方式发生积极的变化，从而有效达成教学目标，通过诊断教学问题、强化教学有效性、提高教学效率，从而构建"课程标准——教学过程——学业评价"的良性循环系统；从宏观上看，区域学业质量标准可以更充分地体现质量意识和教育公共服务水平，使教育决策由主要依靠经验转向主要基于实证，使教育管理方式主要靠行政干预转向运用标准进行宏观管理。

（三）指向关键能力，促进全面成长

国家颁布了"中国学生发展核心素养"，这是指学生在学习过程中逐步形成的适应终身发展和社会发展需要的必备品格和关键能力，是为了培养全面发展的人。在我国分科教学的背景下，核心素养还是要落实在学科核心素养上。具体追溯，学科核心素养需要在学科关键能力上落地。由此可见，学科关键能力的培养是学生发展核心素养的必备条件，基于关键能力研究的区域学业质量标准是培养全面发展的人的指标参照。区域学业质量标准通过一级指标、二级指标以及相应评价方式意见，使得学业质量标准可测量、可参照、可操作，通过区域、学校和第三方等合力进行区域学业质量标准的实施，可以对学生个体进行针对性的全面评价和改进性的教学，为提升区域学生核心素养提供支撑。以小学数学学科为例，2018 年初高中数学核心素养出台，包括六大数学学科核心素养：数学抽象、逻辑推理、数学建模、直观想象、数学运算、数据分析，数学学科六大核心素养既相互独立又相互渗透，从实证研究的方式出发，选择基于关键能力的区域学业质量标准为切入口展开研究，可以促进学生数学学科核心素养的提升。

综上所述，基于关键能力研究的区域学业质量标准涵盖很多内容，在操作的时候，可以根据学校已有的条件和基础出发，包括省、市、区的学业质量调研和第三方机构的评价报告，通过数据分析找到学生的优势之处，总结提炼经验；找到存在的问题，以问题解决的方式改进教育教学。通过基于关键能力研究的区域学业质量标准，最终为学生的全面、可持续成长助力。

第二节　基于学业质量标准的区域教学实践

一、问题的提出

近年来，随着课程改革的深入推进，教学领域正发生着深刻的变化，"以学生为主体"的教学理念已被广大一线教师所接受，并在教学实践中创生了许多新的课堂形态、课堂组织形式与课堂教学流程，诸如"先学后教、当堂训练"的课堂形态，"高效课堂"的教学模式，"翻转课堂"等等，教师严格控制着自己讲授时间，努力把时间、空间还给学生。这些改革从形式上打破了课堂教学的沉闷局面，在一段时间内收获了一些成效，但如果教师仅仅关注教与学双方在时间安排上的先与后、多与少，在内容选择上的讲与不讲、练与不练，显然只是从形式层面做了简单的加减法，是一种以形式为取向的教学变革。这种期待改变形式和流程从而产生教学改革"化学反应"的做法，显然存在诸多局限性。

（一）教学价值观的扁平单一倾向。教学目标单一，仅仅把知识作为教学的对象，而不是把学生作为教学对象和发展目标，教学止步于知识处理，而不是追求通过知识的处理来引起学生学科能力与核心素养发生本质性的变化和发展。这种为了知识而进行的知识教学，无论用怎样的方法进行教学，其教学本质依然是"灌输"。

（二）教学结构的模式僵化倾向。偏重教学技术层面的变化，而不是教学活动结构性、系统性的变革，例如有些改革强调"强制性时间分配"，无视学科、学段、教学内容、教学目标的差异性，为了所谓的凸显学生主体地位，而以牺牲教师的主体地位与主导作用为代价。这种简单将教师与学生，教与学的关系对立起来的做法，其功利性与对学生发展的局限性也是有目共睹的。

（三）学习方式的盲目多样倾向。课程改革注重学生学习方式的转变，倡导学习方式多样化，但学习方式多样化应多到怎样的程度？课堂教学中是否学习方式越多越好？其实学习方式也是很个人的，不同的人适应不同的学习方式，特定的学习方式也总是与特定的知识类型与学习目标相关联。学习方式没有好坏优劣之分，只有适合不适合之别，而这个适合与否就取决于是否以促进学生的发展为目标。

现行的教学改革存在的这许多问题，可能最重要的是教学的形式化问题，从世纪之初启动"第八次课程改革"以来，我们一直着力改变的就是传统的教师讲、学生听的"灌输式"学习方式，期望通过借鉴国外先进的教育理念，来促成学生学习方式的转变，进而促进学生的发展。但改革进行了十五、六年，目前的课堂较之以往虽然发生了比较大的改观，但在核心领域，也就是"基于知识处理对学生变化、发展和成长的关注，尤其是对学生核心素养和学科能力的关注"没有太大的突破，正如华中师范大学郭元祥教授所说："将教师与学习、教与学的关系在时间、空间、程序上对立起来，一味强调学生学习方式和学习活动的多样性，把表面的课堂活跃看成是学生主体性得到了发挥，从而把学生学习引向了表面学习、表层学习、表演学习的错误道路。"

二、对"学科关键能力"的理性思考

（一）厘清二组关系

1. "双基""三维目标""核心素养"的关系

从"双基"到"三维目标"，是继承更是超越。落实"双基"关注了学生基础知识、基本技能的掌握，"三维目标"是关注学生在学习活动中获得知识、发展能力，促进情感、态度、价值观的同步提升。

"核心素养"是在"三维目标"基础上的又一次提升与发展。作为核心素养的主要构成：关键能力与必备品格，是对三维目标的提炼和整合，把知识技能和过程方法提炼为能力，把情感态度价值观提炼为品格。引用福建师范大学余文森教授对"核心素养"的界定：核心素养指的是个体在面对复杂的、不确定的现实生活情境时，能够综合运用特定学习方式所孕育出来的跨学科观念、思维模式和探究技能，结构化的跨学科知识和技能，以及世界观、人生观和价值观在内的动力系统，进行分析情境——提出问题——解决问题——交流结果的综合性品质。这才是我们教学的终极目标——关键能力与必备品格。

2. "核心素养" 与 "学科核心素养" 的关系

核心素养具有价值观引领作用，如何将 "核心素养" 培养目标落地？根据我国中小学分科教学的实际，各学科承载着学校最主要的教育教学任务，学生 "核心素养" 培养目标的落实最终要体现在 "学科核心素养" 的培养上。当然，学生核心素养的培养不可能仅仅依靠学科教学来完成，也需要依托很多非学科的教育教学活动，但由于各门学科都有其不可取代的育人价值，并且贯穿于学生学校生活的大部分时间段，因此 "学科核心素养" 是真正将 "核心素养" 培养目标具体化的主要载体。

（二）概念界定

学科核心素养是学科教学与学科育人价值的综合体现，是依托不同学科特质来促进人的必备品格与关键能力的提升。东北师范大学史宁中教授曾指出：所谓学科核心素养，就是指学科的思维品质与关键能力。其中包含两层含义：首先学生核心素养培养的主阵地在课堂教学；其次学生依托不同学科的特质促成思维品质的提升、关键能力的形成，就是在不断提升学生核心素养。

学科关键能力是学生在各门课程学习过程中表现出来的比较稳定的心理特征和行为特征，是可观测的和外显的学习质量和学习结果。

把握学科关键能力的内涵应关注四个方面：首先，学科关键能力的培养必须要以学科知识为中介，北师大林崇德教授指出：心理能力不是空洞的，它总是要和特定的活动或者特定的认识联系在一起。因此，学科关键能力的发展和学科知识的累积是辩证统一的关系：一方面学科知识是学科关键能力发展的基础；另一方面学科关键能力的发展是学科知识内化后形成的比较稳定的心理特征。其次，学科关键能力和一般能力既有联系又有区别，一般能力是指学生在大多数活动中共同需要的能力，学科关键能力则是指学生在不同学科学习中表现出来的具体能力，体现学科特殊性要求的能力，具有鲜明的学科特征。不同学科表现出来的能力类型不会完全相同，有时还存在很大差异。一般能力和学科关键能力的区别在于概括和抽象的层次不同。第三，学科关键能力发展的核心是思维能力的发展。第四，学科关键能力在不同年龄和学习水平上表现出来的程度也是有差异的，学科能力层级水平的区分可以帮助教师在教学过程中要更自觉地遵循儿童身心发展规律。

本次高中课程标准修订，已对语文、数学等15门学科的学科核心素养进行了清晰界定。江苏省教研室、江苏省基础教育质量监测中心办公室在借鉴高中各学科核心素养的基础上，推出了中小学学科核心素养及关键能力表现。以数学学科为例，数学核心素养有：数学抽象、逻辑推理、数学建模、直观想象、数学运算、数据分析。高中数学课程标准修订组组长史宁中教授将其概括为：会用数学的眼光观察现实世界，会用数学的思维思考现实世界，会用数学的语言表达现实世界。用数学的眼光观察现实世界，就是发展数学抽象与直观想象素养；用数学的思维思考现实世界，就是发展逻辑推理与数学运算素养；用数学的语言表达现实世界，就是发展数学建模、数据分析素养。虽然被划分为三个方面六个关键词，但实则是一个整体，即输入信息、加工整理、输出信息。前者体现的是数学学科的个性素养，后者反映的则是一个人所需要的共性素养，是核心素养。

三、基于学科关键能力培养的实践研究

（一）研究设计

在这样的大背景下，钟楼区教师发展中心开展了"基于学科关键能力培养的教学实践研究"，参与研究的有包括小学阶段语文、数学、英语、音乐、体育、美术、科学、信息、综合实践九大学科。研究的基本思路是：举一反三，循序推进。举一反三，主要表现为各学科在研究的第一阶段，课题核心组只围绕一个学科核心素养展开，积累了丰富的实践经验及研究成果之后，再在区域层面逐层铺开、全面（全员）实施。循序推进，主要体现在研究的过程上，首先根据学科特质及区域学生特点选择学科核心素养，并对其所体现出的关键能力进行进一步分解；其次根据课程标准内容及学生身心发展规律制定分年段（年级）的学生表现性能力水平标准；第三选择、组织、设计学习内容；第四组织学科活动进行教学实践探索，积累丰富的核心素养导向的教学基本策略；第五形成学科关键能力调研框架，明确界定和描述学生在某学科的某些模块学习之后所应达到的具体水平，努力实现教学与考评的一致。

（二）研究过程

1. 学科关键能力厘定研究

参照高中课程标准以及常州市教科院对于学科关键能力的描述，将各学科关键能力确定如下表：

语文	数学	英语	音乐	体育	美术	信息	科学	综合实践活动
阅读与写作能力	逻辑推理能力	沟通能力	歌唱能力	运动管理能力	造型表现能力	计算思维	实验能力	八大能力

每个学科的关键能力还都有关于能力维度的进一步细化与明确。例如体育学科的运动管理能力具体包括三个方面：基本运动能力的学习和掌握；科学运动信息的选择和运用；健康运动素养的保持和增进。语文学科的基础写作能力包含四个方面：观察与积累；审题与构思；行文与表达；修改与交流。信息技术学科的计算思维能力包括：算法思维、抽象、分解、评估与概况。数学学科逻辑推理能力又包括：合情推理与演绎推理。

综合实践活动由于其非常综合的学科本质，因此关键能力确定为八个方面：发现和提出问题的能力、组织与规划能力、搜集与处理信息能力、动手操作能力、合作与自我管理能力、观察能力、沟通与表达能力、创造性思维能力。

2. 学科关键能力表现性层级标准的研制

当下各学科课程标准对学什么、学多少有着非常明确的要求，但对于学到怎样的程度表述相对模糊，这也是导致日常教学难易程度把握不准、评价标准尺度认识不一的主要原因，因此设计基于学科关键能力的学生表现性能力水平标准至关重要。

以体育学科为例：

年段	能力维度	表现性层级标准描述		
		一级指标	二级指标	三级指标
低年段（水平一）	1. 基本运动能力的学习与掌握	在体验中知道基本运动能力指人为了适应生存所必备的、本能性的活动本领。	在体验中了解人为了适应生存所必备的、本能性基本运动能力相关知识。	在体验中能运用基本运动能力的相关知识进行活动。

续表

年段	能力维度	表现性层级标准描述		
		一级指标	二级指标	三级指标
低年段（水平一）	2. 科学运动信息的选择与运用	学生知道可以通过课堂、互联网有意识关注、获得基本的科学运动讯息	学生能通过课堂、互联网有意识关注，初步有获得基本科学运动讯息的能力。	学生能通过课堂、互联网有意识关注、获得基本科学运动讯息的能力，并能初步与自己的运动问题对应。
	3. 健康运动素养的保持与增进	通过运动达到对外界自然环境变化的适应能力。	通过运动达到对外界自然环境变化的适应能力和抵抗疾病的能力。	通过运动达到对外界自然环境变化的适应能力和抵抗疾病的能力，体质有改善。
中年段（水平二）	1. 基本运动能力的学习与掌握	学习与掌握（能体验、做出模仿动作）走、跑、跳跃、投掷、攀爬、悬垂、支撑、平衡等为主要表现形式的运动项目。	学习与掌握（在体验中领会基本动作要点）走、跑、跳跃、投掷、攀爬、悬垂、支撑、平衡等为主要表现形式的运动项目。	学习与掌握（在学习中用基本要点与知识解决问题）走、跑、跳跃、投掷、攀爬、悬垂、支撑、平衡等为主要表现形式的运动项目。
	2. 科学运动信息的选择与运用	能进一步运用这些讯息和服务来增进自己的运动水平和健康素养。	能进一步运用这些讯息和服务来增进自己与他人的运动水平和健康素养。	增加这些讯息的使用频率与运用范围，不断增进自己与他人的运动水平和健康素养。
	3. 健康运动素养的保持与增进	通过运动，对运动所含的精神品质（坚持、合作、勇敢、拼搏等）有体验，继而认识到对人的成长的作用。	通过运动，对运动所含的精神品质（坚持、合作、勇敢、拼搏等）有深刻的体验，并能在运动中反映出来。	通过运动，对运动所含的精神品质（坚持、合作、勇敢、拼搏等）有深刻的体验，能在运动中反映出来，并进一步指导自己的学习成长规划。

续表

年段	能力维度	表现性层级标准描述		
		一级指标	二级指标	三级指标
高年段（水平三）	1. 基本运动能力的学习与掌握	通过各类体育运动，知道身体素质（力量、速度、耐力、灵敏、柔韧）的练习方式和练习意义。	运用各类体育运动，知道身体素质（力量、速度、耐力、灵敏、柔韧）的练习方式促进自身的运动能力发展。	能熟练运用各类体育运动，知道身体素质（力量、速度、耐力、灵敏、柔韧）的练习方式，从而指导管理自己和同伴的运动形态与习惯。
	2. 科学运动信息的选择与运用	通过信息的获取，能进一步明晰自己的运动素养、健康素养存在的问题。	通过信息的获取，在进一步明晰自己的运动素养、健康素养存在的问题后，能设计针对性的运动处方。	利用信息设计针对性的运动处方，能联系实践达到处方的有效性和针对性。
	3. 健康运动素养的保持与增进	通过体验与信息汲取，能建立良好的自我锻炼意识。	能建立良好的自我锻炼意识，并能对自我锻炼有长效规划。	能形成良好的自我锻炼习惯，并能对自我锻炼有长效规划，运动能力有增进。

3. 学习内容的选择、组织与设计研究

学生学科关键能力的培养，主要载体是学科内容的设计组织。为了让学习更彰显核心素养的价值，学科内容就不仅仅是教材上知识点的呈现，虽然教好教材是用教材教的前提，但围绕学科核心素养与关键能力恰当地组织设计体现结构化的学科内容至关重要。

如何设计、组织学习内容？主要做好三个方面：首先抓住学科本质，即超越简单的学科知识，去理解把握隐含在学科符号、学科术语、学科概念、学科命题等"可视内容"之后的学科方法、学科思想、学科观念、学科精神。其次把握学科结构，学科知识教学不是简单知识点的堆积和罗列，而应该是一个有组织的有机整体，整体功能要大于各要素之和。第三正确看待教材的意义和作用，在这个过程中，树立两种思想：即教材是最基本最重要的课程资源；用教材教的前提是教好教材。杜绝两种倾向：随意补充、大量拓展资料；匆匆把教材教完后实施题海战术盲目训练。

以英语学科为例：

年段	能力维度	学科内容	
中年段	理解沟通 & 表达沟通	问候与祝愿	3 上：Unit1 Hello Unit8 Happy New Year! 4 下：Unit8 How are you?
		家庭与朋友	3 上：Unit3 My friends Unit4 My family 3 下：Unit8 We're twins!
		人物情况（个人、他人）	3 上：Unit2 I'm Liu Tao 3 下：Unit5 How old are you? 4 上：Unit8 Dolls
		请求与邀请	3 下：Unit1 In class
		赞扬与感谢	3 上：Unit5 Look at me! Unit7 Would you like a pie?
		颜色	3 上：Unit6 Colours
		规则	3 下：Unit2 In the library
		方位	3 下：Unit4 Where's the bird? 4 上：Unit5 Our new home
		数字与时间	3 下：Unit5 How old are you? Unit6 What time is it? 4 上：Unit3 How many?
		物品（服装、文具、玩具、家具等）	3 上：Unit5 Look at me! 3 下：Unit3 Is this your pencil? 4 上：Unit2 Let's make a salad Unit3 How many? Unit5 Our new home 4 下：Unit6 Whose dress is it?
		动物	3 下：Unit7 On the farm 4 上：Unit1 I like dogs
		水果	3 下：Unit7 On the farm 4 上：Unit2 Let's make a salad

续表

年段	能力维度		学科内容
中年段	理解沟通 & 表达沟通	喜好	4 上：Unit1 I like dogs
		文化与饮食	3 上：Unit7 Would you like a pie?
		文体活动	4 上：Unit4 I can play basketball
		购物（点餐、询价）	4 上：Unit6 At the snack bar Unit7 How much?
		身体与健康	4 下：Unit7 What's the matter? Unit8 How are you?
		季节与天气	4 下：Unit5 Seasons
		学校与日常生活	4 下：Unit1 Our school subjects Unit2 After school Unit3 My day

4. 学科教学实践过程研究

学生学科关键能力培养，基本路径是学科活动的实践探索。学科教学的实质是学科活动，包括教师教的活动和学生学的活动，其中学的活动是根本。在让核心素养培养目标落地的过程中，设计具有实践性、思维性、自主性、教育性的学科活动至关重要。

在这个过程中，各学科形成了教学建议或课型范式。以数学学科逻辑推理能力培养的教学范式为例（如图1）

同时也提出了一些通识性的教学策略建议：

问题导向策略：以完整的学习目标、清晰的学习任务引导学生进入学习过程，在充分体验的过程中，达成知识的获得与关键能力的提升。问题导向教学策略通常依托的学习工具有"大问题""导学单""学习视频"等等。

对话教学策略：通过对话，了解学生学习的真实情况，便于教师引导学生向着正确的方向思考与发展；通过对话，引导学生深度思考，抽象概括；通过对话，形成新的课堂教学资源，不断调整完善教学内容与教学方法；通过对话，不断发展学生的表达能力与学习信心。

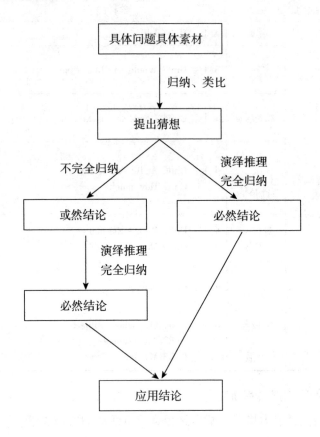

图1

深度教学策略：从学科角度出发，深度教学策略体现和反映的是学科本质的教学，致力于培养学生解释、分析相关学科现象、过程及问题的意识、角度和眼光；基于学科概念、命题、理论的思维方式；基于学科文化和本质的人文精神、科学精神。从知识角度出发，深度教学策略是超越知识表层结构而进入深层结构的教学。从教师角度出发，深度教学策略是教师对教材钻得深、研得透的教学。从学生角度出发，深度教学策略就是让学生深度思维的教学。

整体教学策略：初步形成了五种模型：调查研究单元模型，社会参与单元模型，策划实践单元模型，合作交流单元模型，自我实现单元模型。

综上所述，该项研究致力于促进学生关键能力的培养与发展，取得了比较大的成绩，并努力呈现出三个方面的创新特质：首先，义务教育各学科《课程标准》，围绕"课程性质""课程基本理念""课程设计思路""课程目标""课程内容""实施建议"六大方面，为广大一线教师提供了清晰、详实的实践导向。但每个年段、每个年级学生必须发展怎样的学科能力？如何发展学科能力？《课程标准》虽然在"课程目标"板块有所涉猎，但过于"宏观""粗放"，特别是面向区域学生的发展实际，针对性、细致化程度不高。区域各学科"学科关键能力发展层级标准"的出台，在教学实践领域具有原创性与指导性。第二，在课堂教学层面，以课例研究的方式积极探索促进学生学科关键能力的发展，形成的策略方法与实践路径具有实践性及推广价值。第三，基于学生学科关键能力发展的角度，从"课堂教学评价""命题改革""学生学科关键能力发展性评价"三位一体，系统规划、架构、实施评价改革，具有发展性与促进作用。

第三节　例谈小学各学科基于关键能力培养的教学

一、附例：中小学信息技术学科关键能力表现性层级标准解读

（一）钟楼区中小学信息技术学科关键能力的厘定

学科关键能力是学科能力的有机构成部分，与一般学科能力不同。一般学科能力是指学生在各门学科课程学习中形成的具有跨学科性和各学科共享特征的学科基本能力。学科关键能力是指学生在学科课程的学习过程中形成的具有典型的学科特性，特定的学科素养相关联的特殊学科能力。

钟楼区中小学信息技术学科从"教育目的——课程目标——教学目标"的角度来进行模型的建构，建模的思路概括为分析区域现状、研读课程纲要、理解学科特征三个方面。

1. 分析区域现状

《江苏省义务教育信息技术课程指导纲要（2017 年修订）》指出，义务教育阶段的信息技术课程是一门以培养学生的信息素养为主要目标的必修课程，增强个体在信息社会的适应力和创造力。

目前，我区 100% 的中小学都配备了信息技术专职教师，100% 的小学都在三至六年级开设了信息技术课程。

从课程教材来看，还不能全面充分地体现纲要的精神，更多的还是以计算机的知识与软件的操作技能作为主要的教学内容，大部分教学活动还是围绕知识和技能的训练进行设计。

从课堂教学来看，大部分教师都是忠实地实施教材内容，而没有对教材内容进行处理，突出能力方面的要求，课堂中采用的教学模式还是以讲授、练习为主。因此，学生在课堂中还是跟着教师在学习计算机操作技能。

从教学设备配置来看，我们的教学环境还是练习计算机操作技能的环境，并没有为学生提供一个真正的有利于信息素养培养的环境。信息素养的形成，需要学生在解决真实问题的过程中，通过合作、交流来体验问题解决的过程和方法，学习掌握信息技术知识与技能的方法。

从教学评价来看，练习与测试还是以计算机基础知识和算法设计为主，很少对学生使用信息解决问题的能力进行评估，没有评测学生对问题的把握、信息需求的分析、信息收集、信息评估、信息加工等方面的能力。

所以，目前我区的信息技术课程实施还是不能摆脱计算机教育的影子，没有进化成为真正的"信息素养"教育。因此，必须确定信息技术学科关键能力，从而促进这个进化的进程。

2. 研读课程纲要

《江苏省义务教育信息技术课程指导纲要（2017年修订）》指出，义务教育信息技术课程的总体目标是培养学生的信息素养，课程通过提供技术多样、资源丰富的数字化环境，帮助学生掌握信息技术基础、算法、程序设计、机器人技术、物联网技术与人工智能基础知识，了解计算机软硬件知识与基本操作，尝试解决日常生活中数字化表达的常见问题，初步感悟信息技术在人类生产与生活中的重要价值，尝试运用计算思维识别与分析问题，抽象、建模与设计系统性解决方案，在数字化学习与创新实践过程中，了解信息社会的特征，感知人、技术与社会的关系，养成良好的信息意识与行为习惯，初步形成信息社会责任意识，成为数字化时代的合格小公民。

信息素养应该如何培养？宏大的课程目标如何落实到日常的每一节信息技术课堂教学中？因此，确定信息技术学科关键能力是落实信息技术课程总体目标的必然需求。

3. 理解学科特征

《江苏省义务教育信息技术课程指导纲要（2017 年修订）》指出，学科核心素养是学科教育全面贯彻党的教育方针、落实立德树人根本任务、实现素质教育的重要标志，是学科育人价值的集中体现，是学生通过学科学习而逐步形成的正确价值观念、必备品格和关键能力。义务教育信息技术学科核心素养包括信息意识、计算思维、数字化学习与创新、信息社会责任等方面。它们是学生在接受信息技术教育过程中逐步形成的信息技术知识与技能、过程与方法、情感态度与价值观等方面的综合表现。

信息意识是指个体对信息的敏感度和对信息价值的判断力。计算思维是指"个体在运用计算机科学领域的思想方法形成问题解决方案的过程中产生的一系列思维活动"。数字化学习与创新是指个体通过评估和选择常见的数字化资源与工具，有效地管理学习过程与学习资源，创造性地解决问题，从而完成学习任务的能力，形成创新作品的能力。信息社会责任指信息社会中个体在文化修养、道德规范和行为自律等方面应尽的责任。

小学教育作为高中教育的基石，必须在课程实施中进行不断的渗透与培养。

（二）钟楼区中小学信息技术学科关键能力的概念解读

2006 年，卡耐基梅隆大学周以真教授（Jeannette M. Wing）在"计算机科学协会"（ACM）年会报告中明确提出了计算思维的概念，指出："计算思维是涵盖了计算机科学领域中所采用的最广泛的心理工具，是对问题解决、系统设计、人类行为理解的综合能力反映。发展学生计算思维就是要'像计算机科学家'那去思考信息化问题，当然这问题绝不只是应用于计算机科学领域，它适合信息技术所渗透的每一个角落"。

2011 年国际教育技术协会（ISTE）和计算机科学教师协会（CSTA）基于计算思维的表现性特征，制定了一个可操作性的定义，为中小学计算思维教育的开展提供了结构框架和内容指导。该定义为："计算思维是解决问题的一种过程，它包括如下特征（但不限于这些特征）：（1）确认所需解决的问题，并通过计算机和其他工具来解决问题；（2）符合逻辑地组织和分析数据；（3）通过抽象（例如模型、仿真）的方法来表示数据；（4）通过算法（一系列有序的步骤）支持自动化的解决方案；（5）识别、分析和实施各种可行的解决方案，并整合这些最有效的方案和资源；（6）将该问题的求解过程进行推广，迁移到更广泛的问题解决与应用中"。

本课题组认为，计算思维是指"个体在运用计算机科学领域的思想方法形成问题解决方案的过程中产生的一系列思维活动"。具备计算思维的学生在信息活动中能够采用计算机可以处理的方式界定问题、抽象特征、建立结构模型、合理组织数据；通过判断、分析与综合各种信息资源，运用合理的算法形成解决问题方案；总结利用计算机解决问题的过程与方法，并迁移到与之相关的其他问题解决之中。

信息技术课程并不应该把每位学生培养成新技术的使用者，程序设计专家，而是希望学生能够具有信息技术学科的思维方式。全面理解生活中的世界，让学生在学技术、用技术的基础上，能够从现实情境中认识技术带来的变革，并用学科思维解决信息生活中的现实问题。

（三）钟楼区中小学信息技术学科关键能力的能力维度

周以真教授提出计算思维的本质特征是抽象和自动化。2013 年，南安普教大学的 Cynthia Selby 博士和 John Woollard 博士提出，计算思维包括算法思维（Algorithmic Thinking）、评估（Evaluation）、分解（Decomposition）、抽象（Abstraction）、概括（Generalisation）这五个方面的要素。本课题组采取了这样的维度。

"算法思维"是一种通过明确定义的步骤来解决问题的方法，而不是计算出一个问题的答案，是让学生们自主开发一组指令或规则，不论是人还是一台计算机。如果准确地遵循与执行这组指令或规则，就会得出问题答案的类似这种解决问题的方法。

"评估"确保一个算法的解决方案是最佳方法，各种算法的性能都需要进行评估：答案是否正确？速度是否足够快？对资源的占用是否最经济？是否方便人们使用？是否能促进合理经验的产生？因为一个理想的解决方案不可能满足所有这些条件，所以需要综合考虑这些指标对算法进行整体评估。

"分解"是一种根据整体的各个组成部分思考算法、流程、系统、问题的方式，这些独立的部分可以被单独来理解、解决、开发和评估，这使复杂的问题更容易解决，使得大型的系统更容易设计。

"抽象"是另一种使问题或系统更容易思考的方式，它涉及隐藏细节——删除不必要的复杂性，使得问题在没有任何损失的情况下变得更容易，抽象是一种用来更容易创建复杂算法和整个系统的方法，关键是选择好系统的表示方式，不同表示方式使得不同的事情更容易做。

"概括"是一种基于先前已经解决的问题快速解决新问题的方式，我们可以对解决一些特定问题算法进行改造，使其能解决所有类似问题，然后当遇到一个新问题时，我们可以应用这个通用的解决方案。

（四）钟楼区中小学信息技术学科关键能力的表现性层级标准

依据五个能力维度，结合各年段学生认知特点及纲要要求，制定如下的表现性层级标准，其中，水平1表示合格水平，水平2表示良好水平。水平1与水平2之间存在递进关系。

年段	能力维度	水平1	水平2
五六	算法思维	初步了解算法的概念，理解算法与数据结构是构成计算机程序的主要组成部分。	能够理解简单的算法结构（如顺序结构、选择分支、循环等），并尝试在解决问题中进行使用。
七八		能综合运用几个简单算法结构解决一个较为复杂的问题，并学习掌握一些较为复杂的算法结构，如：迭代、递归。	在程序与算法中尝试结构化、模块化解决问题；能够掌握一些简单的数据结构（如顺序表、线性表等），并与经典算法进行整合，用于解决生活中较为复杂的实际问题。
五六	抽象	理解抽象的概念，会对简单的问题进行抽象，形成解决问题的若干步骤，并尝试绘制流程图。	能够对现实中更加复杂的问题进行抽象，并将其模块化为经典的算法与数据结构（如顺序、分支、循环等），使用标准的流程图形式加以正确描述。
七八		理解过程抽象与数据抽象的含义，能够将现实中对象（物体）的各种信息抽象为数据，并使用数组进行表述；综合使用过程抽象与数据抽象解决实际问题。	能够对现有的解决方案进行抽象，归纳总结他们的共有属性，借鉴经典的流程思维，将某些属性整合到自己的设计方案中，构建属于自身的抽象模型。

续表

年段	能力维度	水平1	水平2
五六	分解	初步理解分解的概念，明确分解与重复执行是计算机解决一切复杂问题的基础。	能够将较为复杂的现实问题分解为简单的、适合使用已知算法的小模块问题。
七八		能够将复杂的现实问题分解为适合使用经典算法与数据结构重复执行的小模块问题，并使用循环结构解决问题。	将分解与重用与算法思维、抽象等进行结合，形成处理问题的基本思维方式：现实中的问题经过抽象后进行分解，分解后使用递归等方式，利用经典算法与数据结构的重复执行加以解决。
五六	评估与概括	在确立算法解决方案的过程中，能够通过相互交流与借鉴，尝试对于各种算法进行评估，并且对已经解决的一类问题进行总结归纳，提炼一类问题的解决方法。	在完成过程中能够比较各种方案的优劣，选择相对高效的方案解决问题。能够将提炼出的问题解决方法迁移应用到类似问题中，开发可用于解决许多类似问题的解决方案。
七八		能够对多种解决问题的方案进行归类，发现并归纳其共有属性，对方案中的不同步骤进行评估，将某些步骤整合到自己的方案中，初步理解算法中空间复杂度与时间复杂度的概念，并使用这些概念评价系统的开销与可靠性。	初步了解面向对象（OOP）的软件设计方法，包括类、方法及函数的创建、封装、继承、调用，了解面向过程与面向对象软件设计思路的异同，并尝试在不同情景下使用最适合的方法解决实际问题。理解软件工程中常用测试方法（黑盒、白盒、灰盒）的含义。在开发过程中培养学生的团队意识与严谨的工作作风，并在合作交流中逐步渗透创新思维方式的养成。

二、附例：小学语文学科关键能力培养教学实施建议

所有的教育教学改革必须最终落实在课堂上，改革如果最终对课堂不发生影响是没有意义的。学生学科关键能力的形成关键是课堂，根基是在日常的每一节课。在清晰界定各学科的学科能力，建立各学科的学科能力发展层级标准的基础上，我们将研究的重心转向课堂。课堂教学中，学生学科能力培养的现状到底怎么样？通过调查问卷、课堂观察、关键能力抽测，各学科梳理出本学科课堂教学在学生学科能力培养方面存在的典型问题。以语文学科为例，目前语文课堂存在的典型问题包括：教学与评价脱节，教学目标未聚焦学科关键能力，教学目标与测试标准两张皮；教学内容取舍不当，盲目拓展，缺乏针对学科能力提升的内容拓展与有效指导；师生一对一问答占主导，缺少思维可视度，以个别学生的发言替代所有学生的学习过程，造成班级学生能力发展的不平衡；练习设计单一，指向积累背诵的练习多，指向能力培养的练习少，尤其是缺乏分层设计，忽视不同能力层级学生的发展需求。总之，课堂教学未紧紧围绕学科关键能力的培养展开，造成学生能力的发展迟缓，高分低能，与实践脱离，同时学生之间差异也逐步增大。

针对目前课堂在学科能力培养方面存在的问题，各学科积极探索课堂教学中学生学科能力培养的实施路径及策略方法，并形成教学建议。其中，语文学科提出对语文教学整体的要求——"聚焦关键能力，提高教学效能"，并从目标的确定、内容的取舍、学习的过程、练习的设计四个方面进行具体阐述：

1. 目标指向清晰。要借助区域厘定的语文学科能力表现性水平标准，明晰教学目标与评价路径，做到"教、学、评"一致。首先要吃透教材，挖掘教材的育人价值，尤其是关注文体特征、语用点以及课后练习要求。其次要关注学生学习的起点，尤其关注学生阅读与写作的难点、认知的空白点，找到生长空间。最后根据课标要求、表现性水平标准以及学生实际确定适切的教学目标。力求每节课都要有清晰可见的与关键能力培养相关的目标设定，实现一课一得。

2. 内容取舍得当。用好教材文本，关注一、二课时的教学内容分配和课堂容量，对文本内容要进行重难点聚焦，避免面面俱到，重复低效。关注拓展文本，文本选择适切，充分发挥拓展文本在迁移阅读方法、提高阅读能力、丰富表达形式等方面的多元价值挖掘。适当关注同一主题不同文体形式的文本拓展阅读，使学生发现不同文体表达的特点，掌握不同文体阅读的方法。关注习作材料的选择，贴近学生生活，让学生有话可说。

3. 学习过程可见。要让真正的学习发生，要让学生学得更好，必须具备两个要素，一是全体，二是主动。即课堂要面向全体学生，让所有学生都参与到学习中，不应以个别学生的体悟替代全体学生的学习；课堂要关注学生自主的阅读品悟，不应以教师的讲解分析替代学生的独立思考。学习过程可见，首先问题情境创设要清晰可见，问题要集中聚焦，有思维含量，避免琐碎的、模糊的提问，提高问题设计的品质。其次，探究过程可见，独立阅读时的圈划批注、潜心会文，合作学习的讨论单、任务单等，要看到并让学生说清楚思维路径，并及时进行点拨指导。要充分借助可视化学习工具，记录和分享学生的学习过程。第三，要让学习成果可见，注重每一次合作学习、问题讨论后的集聚和总结，引导学生将已有经验与本节课所得进行对比梳理，主动构建自己的知识经验体系。

4. 练习设计有效。精心设计一课一练，练习要指向能力提升，并与文本表达特色高度匹配。中高年级尤其关注与语言文字的运用能力相关的随堂小练习设计。练习设计要适度分层，照顾不同基础学生的学习需求与能力发展。课堂练习要做到课内完成、当堂点评、及时修改，以保障练习的实效性。

在提出整体课堂教学建议的同时，语文学科针对两大关键能力：阅读理解能力、基础写作能力分别提出了具体的教学建议。其中阅读理解能力的教学建议遵从表现性层级标准的维度划分，从"整体感知""提取信息""形成解释""做出评价""实际运用"五个维度，分为三个学段进行具体阐述。既有教学内容的例举，又有具体的教学策略和建议。（具体见以下表格）

小学语文学科阅读理解能力的学科内容例举及教学建议

年段	能力维度	学科内容例举	教学建议
第一学段	整体感知	一上《秋天》：数一数，课文一共有几个自然段？ 二下《月亮湾》：默读课文，说说作者在介绍月亮湾时，先写了什么，后写了什么。	1. 通过识字、组词、读句子、说句子等练习，让学生初步形成"一句话"的概念，在此基础上认识自然段，知道自然段的重要标志是前面空两格。 2. 引导学生学会给自然段标序号，注意循序渐进，由看老师标序号，到跟着老师标序号，再到独立标序号，集体校对，逐步达到熟练，并养成初读课文自觉标自然段序号的阅读习惯。 3. 引导学生读自然段时主动从"写了谁（什么），做了什么（怎么样）"的角度思考，读懂每个自然段的内容。 4. 在了解每个自然段内容的基础上，借助课文插图，或者借助老师的板书，大体了解全文的主要内容，初步形成篇的概念。

年段	能力维度	学科内容例举	教学建议
第一学段	获取信息	一年级《要下雨了》：朗读课文，说说课文里都有哪些动物？他们下雨前都在干什么？ 二年级《蚕姑娘》：说说蚕姑娘是怎么长大的。	1. 引导学生学会读题，做到先明确要求再寻找信息。 2. 引导学生逐句逐段阅读，学会边读边找有关信息，不跳行，不求快，做到耐心细致。 3. 引导学生养成"不动笔墨不读书"的习惯，能将找到的关键信息及时标记出来。 4. 当学生信息获取不完整、不正确的时候，不要急于给出答案，要引导学生再次读文寻找。
	形成解释	一年级《小猴子下山》：读读做做，再选几个词语各说一句话。 二年级《"黑板"跑了》：结合上下文说说"聚精会神"的意思。	1. 要加强词语教学与阅读教学的联系，在具体语境中联系生活经验，了解词语的意思，达到以识促读的教学效果。 2. 教给学生理解词语意思的多种方法：联系上下文理解、拆字组词理解、做动作理解、借助插图理解等。 3. 要在了解词语意思的基础上练习用词语说话，重视词语积累。
	做出评价	一年级《小公鸡和小鸭子》：读一读，比一比。 小公鸡跟在小鸭子后面，也下了水。 小公鸡偷偷地跟在小鸭子后面，也下了水。 二年级《学棋》：默读第二自然段，说说两个学生跟同一位老师学下围棋，为什么学的结果不一样。	1. 要给予学生充分阅读、发现、思考的时间，通过找异同、比一比、读一读等方式，对文中的人物、事物，或者作者的用词等做出自己初步的评判。 2. 为学生创设阅读交流的机会，激发学生与人交流的兴趣与信心。 3. 要耐心倾听学生做出的评价，善于捕捉生成资源，做出及时肯定或引导。
	实际运用	一年级《我多想》：以"我多想"开头，写下自己的愿望，再和同学交流。 二年级《真想变成大大的荷叶》：读一读，再照样子说一说。 小鱼来了，在荷叶下嬉戏。 ____来了，在_____。	1. 关注阅读与实际生活的联系，创设情境，引导学生主动将文本内容与个人生活进行勾连。 2. 关注文本表达特色与学生已有表达经验之间的差距，找准生长点，引导学生联系生活，拓宽视野，积极模仿文中的句式进行表达。

年段	能力维度	学科内容例举	教学建议
第二学段	整体感知	三年级《北大荒的秋天》：课文分别描写了北大荒秋天哪里的景色？它们各有什么特点？ 四年级《人类的"老师"》：说说第三、四、五自然段的主要内容。	1. 培养学生用找中心句（总述句）、串联关键词，以及公式法"谁干什么结果怎样"等方法，概括自然段的主要内容。 2. 引导学生阅读时主动思考文章写了什么，是从哪几方面写的，把握文章的层次。 3. 鼓励学生质疑，教学生进行课题质疑、中心句质疑、难理解的词语质疑，能从"是什么""为什么""怎么样"等角度提出问题。
	获取信息	三年级《恐龙》：第二自然段写了哪几种恐龙？在它们的名称下面画上横线，并说说各自的特点。 四年级《走，我们去植树》：联系课文内容，说说植树有什么好处。	1. 促进学生形成找全、找准信息的意识，养成及时批注的习惯。 2. 引导学生围绕关键问题对已找到的信息进行删选、提炼、概括、排序，并有条理地表达，进行信息发布。 3. 教师要关注学生提取信息时运用的方法，以及利用信息回答问题的能力提升，进行及时引导总结。
	形成解释	三年级《大作家的小老师》：萧伯纳说："她是我的老师。"联系课文内容，说说你对这句话的理解。 四年级《生命的壮歌》："肝胆俱裂"是什么意思？为什么称外层的蚂蚁为"蚁国英雄"？	1. 引导学生借助工具书、生活积累、联系上下文，理解词句的意思，尤其关注词语在具体语境中的含义，避免生搬硬套。 2. 指导学生通过有感情地朗读、想象画面、换词语等方式，体会词句的表达效果。 3. 注意教学内容的联系，通过有效设计教学环节帮助学生前牵后挂，既要有细节感悟，又要整体把握，进而深化学生的理解。 4. 要珍视学生独特的感受、体验和理解。
	做出评价	三年级《狼和鹿》：联系生活实际，说说你读了这篇课文的感受。 四年级《爱因斯坦和小女孩》：讨论一下，爱因斯坦是不是"最伟大的人"，说说理由。	1. 设计开放性的教学环节，鼓励学生对阅读内容发表自己的看法，珍视学生对文本独特的感受、体验和理解。 2. 鼓励学生基于文本的多元理解，同时防止远离文本的过度发挥。
	实际运用	三年级《我应该感到自豪才对》：沙漠旅行结束了，小骆驼又见到了那匹小红马，他会怎么说，怎么做？ 四年级《我不是最弱小的》：你遇到过比你弱小的人吗？说说你是怎样保护弱小者的。	1. 引导学生带着要解决的问题反复阅读，探寻文本内容与要解决问题之间的内在联系，提高学生通过阅读解决问题的能力。 2. 引导学生对文本中的空白或后续展开合理想象，将对文本主旨的感悟、表达方式的习得，运用到相关的拓展写话中。 3. 引导学生将文本内容与自己的生活经历结合，能利用阅读所得解决生活中的问题。

续表

年段	能力维度	学科内容例举	教学建议
第三学段	整体感知	五年级《音乐之都维也纳》：默读课文，说说课文是从哪几方面具体叙述维也纳是"音乐之都"的。 六年级《记金华的双龙洞》：默读课文，根据作者的叙述，画一幅金华双龙洞的景点游览图，再介绍一下你印象最深的一个景点。	1. 引导学生利用画图、制表、列提纲等不同方式归纳要点，理清结构层次，关注文章的表达顺序和结构安排。 2. 区分主要内容和次要内容，教学生用段意串联法、题目扩张法等方法概括文本主要内容，提炼文章的主题，体会作者的思想感情。 3. 要逐步提高学生的阅读速度，根据不同的阅读任务，采用默读、略读、浏览等不同阅读方式。 4. 根据文本表达特点，适当随文习得必要的语文知识，但不能脱离语言运用的实际去进行"系统"讲授和操练，更不能要求学生死记硬背概念、定义。
	获取信息	五年级《彭德怀和他的大黑骡子》：从课文的哪些地方可以看出彭德怀非常喜爱他的大黑骡子？画出有关的句子读一读。他既然那么喜爱大黑骡子，为什么还要把它杀掉？ 六年级《夹竹桃》：默读课文，说说作者为什么会爱上夹竹桃？	1. 引导学生在找全、找准文本显性信息的基础上，学会关注隐含的信息。 2. 引导学生在对文本整体把握的基础上，找寻信息之间的关联，并联系既有经验进行合理推论，形成新的信息。
	形成解释	五年级《二泉映月》：读一读，体会下面句子所表达的情感。渐渐地，渐渐地，他似乎听到了深沉的叹息，伤心的哭泣，激愤的倾诉，倔强的呐喊…… 六年级《卢沟桥的烽火》：读一读下面的句子，体会带点词语的感情色彩。	1. 在整体把握文章的基础上，引导学生关注细节，采用圈划批注的方式记录阅读感受，形成对关键词句、情节及人物情感、语言等的深入理解。 2. 要引导学生在理解关键词句的同时关注作者的表达，丰富语言积累，形成良好语感。 教学中问题设计要集中，指向清晰，要防止逐字逐句的过度分析。

续表

年段	能力维度	学科内容例举	教学建议
第三学段	做出评价	五年级《只拣儿童多处行》：用"魔术匣子"比喻什么？"小天使"比喻谁？这样写你觉得怎么样？用"喷花的飞泉"比喻什么？这使你觉得怎样？六年级《天游峰的扫路人》：你觉得天游峰的扫路人是个怎样的人？你是从哪些地方看出来的？	1. 重视对表达方法的体会，通过诵读、比较句子等方式体会表达方法在语境中产生的具体效果。 2. 要强化学生的"文本意识"，引导学生钻研文本，有感悟和思考，还要努力从文章中寻找支撑自己的观点。 3. 要关注学生的"读者意识"，鼓励学生辩证地、批判性地看待和评价人物、主题，多角度、有创意、有主见地阅读。
	实际运用	五年级《谈礼貌》：选择一个能说明礼貌待人好处的事例，先说一说，再写下来。六年级《学会合作》：学习课文第二自然段的表达方法，仿写一段话，并用上"总之"。	1. 引导学生关注文章是用怎样的语言写的，表达形式是怎样的，为什么这样写，适当进行仿写练习，以丰富学生的语言。鼓励学生在自己的习作中加以运用。 2. 开展综合性语文学习活动，如：辩论会、课本剧表演等，为学生提供交流、展示的平台，鼓励学生运用课堂所得解决生活中的问题。

　　依据写作的一般步骤，提取写作过程中主要能力，我们从以下四个维度厘定了基础写作能力表现性层级标准：预写作阶段——观察与积累；构思阶段——审题与构思；表述阶段——行文与表达；修改、校订和发表阶段——修改与交流。我们认为小学习作教学在课程内容的关键问题，不是内容本身"多与少"的问题，而是课程内容与教学重点目标（也即核心能力培养）的联系程度"紧与松"的问题。课程内容是为教育目标服务的，是培养目标的分解与细化，它并不是越多越好，而是越"准"越好。比如这学期我写了20篇作文，你写了8篇作文，我的写作能力未必就能比你提升得快。求"量少而精准"比"量大而杂乱"，更有利于实现教育目标，更有利于减轻师生负担。因此，我们从三至六年级教材中提取了习作教学内容，形成了《基于基础写作能力的教学内容例举及教学建议》，实现课程内容与学科关键能力的精准对接。（具体见以下表格）

小学语文基于学科关键能力的学科内容例举及教学建议

年级	能力	学科内容例举	教学建议
三年级	基础写作能力	"总分结构"专项训练（结合三上《北大荒的秋天》《"东方之珠"》，三下《庐山的云雾》等课文）	1. 在阅读交流中让学生具体感知总分结构的构段特点。 2. 引导学生围绕一个中心句展开丰富的联想，把某个意思写具体，表达有条理。
		叙事文：三下《习作1 看图写一篇习作》	引导学生领会"观察图画、寻找联系、合理想象"的习作方法。 引导学生按照事情发展顺序把图意写明白、写具体、写连贯，写清一件事的来龙去脉。
		写人文：三上《习作2 我的自画像》、三下《习作2 为别人画一张像》	1. 让学生知道写人一般可包含以下方面：性别、年龄、外貌、性格、特长、兴趣爱好等。 2. 引导学生通过观察比较，提炼出自己和周围人在外貌、性格、爱好等方面的特点。 3. 引导学生通过一两个简单的事例，表现人物的某个性格特点或兴趣爱好。
		写景文：三上《习作3 看图写景状物》《习作4 写一处景色》	引导学生按照方位或时间顺序进行观察与介绍，主要采用总分、并列等几种基本段式。 引导学生抓住景物的特点，写出自己的发现或所感。
		状物文：三上《习作6 写一种自己喜欢的文具》	引导学生按照一定顺序介绍事物外形、功能等。 引导学生尝试采用拟人化手法让文章更生动。
		想象文：三上《习作7》三下《习作8》	引导学生在阅读中初步感知童话的特点。 引导学生展开丰富的想象，借助"故事要素表"（"谁和谁""什么时间""在哪儿""干什么事"等），编写合理的故事，表达某种观点或思想。
		观察日记（可结合三下《习作7 学写一篇日记》））	引导学生掌握日记的一般格式。 引导学生围绕某一动、植物的生长变化进行观察，每天记录，学写观察日记（可图文结合），初步感受写日记的好处。

续表

年级	能力	学科内容例举	教学建议
四年级	基础写作能力	活动类作文专项训练（可结合四下《习作7 写体验活动》）	在活动中培养学生的观察能力，引导学生运用多种感官体验感受，并关注细节与变化。 引导学生有条理地记叙活动过程，有详有略地写出自己在活动中心理和行动的发展变化。
		叙事文：四下《习作3 生活中的新发现》	1. 引导学生按照事情的发展顺序，把事情的前因后果、来龙去脉写清楚； 2. 引导学生将事件或活动分步叙述，尝试用"内心独白法"描写出自己在发现过程中的内心活动，使之更具体。
		写人文：四上《习作2 我真棒》	引导学生通过一个具体的事例来表现人物的特点或本领。 学会在写事例中关注人物的动作、神态、语言、心理活动，让事例更具体。
		写景文：春天在哪里	引导学生由"定点"观察转向"移步"观察，学习用"移步换景"的方法描写景物，能写出景物的变化。 能在习作中展开想象或联想，运用适当的修辞方法，让文章更生动。
		状物文：四上《习作5 ××的自述》	引导学生在按照一定顺序介绍事物的外形、功能等基础上，学会运用拟人、比喻等手法，使文章富有情趣。 尝试在文章中加入搜集的资料，使文章更具体。
		想象文：四上《习作6 编卡通人物故事》	引导学生进一步了解童话等文体的特点，通过拟人化的手段、夸张化的表达，展开富有想象力的创意写作。 尝试通过设置"障碍"，让故事情节波澜起伏，引人入胜。
		四下《习作6 话题大讨论》	引导学生围绕提供的一个话题组织讨论，查阅有关资料，了解别人的看法，再有条理地把讨论的情况或查到的材料写下来。 培养围绕一个话题搜集和整理信息的能力。

续表

年级	能力	学科内容例举	教学建议
五年级	基础写作能力	叙事文：五上《习作4 亲身经历的一件事》	引导学生在叙事的过程中关注事件过程中的场面描写，将事件过程具象化。 在记叙的过程中能加入个体的理解和反思。
		写人文：五下《习作 我身边的小能人》	1. 学习通过一两件具体事例来写出身边的小能人。学习采用正面描写和侧面烘托相结合的方式来表现人物的"能"。 2. 引导学生积极参与报刊、媒体举办的征文活动，锻炼写作能力。
		写景状物文：五上《习作2 写一种动物》、五下《习作1 为大自然画像》	引导学生仔细观察和跟踪观察，并展开想象和联想，写出景与物的特点，能在叙述的过程中融进自己的心理体验。 引导学生注意段与段之间的衔接。
		想象文：××历险记	引导学生以第一人称的视角展开故事的想象和创编，关注结构的完整，情节的波折，想象的合理，言语的丰富等因素。
		应用文：五下《习作3 新闻播报站》	了解新闻报道的一般格式：题目要突出报道的最重要内容；先写结果，再写事情的大体经过。 2. 引导学生关注生活，以简洁的文字，真实的内容，迅速报道新近发生的新闻事实。
		学写简单的说明文	1. 习作前引导学生通过观察、参观、访问、阅读、上互联网搜索等形式，透彻地了解所写物品的特点。 2. 引导学生合理安排说明的顺序。能用举例子、列数字、做比较等常见的说明方法进行说明，努力做到语言准确、内容严密、说明生动。
		向读学写：学习说理（结合《滴水穿石的启示》《谈礼貌》等课文）	1. 阅读《滴水穿石的启示》，学习运用典型事例来进行说理； 2. 阅读《谈礼貌》"牛皋问路"一例，学习从正反两方面来论证，使文章更有说服力。

续表

年级	能力	学科内容例举	教学建议
六年级	基础写作能力	叙事文：六下《习作1 童年趣事》	引导学生基于表达意图，对事件过程进行合理的取舍安排，凸显事件的趣味。 引导学生综合运用各种表达方法，细致描述富有生活情趣的细节。
		写人文：结合六上《船长》	学生能围绕中心选材，选择典型事例来表现人物的某个性格特点品质。 引导学生"向读学写"，学习运用对比方法，揭示人物品质；运用语言动作，突出人物性格；运用特写镜头，展现人物形象。
		写景状物文	引导学生写出景与物的特点，并能在文中抒发自己的感情或表达自己的感悟，尝试做到借景抒情或借物说理。
		应用文：六下《习作6 学写调查报告》	引导学生选择自己感兴趣的内容，拟定调查提纲进行调查，调查后对材料进行整理分析，形成自己的观点或看法。 学习写简单的调查报告：标题、导语、正文、结尾和落款。
		向读学写：一波三折（结合《爱之链》《半截蜡烛》）	1. 阅读课文，绘制情节发展图，感受故事的一波三折。 2. 学习情节设置，通过叙事的转折点，尝试写出故事的波折。

第三章

身心健康：区域优质教育生长的基础

第一节　"身心健康发展"的国家政策与内涵解读

发展素质教育是 21 世纪教育发展的主流，是培养现代化社会主义事业所需人才的整合，是以立德树人为宗旨的教育，是民族振兴的奠基石。学校体育最终目的是促进青少年身心健康，培养技术技能，健全人格，可以说学校体育是体育教育的基石。要发展素质教育，必须注重培养学生意志品质，陶冶其情操及提高学生审美的能力，从中能够让更多的学生得到锻炼及培养，所以发展素质教育可以促使一些青少年儿童从内至外的蜕变。

一、国家政策保障

在实施素质教育的过程中，应对学校体育工作提出更多的要求，在新形势下尽量发挥学校体育在发展素质教育中的功能作用。体育课程成为改革的热点和核心，是一项全方位的教育过程，在这个改变过程中直接影响着每一个人的身心、思想，并把它融入每一个人的生活当中来；同时也是一个以体育素养为最终目标的必经之路，通过科学合理的教学过程，来达到人体素养的一个全新转变；它同时还是学校课程中不可替代的一个中心环节。如何实现全民体育锻炼，提高国民素质教育，为促进社会和谐发展，培养出社会主义事业需要的综合人才开辟出有效途径。近年来，随着国人健康视野不断的开阔，锻炼意识不断提高，运动认识也在不断地增长，但是，依然存在青少年运动时间不足的问题，体育素养还是没有从根本上有所改变，学校学生身心健康水平仍呈现明显下降的趋势，已经严重抑制了我国人才培养质量，各种各样的原因直接影响到我国青少年的身心健康成长。青少年是我国社会主义事业建设的栋梁，他们的身心健康直接关系着我们国家和民族的未来，时刻关系着国家未来的富强和民族兴旺的进程。在人才辈出、竞争激烈的当代社会，学校是国家培养人才的基地，就应该从长远的发展战略眼光来重视青少年的身心健康的问题。如何把青少年的身心健康成长放在民族长期发展的战略目标上来？首先需要知道国民素质中青少年的体质居于一个什么位置，青少年素质教育是一个国家强盛兴衰的体现，少年强则国家强，而体育教育又是一个直接影响到国民素质的主要因素，它贯穿于素质教育的始终，课程改革需要立足于社会、学科、学生三大支柱的发展趋势。而体育课程改革的目标要与长期教育发展规划中素质教育的需求相适应，必须与国家教育改革的整体要求紧密联系。从社会层面上来说，体育课程需要改革适应不断发展的社会需求，从学生自身发展来说，体育课也需要改革以便促进青少年身心健康，体魄强健。十八届三中全会《中共中央关于全面深化改革若干问题的决定》中，党和国家对体育教育明确提出"强化体育课和课外锻炼，促进青少年身心健康、体魄强健"，培养青少年强健的体魄、健康的心理和社会适应的三维健康观，需要彻底了解青少年身体最好的发育阶段，学生的体质不是一成不变的，而是由人体生长发育的规律所决定的，并不会因为社会制度与经济发展水平不同而发生转移。体育课程改革离不开这一客观发展的规律，要明确提高学生身心健康素质是体育课程改革的根本目标。体育课程的设置必须定位于提高公民的身心健康素质，重点是促进青少年身心健康、体魄强健，从长远的发展来看，一个人的身体、心理及社会适应应当尊重客观事实。本文通过文献研究，结合当前体育教学实际，阐述学校身心健康教育的内涵及实施的必要性，分析基于发展素质教育背景下的体育价值及体育价值视域下的课程改革，来诠释体育课程改革与现代素质教育调适的契合，从而针对性地提出发展素质教育背景下实施钟楼阳光体育行为的意义。

二、健康内涵解读

世界卫生组织（WHO）在1948年就指出，健康不但是没有身体缺陷和疾病，还要有完整的躯体、精神状态和社会适应能力，这意味着健康包括身体健康和心理健康两大方面。一个全面发展的人，应该是在身体与心理两方面都得到健康、充分的发展。身心健康全面发展是指身体与心理的协调发展，主要是指身体、智力、情感、行为等多方面的共同发展。

体育运动是促进学生身心健康全面发展的重要途径。体育运动对促进学生身心健康全面发展的重要意义主要体现在六个方面：促进学生提高身体素质；促进学生形成坚强的意志品质；促进学生形成良好性格；促进学生养成健康情绪；促进学生形成和谐的人际关系；促进学生形成合作与竞争意识。2016 年 5 月，《国务院办公厅关于强化学校体育促进学生身心健康全面发展的意见》（简称《意见》），强调学校体育是实施素质教育、促进学生全面发展的重要途径，对实现中华民族伟大复兴具有重要意义。而且《意见》题目中就突出了"学校体育"与"学生身心健康全面发展"的关系，体现了学校体育具有增强学生体质、促进学生身心健康全面发展的重要意义，这对引导青少年儿童正确对待体育运动、加强体育锻炼具有极大的作用。

第二节　区域"阳光体育行动"的价值取向与内涵

一、阳光体育运动的价值意义

早在 2007 年 4 月 29 日，教育部就启动了"全国亿万青少年学生阳光体育运动"。这一活动的目的，就是要通过阳光体育，促进各级各类学校形成浓郁的校园体育锻炼氛围和全员参与的群众性体育锻炼风气，吸引广大青少年学生走向操场、走进大自然、走到阳光下，积极主动参与体育锻炼，培养体育锻炼的兴趣和习惯，有效提高学生体质健康水平。为了增强青少年体质促进青少年健康成长，教育和体育部门先后下发了一系列重要文件：

年份	文件名称
2002 年	《学生体质健康标准（试行方案）》
2002 年	《（学生体质健康标准（试行方案））实施办法》的通知
2004 年	《关于保证中小学体育课课时的通知》
2005 年	《教育部关于落实保证中小学每天体育活动时间的意见》

续表

年份	文件名称
2006 年	《关于开展全国亿万学生阳光体育运动的通知》
2008 年	《关于国家学校体育卫生条件试行基本标准》的通知
2011 年	《关于切实保证中小学生每天一小时校园体育活动的规定》的通知
2012 年	《国务院办公厅转发教育部等部门关于进一步加强学校体育工作若干意见的通知》
2013 年	《中共中央关于全面深化改革若干重大问题的决定》

尤其在 2013 年的《决定》第四十二条"深化教育领域综合改革"中，提出要强化体育课和课外锻炼，促进青少年身心健康、体魄强健。从这些文件中可以看出国家高度关注青少年的体质健康，旨在改变学生体质下降的状况。而从教育部第 6 次全国青少年体质与健康调研结果公布显示：从总体情况来看学生体质健康与预期目标相比还有一定距离，青少年身体素质改善和提高的幅度并不大，肥胖、近视率数据依然居高不下，速度、耐力、力量等素质下降明显。在现状中我们同样可以看到，由于学业竞争的激烈，迫使学生每天想着考试、分数、名次，不少学生对周围的一切感觉麻木与钝化，近年来所发现的"感觉综合失调症""注意力缺乏综合症"等也来自对学习与升学的巨大压力，学生心理调适能力也相对较差，与学习有关的搜集和处理信息的能力、发现和获取新知的能力、分析和解决问题的能力、交流与合作的能力等，也未得到有效的培养。

正是在这一高度与实际需求上，我们提出这样一种教育理念：阳光体育。阳光体育不仅是指在大自然阳光下进行体育锻炼，更是教育行政部门和学校、教师共同创建的"阳光"，包括关怀、激励、锤炼学生身心的内容、途径和方式，在这样的"阳光照耀"下，使他们成为体魄强健、性格活泼、自立自强、合群合作的一代新人的一种教育。阳光体育正是在这样一种背景下作为重点项目在钟楼区域提出与实施的。

二、钟楼"阳光体育行动"的内涵

钟楼"阳光体育行动"是钟楼教育者有目的、有意识地利用各种手段和方法，实施"阳光体育"需要而进行的活动。这些活动既包括体育行为的主要表现形式——学生的运动行为，也包括体育的组织、管理、宣传、科研、教学、消费、观赏等方面的行为活动。钟楼阳光体育行动具体表现为——

（一）教育者的理念行为。阳光体育与以人为本、以生为本的教育理念相契合，包含着对师生关系、生生关系的再认识。对学生的理解和信任，暗含着对学生身心潜能的肯定和重视，具体表现为钟楼的青少年儿童享有度身定制的体育课程，是适合教育的有力生长。

（二）教师教学实施行为。阳光体育不仅仅理解为一种教育结果或教育方法，而更应理解为影响学生健康成长的一个过程，一个多向互动、反馈和影响的过程，其中包括学生认识学习运动知识与技能，并能掌握管理自己与他人运动的能力。

（三）生态环境管理行为。阳光体育的辐射面应该是"三位一体"健康生态环境建设。覆盖学校、家庭、社区的教育时空，在机制的创设、内容的融通、途径的创立上形成钟楼特质的健康生态场域，整合优化健康教育、健康环境、健康服务资源，协同干预，影响并推动钟楼儿童的健康成长。

第三节　区域"阳光体育行动"的实施架构与案例

一、科学运动干预与学生体质健康提升

（一）背景分析

1. 区域目前的体质状况

以 2016 年度市、区体质监测数据为例：2016 年我区与市中小学生主要生理机能相比较，肺活量呈下降趋势。除了部分年龄组男、女生略有上升之外，其余各年龄组均呈下降趋势，相对而言，肺活量体重指数、握力体重指数也大部分呈现下降趋势。

同期身体素质监测数据显示，我区中小学生 50 米跑成绩与全市相比，总体略有上升。我区中小学生的 50 米 ×8 往返跑、100 米或 800 米跑成绩与市平均成绩相比无明显差异（$P > 0.05$）。小学学段无明显变化，初中学段有所下降。我区中小学多数年龄段男女学生力量、耐力成绩与市均相比亦略有下降。12 岁

年龄组男生斜身引体、女生仰卧起坐成绩分别为 19.1 个和 3.7 个，男生斜身引体成绩比市平均提高了 1.05 个，女生仰卧起坐成绩则下降了 1.5 个。另外，我区中小学多数年龄段学生的立定跳远成绩总体上有所下降。

从此数据的直观对比可以得知，我区中小学 2016 年度的体质健康（生理机能与身体素质）现状不容乐观。

2. 课程设置状况

目前的体育课程课时设置为小学水平一年段每周 4 节体育课，水平二、水平三、中学水平四为每周 3 节体育课。按照国家课时设置，没有体育课的当天必须开设活动课，同时每天必须有充足时间的大课间来丰富学生的锻炼形式。而在实际操作中，有的学校大课间和活动课打擦边球，混为一谈，把大课间等同于活动课、或把活动课当作大课间使用，体育教育不能按国家规定严格实施，导致学校体育课程不能开齐开足。再者，体育课程缺乏科学设计，脱离学生生长发育规律，大大削弱了锻炼效果。体育课、大课间和活动课由不同教师担任，各按各的计划教学、活动，没有在这些课时中做统一设计与安排，致使学、练脱节。

3. 教师教学水平的状况

体育专职教师：大多数学校的体育教师都需要上课、训练、科研、群体、班级教育管理等事务一肩挑，高密度的工作负荷使得教师们沉心钻研教学的时空急剧减少。

体育代课与兼课教师：体育教师数量不足和教学能力下降降低了体育教学的质量。由于体育教师数量严重不足，导致学校中很多活动课甚至体育课都由其他教师代课或兼课。兼课教师大多由学校其他学科教师代替，所代课目不属于自己的专业，也对评先评职没有任何作用，因此，兼课教师所上的课基本就是流于形式，只要教师人到、学生不出危险即可。所以兼课、代课教师的专业性及教学态度也制约了学生体育技能的有效掌握，低质量的锻炼无法提升学生的体质水平，制约了学校体育的深入开展。

4. 课外及校外等时空的运动现状

学校内除体育课之外的活动课，一则由其他教师代课导致教学质量低下，二则活动课上大多数学校采用的是全校轮换制（内容场地），因此活动内容无法与体育课保持一致，练习的有效性不足。学生无法及时消化体育课内所学知识，也无法积累相应的针对性锻炼措施，错失了学生形成技能定型的良机。同时从问卷调查显示，大多数学生在校外，回家后很少参与活动，即便活动，进行的也是松散的、无针对性的项目。这样的课内（体育课）、课外（活动课、大课间）、校外（家庭、社区锻炼）的三段时空被截然分开，未能有效形成学、练、用的技能掌握通道，也为学生的体质水平下降埋下了苦果。

5. 青少年儿童时期以"运动干预"促成健康行为的紧迫性。

有关行为科学研究证明，有些人后来在健康或行为方面出现问题，往往是因为他们在青少年时期时所学的知识不足或所受的教育不当。青少年一旦产生一种不健康的体育行为，他往往比别人更易发生其他不健康体育行为，因为在青少年儿童阶段，属于不成熟期，往往凭借当时的好恶做出各种"不利于运动参与"的判断，导致不健康体育行为的发生。而对其施以科学的以终身健康为基础的运动干预，则对他们一生的身心健康产生意义深远的影响，而且也有助于他们形成终身体育意识与行为习惯，进而实现青少年体质的有效提升和国民整体健康水平的提高。瑞典、日本等国家的实践经验已证明这一点，均从儿童时期起，就注重培养他们健康的行为习惯，而学校是运动干预的最佳场所，是获得健康行为指导的主要途径。通过健康行为指导和直接的运动干预措施，帮助青少年从认知到体质提升上认识到健康体育行为的重要性，使他们理解什么是健康体育行为和不健康体育行为，并培养他们接受运动干预、提升健康意识行为的能力。因此，美国著名健康教育专家格林说道："从青少年儿童期起就应学会能应对各种不期而遇的健康挑战所必备的认知和行为技能是非常关键和必要的。"①

笔者在此基础上对青少年的中小学阶段提出有效的运动干预，从根本上改善义务教育阶段学生的体质健康状况。

（二）国内外研究评述

1. 运动干预目前的研究热点与走向

通过对"运动干预"类文献的查阅，"运动干预"类研究主要集中在"增进健康且降低过早死亡风险"的生理方面，如通过运动干预人体心脏功能，改善心脏供血能力、改善血液循环、降低血脂含量等生理医学范畴，以及"调节

---

① 殷恒婵，陈雁飞，张磊，殷俊益，陈爱国. 运动干预对小学生身心健康影响的实验研究 [J]. 体育科学，2012, 32 (02)：14－27＋57.

人体适应外界环境心理机制"的心理方面，如通过运动干预增强注意力、敏锐力和自信心、缓解紧张和焦虑情绪的心理学范畴。用干预的方式促进青少年坚持运动、科学运动，并以提升体质健康为明确目的的研究比较少，尤其通过"学、练、用"的方式扎实掌握技能来促进学生运动效度的研究更少。通过统计万方数据平台的发文学科可知，近二十年的运动干预类论文，学科设计医药卫生类占总发文量的81.13%，而涉及体育教育教学类的仅占10.66%。且继续追踪万方的文献数据统计得知，"运动干预"文献量在2013年达到顶峰，2015年起逐年下降，关注度在逐年下降。综上所述，随着体育发展与时代的要求，需要更为严谨及科学地研究运动干预与健康促进的关系，不同于随性的健身练习，也不是传统意义上的体育疗法，它有着更科学的概念，更丰富的内涵。有相互连接的、有逻辑的步骤组成，环环相扣，互为依托也互相生发，使之真正为青少年的体质提升服务。这是本文探讨的价值意义所在。

2. 运动干预目前的研究方法与策略

"在国内外大多研究文献中我们可以看到当前的运动干预内容的探讨研究大部分以某一特定的运动项目来实行干预。干预策略过程中主要采用实验对照组和业余空闲时间体能干预两种形式，并与相关的运动指标相联系来进一步说明干预效果，尤其是在干预策略的实施过程中将同一运动项目实验前后对实验对象或不同运动项目对不同组别的实验对象的影响结果进行对比分析。前人用这些方法已经取得了许多有意义的研究成果，但仍有一些问题值得探讨。"①国内现有的关于提高体能干预策略的研究还不够全面，比如：干预内容缺乏项目的整合与多样性，这与青少年的学校体育脱节分离。干预策略普遍存在两个主要问题；第一，如篮球、足球、排球等借助器械干预的策略，在一定程度上受场地和器械的限制较大，需要适宜的场地及一定的技能基础；第二，干预策略停留在青少年的自觉自动行为上，从而间接地影响着干预结果。缺乏对于不同练习内容、练习强度以及练习周期的系统的可操作性强的研究。"

3. 国外对青少年体质健康促进的干预趋势

美国对于青少年体育健康促进采取了许多运动干预措施，例如：总统挑战杯、健康改造计划等；日本提出了"体育振兴基本计划"；欧洲共同体、WHO

---

① 胡盟盟，李世英，赵坤. 运动干预策略综述［J］. 体育时空，2016（4）.

欧洲区办公室和欧洲委员会 1991 年发起了"欧洲健康促进学校网络计划"。欧、美发达国家对于青少年体育健康促进干预行动计划的实践性探索，其焦点主要集中于促进学生在身体、心理和社会适应等多方面获得最适宜的发展。他们加强与政府组织的紧密合作，充分与中小学校对接，并将健康促进理念和行动计划渗透到学生的日常活动中。从理论创新到实验求证，推动了青少年体育健康促进的丰富和发展。① 这样的健康促进趋势也为本文"学、练、用三位一体运动干预模式"的形成提供依据。

（三）指向"学、练、用"三位一体运动干预的模式确立

1. 国家呼吁："运动干预"需要时间与制度的保证

从 2001 年起，国家体育总局、教育部就在各类文件、通知、方案中指出：（1）保证学生每天校内、校外体育活动时间；（2）以学校为重点辐射家庭、社区，组织广大青少年儿童参加形式多样的体育活动；（3）学校及全社会要把开展形式多样的课外体育活动作为日常教育工作和社会文化建设的有机组成部分。

2. 大体育时空下："运动干预"需要学校、家庭和社会的合力

体育技能的掌握和学生体质的提升，不只是学校单方面施以影响即可，需要除学校教育之外的家庭、社会的共同参与，共同拓展可以施加运动干预的场域与时空，这也是大体育观对体育这门特殊学科的要求。因为除了学校的教育之外，家庭和社会对青少年儿童健康体育行为的培养有着重要的作用，一方面，家长可以通过自己的健康体育行为影响孩子。比如，家长自身重视运动、有着良性的运动习惯，那么孩子就从中可以得到良好的行为强化和行为认同。同样，社会也可以通过社区文化引导以及社区体育路径的建设，来倡导健康体育行为的意义，让青少年儿童得到潜移默化的影响。反之，孩子也会将学校习得的健康知识、价值观和行为技能对其家人和社区产生良好的促进作用。在家庭、社区中倡导人人形成科学健康的生活方式和科学运动行为的良好风尚，从根本上改变健康状况。这些都在很大程度上取决于青少年健康体育行为的培养和建立。②

3. 知识学习及技能掌握的规律下："运动干预"需要科学有效的刺激联结

在美国著名的教育心理学家桑代克提出学习原则——练习律中，我们可以看出：一个学会了的、反应的重复将增加刺激反应之间的联结。也就是刺激—

① 张阳丽. 健康促进的策略综述［J］. 体育时空，2017（1）.
② 郑家鲲. 健康城市背景下的学生健康体育行为培养研究［D］. 上海体育学院，2013.

反应（S-R）之间的联结，练习和使用越多，就越来越得到加强，反之会变弱。刺激—反应联结的应用会增强这个联结的力量，联结的失用（不练习）会导致联结的减弱或遗忘。

在运动技能形成规律（泛化、分化、自动化三个阶段）中我们可以看到，认知定向阶段（泛化阶段）：初步掌握、体验技术动作，动作学习以分解模仿、徒手学习为主。联系形成阶段（分化阶段）：深入理解肌肉活动感觉，不断改进技术动作，动作规范，基本上建立动作定型。自动化熟练阶段（自动化阶段）：形成牢固动力定型做动作熟练、省力、自如。

体质增强的渐进规律告诉我们，人体机能水平的提高是逐步的，通过锻炼所引起的身体形态、生理、生化等方面的变化也要由少到多逐渐积累。只有持续不断的科学锻炼，才能收到良好效果。同时，经过锻炼取得的效果并不能终身保持，中止锻炼后，已增长的身体机能水平将逐渐消退。

从以上的学习与技能掌握规律中，我们得知，知识与技能的掌握单靠学校体育课的学习是不够的，还需要我们创造更多的、在不同时空的练习与运用的途径。我们运用以上的科学规律提出"学、练、用三位一体的运动干预模式"。

我们提出，我们界定在体育课上一般时间有 40-45 分钟的学习时间，学习运动技能有关的知识，在头脑中形成这种技能的表象，这就是技能的认知—定项阶段。通过教师的讲解、示范，学生们根据自己学习的动作知识，在头脑中建立起必要的动作表象，并促使其主动地学习和表现某种技能并尽力校正自己的错误动作。在"认知—定项阶段"，学习者需要熟悉动作的要领、了解动作的特点，把新学习的动作与已有的、习惯了的动作进行比较，找出相同的环节，克服不良习惯动作的干扰。这就比较多的需要专业老师的帮助，所以这一阶段的学习需要在正规的体育课上展开。当学生在掌握局部动作的基础上，开始把各个动作环节或不同动作结合起来，或者学生会在了解一种技能的大致特征之后，对其中的个别动作做更多的练习时，他们的注意力将从认知转向运动，从个别环节转向动作的协调与组织，这就是"联系—形成阶段"，在技能形成中，反馈对技能的动作的学习起着重要的调节作用，这个阶段是动作系统中最需要针对学习后的内容去反复体会尝试、反馈练习的，也就是我们俗称的"做练习"。而这个阶段需要给学生专门的练习时间，可以利用校内对师资要求不是很高的课外活动课以及大课间的活动时间，以及学校老师布置的校外体育锻炼作业,但需要与体育课学习的内容匹配。"自动化熟练阶段"是动作协调和技能完善阶段,这也是技能形成的最后阶段。在这个阶段,学生学习的各个动作环节与各种动作在时间和空间上彼此协调起来构成一个连贯的稳定的动作系统。由于技能已经完善,学生能够熟练地运用这种技能去完成自己所面临的各种运动任务。我们可以运用校内的体育竞赛、体育社团、校外的体育俱乐部的参加达成学生对技能的熟练与运用。同时,这种运动任务的运用与突破也从心理上帮助学生满足他的运动欲望。以后,随着新任务的出现,又会产生掌握新技能要求,技能便从一个水平向更高的水平不断发展。也因此,青少年儿童的体质健康水平得到正相关的提高。

4. "学、练、用"三位一体运动干预的模式建立与概念

"学、练、用"三位一体是指把体育课、课外活动和校内外比赛联系在一起,用同一个目标进行协作管理,指向明确的基于学生体质提升的运动干预。也就是把体育课的"学"的环节与课外活动、家庭作业中有目的、有针对性的锻炼环节与校内外的体育比赛以及与俱乐部锻炼的环节有机融合在一起的模式。因此我们用符合科学规律的"指向学、练、用三位一体的运动干预"来确立我们的干预模式。"学、练、用三位一体"指向实施运动干预的三个时间与空间,即体育课堂、课外活动(大课间、课间活动、体育活动课、学生体育社团)、校外体育活动(家庭体育活动、社会体育培训、社区体育活动),也指向这三个不同时空的不同运动维度(学、练、用)的思考。而"一体"首先指向于运动干预的整体架构之间内容元素间清晰的一致性。它的目标是建立在不同的课程时空、强劣势的分析上,体现"掌握技能提升体质"清晰的目标;它的结构是建立在清晰的目标上,不同的时空通过为实现一致的目标而产生实质关联;其次"一体"指运动干预从一个立体化架构出发,从课内到课外,从校内到校外通过不同的时间和空间为学生提供多种经纬交错的、相互匹配的学习内容、学习经历、运动体验和体育技能学习途径;再者不同维度的学习锻炼的时空在致力学生体质提升时所形成的一份合力,并为之而努力营造的一份体育锻炼的生态环境。

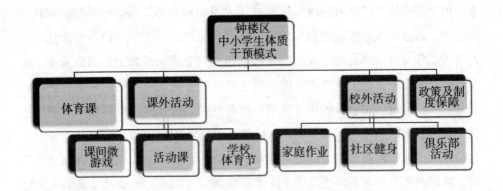

5."学、练、用"三位一体运动干预的设计与运行

（1）"学、练、用"三位一体运动干预的实施内容与路径的选择

"学、练、用"三位一体运动干预是指用运动方式（主动或被动），按照设计的运动方案（运动形式和健身进程等），有计划、有目的地用适当的运动负荷对被试者进行多时空、多场域的运动干预，改善其生理或心理的状态。首先面对多种多样运动形式内容的海量选项，需要教师对运动干预的项目或内容进行加工和选择，解决学生对体育活动参与的广度和深度问题。根据中小学生的身心发展特点，要在运动干预内容设计上按小学趣味化、初中多样化特点选择设计运动干预项目和内容，保证学生体育健身有强度、有质量。

学——体育课。结合《体育与健康课程标准》和《江苏省体育与健康教学指南》将教材的内容进行梳理和归类，形成区域规定性的课程内容，同时放宽选修教材，依托学校文化、教师特长形成学校特色。另外针对不同的教材设计匹配的课课练，全面提升学生的身体素质和运动能力。

练——大课间、课外活动、校外家庭作业。优化活动课程，形成与每一年段体育课内容匹配的课外活动练习内容，内容为让学生运用体育课所学技能去进行多样练习，或者为可以支撑体育课学习内容所必需的体能练习，加深学生对体育技术的理解从而提高学生的运动能力，强化学生的健康行为。

课间微游戏。设计符合本年龄段、便于课间开展的微游戏，使之既为体育课技能服务又为培养学生文明的课间游戏习惯打下基础。

家庭健身。以"家庭作业"的方式，通过孩子在家庭中输入与校内学习技能相匹配的校外锻炼内容，多为一些简单易行的体能练习。引导学生养成体育锻炼的习惯，使关键能力中的健康运动素养得到有效的输出，为他们养成健康的生活方式加油助力。

用——体育节、运动会、社团课、校外俱乐部。建设灵活开放的社团课堂、学校体育节运动会等体育舞台，引导教师放宽视野，将社团、运动会、体育节成为发展学生特长、培养学生个性的主战场，给学生搭建运用、挑战体育技能的舞台。

（2）"学、练、用"三位一体运动干预的实施过程

在梳理完"学、练、用"各时空维度的内容后，我们对常州市钟楼区22所小学五年级学生、5所中学的七年级学生进行了"学、练、用"三位一体的运动干预。

"学"的环节是在课堂上完成，主要是教师"教"与学生"学"。在"学"这个维度，我们利用体育课，由专业教师对学生进行每周3次专业学习，教师合理安排教学内容进度，并在教学过程中有意识地培养学生的各项教学技能，传授其教法、练法。

"练"的环节是在学校大课间、课外活动、校外家庭作业等时空中完成。在"练"这个维度，由专业教师根据体育课学的内容梳理编制配套的练习内容，印制成册，上课教师（代、兼课）根据配套内容组织学生进行该项运动需要的专项技术训练，以及必需的身体素质练习，如耐力、速度、力量、灵敏、柔韧等练习。

"用"的环节是学生要把学到与练到的动作技术在各类比赛中运用出来。其具体的实施方式有：一是由教师组织的在本单元内容快结束时进行的班内比赛，可以放在体育课或课外活动的任何时间，是对这一阶段学和练以后的巩固与运用。二是年级、学校组织的相关小型比赛。支持与鼓励学生参加校内外的各级比赛，教师则要为加强学生的战术指导与赛场心理素质进行辅导。三是"用"的环节。让学生把掌握到的理论知识、技战术水平通过教学实践传授给他人。其具体的实施方式包括：在课堂上的小组合作，以及参加俱乐部时对小学员的培训与辅导，也鼓励学生搭建更高的平台提供其专项的深入发展。在"用"这个维度，主要是在学生掌握基本动作技术之后，可以让学生逐步巩固所学运动技能、理论知识、完善学习方法和动作技能、提高身体素质，并不断地在比赛运用，在实践中实现知识技能的内化及再提升。

（3）"学、练、用"三位一体运动干预的实施结果

本研究通过对常州市钟楼区22所小学五年级学生、5所中学的七年级学生进行实践研究后发现，学生的运动技能水平与体质健康水平与以往没有实施过

"运动干预"的班学生相比明显提高。其中运动技能水平提高主要是通过与其他区域同年级、同起点的学生的比赛结果后得出的，体质健康水平最主要的依据是 2017 年度常州市体质监测蓝皮书中对比的变化。如下表：

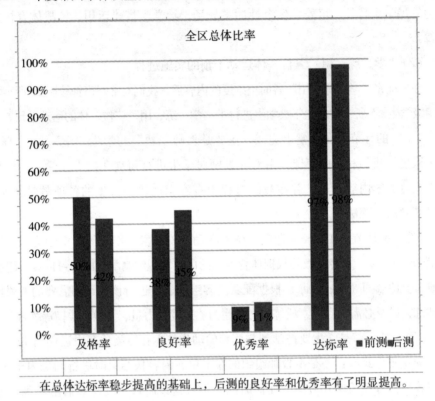

全区总体比率

在总体达标率稳步提高的基础上，后测的良好率和优秀率有了明显提高。

6. "学、练、用"三位一体运动干预的模式的突破点

"学、练、用"三位一体的运动干预与以往单一、各自为政的体育课及活动课相比有以下三点突破：

（1）时空的拓展

在有限的课堂时空内进行体育活动是目前大部分体育课的状态。但是要让学生在体育学习中从不会到会、运动技能由低到高地转变，在有限时空的体育课内很难达到。影响的原因有多方面，有学校、体育教师、学生等因素。但从技能掌握规律分析，主要是体育课课时少，每一节课的时间有限，讲解示范再加上前期的准备活动和末尾的放松活动，真正练习专项技术的时间不多。而粗略的运动技术需要经过大量重复的训练才能稳定下来，运动技术内化为自身的运动技能，也要通过不断练习巩固，所以体育运动的学习必须要经过一个较长

的学习、训练、巩固的过程，只有提供匹配的练习内容和利用各种运动时间，才能保证学生有足够的时间练习运动技术，提高运动技能。因此，本研究提出的"学、练、用"三位一体的运动干预模式在时空上的突破是指从课内到课外、从校内到校外通过不同的时间和空间为学生提供多种经纬交错的、相互匹配的学习内容、学习经历、运动体验和体育技能学习途径，使体育活动不再局限于以往单一的课堂教学时间和空间，让学生有足够的时间经历"学""练""用"完整的运动技能形成过程，最终达到熟练应用运动技术、提高运动技能的目的，并在这过程中提升健康素养，提升体质健康水平。

（2）课程架构上的突破

国家和政府高度重视青少年体质健康，先后下发了多份"通知""意见""规定"，但改善措施的效果并不明显。其主要原因是学校、教师、学生在执行国家政策上的力度不够，具体表现在：学校的体育课程设置没有做全面的整体架构，即便体育课、课外活动等都有保证，但都未整体利用。活动课的代、兼职教师的专业性无从保证。青少年时期的学生很少能自觉主动参与体育练习，同时练习的内容、方法、手段多少都影响着学生是否愿意参与体育运动。因此，本研究中"学练用三位一体运动干预模式"在措施效果上的突破，是通过一些针对性明确的措施把课余活动时间纳入整体规划中，根据学生每一个周期的实际运动水平合理安排运动干预中"学""练""用"各个环节的练习内容，有效迫使学生参与到学习与练习中，并让评价贯穿于整个环节。这样的全程关注实施的体育练习可以在一定程度上保证干预学生参与体育运动的时间，有效地克服惰性心理，直达健康体质的提升目标。

（3）内容匹配上的突破

以往的体育课、活动课等体育运动时空都是各管各的教学领地，没有打通所有的体育时空。本研究实施方案从基础课程着手重新梳理三个水平段的教学内容，并结合《省教学指南》细化内容安排和考核标准，以（课内体育课）基础课程为立足点，系统架构（课外、校外）拓展课程的内容，把一系列具有相同主旨的课程按照一定的逻辑和层次进行组合，充分利用不同时空渗透相同主旨而形式不一的锻炼内容，并对各学段和各时空的课程目标之间做好垂直衔接和横向整合，建立课程群，从而夯实钟楼学生的身体素质，促进学生体质健康能力的全面提升。从体育课程的三个时空（课内、课外、校外）去思考和研究，三者之间关联交织，同时在架构课内、课外、校外的实施中，又从学、练、用三维度去探索每一维度的生长点与持续性，丰富了学生的课程体验和学习途径。

以水平三（五年级）田径教材为例：

学期		教学内容	课外活动	家庭作业
上学期	走	多种姿势、方向和速度的走	1. 模仿动物、人物（矮人、高人）走 2. 折返走游戏 3. 变速走	1. 变速走 2. 连续半蹲走 3. 弓步走
	跑	快速跑	1. 高抬腿练习 2. 30米加速跑 3. 快速跑 4. 冲刺跑 5. 追逐（让距）跑游戏 6. 阻力跑 7. 快速运球跑 8. 摆臂练习	1. 连续高抬腿跑 2. 原地快速跑 3. 连续跑台阶 4. 踢足球跑 5. 负重原地快速跑 6. 仰卧蹬车轮
		接力跑	1. 迎面接力跑 2. 往返接力跑 3. 换物接力跑 4. 十字接力跑	1. 连续高抬腿跑 2. 原地快速跑
		障碍跑	1. 过不同障碍游戏（绕、跨、跳） 2. 障碍跑接力	1. 过障碍动作练习 2. 座位体前屈练习
		耐久跑	1. 定时跑 2. 往返跑 3. 变速跑 4. 足球两人一组5分钟抢断练习 5. 篮球运球两人5分钟抢断	1. 跳绳练习 2. 越野跑2公里以上 3. 2分钟台阶实验练习 4. 连续立卧撑接纵跳
	跳	跨越式跳高	1. 跳过一定高度的牛皮筋 2. 十字跳 3. 单脚起跳摆动脚踢吊球	1. 单脚跳连续向前跳 2. 原地纵跳 3. 踢腿跳 4. 单脚负重跳
	投	双手前抛实心球	1. 双手持球（纸球）抛过一定高度的线或障碍物 2. 跪姿前抛实心球（纸球） 3. 持实心球上举 4. 双人背弓练习 5. 前后抛掷实心球 6. 头上胯下传接球	1. 背弓拉力器 2. 对墙1米距离前抛纸球 3. 举书包（5KG） 4. 高姿俯卧撑 5. 仰卧起坐练习

续表

学期	教学内容		课外活动	家庭作业
下学期	跑	蹲距式起跑	1. 反应起跑游戏 2. 起跑接加速跑 10 米 3. 正反口令练习 4. 叫号起跑练习 5. 各种姿势起跑	1. 蹲踞式起跑姿势练习 2. 俯卧支撑 3. 连续下蹲
		快速跑	1. 摆臂练习 2. 变速、变向跑 3. 加速跑 4. 追逐（让距）跑游戏 5. 牵引跑	1. 快速单脚交换跳绳 20 秒 2. 支撑高抬腿、后蹬跑 3. 负重原地快速跑 4. 仰卧蹬车轮
		弯道跑	1. 圆形追逐跑 2. 8 字跑 3. 弯道摆臂练习	弯道摆臂练习
		400 米跑	1. 变速跑 2. 匀速大步跑 3. 有节奏跑 4. 跑图形	连续跑楼梯 原地有节奏的呼吸跑 2 分钟连续跳绳
	跳	蹲踞式跳远	1. 单脚起跳头触吊球 2. 背悬垂直腿上举 3. 跳过一定远度的线或障碍 4. 上一步单起双落 5. 跳起抢位置游戏	1. 上一步（上三步）单起双落练习 2. 立定跳远、立定三级跳 3. 抱膝跳 4. 蛙跳 5. 挺身跳 6. 弓步换退跳 7. 并脚跳台阶单脚原地平衡练习
	投	助跑投掷垒球	1. 交叉步练习 2. 投过一定高度的障碍 3. 5－10 米助跑接交叉步 4. 单杠悬垂 5. 投准游戏 6. 投远比赛 7. 双人拉肩	1. 原地侧向对墙投纸球（绳结） 2. 原地转髋练习 3. 负重上举 4. 挥臂鞭打练习 5. 压肩练习

7. "学、练、用"三位一体运动干预的关系

从上图可以看出，在运动干预中"学""练""用"三者相互影响、相互作用、缺一不可。其中"学"是运动干预中的开始环节，是运动技能形成的前提条件，学生只有通过"学"对体育知识、技能的认识才能由不懂到懂；"练"是运动干预中的核心环节，是运动技能形成的基本保障，学生只有通过不断的练习达到一定的练习量，才能使运动技术由量变产生质变，达到掌握运动技能、提升健康体质的目的；"用"是运动干预中的实战环节，是对已掌握的运动技术进行细微的整合与修正，学生只有通过"赛"才能检验出"学""练"的效果，满足学生运动比赛欲望，促使其不断达到技术、战术、身体、心理的进一步融合。可见，只有把"学""练""用"三者有机结合起来的运动干预，才是个完整的、健全的、适合学生身心健康发展的、科学的干预模式。

在"学""练""用"各部分中都包括学习、训练、应用，三者是相互交融、相互依存的，但在不同的部分中三者所占的地位不同。如在"学"的部分即课堂教学中主要是学习占主导地位，其余三者为轴，即"为学而练""为学而赛"或"为学而用"。不过由于在该阶段学生只是粗略掌握了运动技术，因此在"学"的阶段中比赛只是促其学习的手段。"练"的部分课外训练中主要是重复练习为主，其余三者辅之即"以学促练""以赛促练"。因为该阶段是运动技能形成的核心环节，因此该阶段需要有充足的时间，而为了保证其他方面的技能在本阶段也能练到，学习、比赛、应用在该阶段中的比重基本相同。"用"的部分中主要是以比赛为主，即"赛中有学""赛中有练""赛中有用"，该阶段主要是检验与磨合学习、训练和应用到的运动技能，锻炼心理素质，最终达到身心统一的境界。

8. "学、练、用"三位一体运动干预的研究结论与建议

（1）结论

丰富、拓展了中小学体育课程整体架构的思路。"学、练、用"三位一体运动干预模式就是从单一的课堂教学中衍生出来，把课外活动、学校体育比赛、校外家庭体育活动、校外俱乐部、社区体育等有组织、有计划地结合起来，遵循学习与运动技能形成规律，把"学""练""用"有机结合在一起，形成一个科学的、系统的运动过程，从而解决中小学生体质健康提升的问题。"学、练、用"三位一体运动干预模式与以往的课程相比主要有三个方面的突破：一是运动时空的突破，指体育教学不局限于体育课，拓展了一切可以利用时间；二是课时安排上的突破，指打破传统的体育课单元教学与练习的设置，增加活动课、家庭作业等练习时间，有效制定出有利于学生掌握运动技术的学时分配。三是运动力度上的突破，让学生主动参与到课内外的体育锻炼中。

"学、练、用"三位一体模式的学习途径有助于中小学生体质提升。首先体育技能在形成的过程中，需要有相对充足的练习条件，"学、练、用"三位一体的模式，能给学生带来充分的锻炼时空，每一时空中的锻炼针对性大大提高。同时，"学、练、用"的心理机制也促发了学生在良好的运动氛围中掌握技能，形成健康的锻炼意识。其次，在师资条件不满足的情况下，"学、练、用"三位一体的运动让每一个环节在内容上有了保障，最大限度地争取、拓展了学生的锻炼时间，促进了学生技能的掌握与形成。充分条件下的运动时空有助于中小学生的体质提升。

"学、练、用"三位一体运动干预的模式在体育课程范畴具有普遍的推广价值与借鉴作用。一直在沿用的体育课教学模式，在一定程度上都存在学练过程较短的现状，知识与技能的传授只是蜻蜓点水，或者在低水平上重复。从体育课的意义来看，体育课程要求学生掌握一定的运动技术，并通过相应的练习把运动技术转化为熟练的运动技能，在这过程中培养学生的健康习惯，同时达到体质健康水平提升的目的。本研究就是在遵循运动技能形成规律的前提下，提出了"学、练、用"体育大课程。它突破了时间与空间的限制。该模式的实施，可以让学生科学利用每一个锻炼时间，是从根本上提高学生运动技能水平及增强学生体质的有效途径。因此，"学、练、用"三位一体运动干预模式在中小学体育课程架构中具有普遍的推广价值。

其次从师资问题上来说，一般体育活动课之类的会让代、兼职教师去上，而代、兼职教师的不专业现状遏制了学生的体育锻炼效果。该模式的研究，有技术含量的"学"的部分有专职教师在体育课执行，由此出发，去思考和研究体育课程的另外两个时空（课外、校外），让三者之间内容关联交织，使得代、兼职教师能有序有计划有内容地带领学生练习，而又无须太多的专业知识即可胜任。这样的学习使得每一个锻炼时空都在发挥作用，增强了学生的运动效益，丰富了学生课程体验和学习途径。师资问题目前在各个地区都有此现状，因此该模式的研究更具有实用和推广价值。

（2）建议

在"学、练、用"三位一体运动干预的模式中，继续提升各环节的教育教学水平。

对校外家庭社区锻炼的监管与测评。

区域内的学校在师资、场地、管理上存在着差异，同样在体育学科的发展上也会出现不平衡的现象。建议通过科学的运动干预形成符合区域实际，具有可操作性的课程指导，可以让学校的一线教师进一步明确课程价值，同时合理选择教学内容、优化课时比重、科学考核。让优质资源真正落实到一线的教育教学实践中。同时也为教育行政部门调研区域内的学校体育工作提供了尺度和依据。反之又进一步促使学校以此为依据来提升学校体育工作质量。

二、运动管理能力与身心全面发展促进

在国家和地方的政策范畴中，这几年来，学校、课程的意义已经发生了重要的转向。在《国家中长期教育改革和发展规划纲要（2010—2020年）》《基础教育课程改革纲要（试行）》等文件中，一个明晰的政策标杆是学校教育应该"以学生的发展为本""为了每一个孩子的终身发展"。这就提醒我们，在当下的时代背景中，课程内容架构与品质应该首先看课程是否关注学生，是否为学生提供必需的素养。课程的最终目的在于让学生拥有特定的关键能力。

对小学体育教育功能与价值的重新定位，可以让我们清醒地意识到，在尊重儿童个性与发展规律上来培养运动能力，形成陪伴其一生的健康行为，以及在活动中形成的良好体育品德，应成为小学体育教育的基本任务。

作为学校课程的重要组成部分的体育课程当下首先应该考虑，这一课程建设是否基于学生核心素养的培养，是否提供了培养学生基础能力和区域学生群

体特定素养的课程。所以以学生核心素养为中心的课程建设是社会发展的需要，也是国家发展的需要。

针对钟楼区学生的体质健康水平止步不前的现实，在提升青少年体质迫切需求、以学生发展为中心的课程理念、落实立德树人的根本任务下，我们梳理制定体育课程的学科关键能力。学科能力的"点"很多，"关键能力"不多。"学科关键能力"从体育学科特点出发，认为体育学科关键能力是在体育学科中最适合发展，也必须发展的、独特的能力构造，是为了使体能和技能得到更好提升而必须具备的一种综合性的"体育实践能力"。研究和把握"学科关键能力"，教师可以更好地创造性地实施国家课程，建构起自己的"师本课程"。"学科关键能力"清晰了、明了了、简化了，教师才能更从容地将目光投向"人"和"德"，也才能将核心素养的培养有效落地。

钟楼区提出"运动管理"的体育学科关键能力。在 2017 版高中体育与健康课标中其核心素养表述为"运动能力、健康行为和体育品德"。我们可以清晰看到高中课标在贯彻和落实"立德树人"根本任务中，以"健康第一"为指导思想，强调健身育人功能，高度重视培养学生的学科核心素养，在强调体能、运动技能和体育文化学习的同时，融合与学生成长相关的健康教育知识和方法，注重学生健康与安全意识的培养以及良好生活方式的形成，重视培养学生积极进取、遵守规则等体育品德。表述的关键是自主健身，是主动有效地运用技能进行健身的目的，在过程中达成体育精神的渗透和体育品德的养成。这是我们提出"运动管理"的关键能力概念的最直接依据。

同时本着大视野、本土化的思路，钟楼区体育学科关键能力的界定与设计基于在小学年龄阶段，将健康教育与体育合并成一个学习领域，让学生在运动中学会科学运动，其意义在于在我们提倡生涯规划、终身学习的同时，培养学生的基本"运动管理"能力，让运动体验和运动认知结合起来、学习的成果与日常生活结合起来，替代过去追求理想但难以实现的"标准"，以及遥不可及的理论，也为之后的初高中体育课程学习打下坚实的基础，更为终身的身心素质发展奠基。

"运动管理"既是指对人体肌肉认知的管理，也是对运动认知的管理，两者互相促进生发。首先"运动管理"作为一个词组，就是对运动的管理，包括对运动项目的体验和学习、对运动信息的有效采集运用、对运动行为的保持和增益。这个过程强调的是运用信息促进技能、运用技能促进健康的运动管理行为。其次，运动管理是一个长线的实施途径。包括运动的前期准备、运动中的肌肉体验与认知思考、运动后的认知补充与调整、再一次的运动规划与体验、运动习惯的意识与建立、运动体能的保持与增益。

"运动管理"关键能力设计的目的是以人性化、生活化、适性化、统整化与现代化的学习领域教育活动，传授基本知识，养成终身学习能力并培养身心充分发展的健全国民与世界公民。能力核心在于健康行为的实践。同时在与别人互动中影响他人、社区与环境，以达到全人健康的目的。这里的"养成、锻炼、改善、互动、影响"就是我们的"管理"，对运动的管理。用这样一种"运动管理"所形成的价值观念，真正影响他们的态度和行为。

"运动管理"指向每一个学生。体育课程的目标旨在培养学生具备良好的体运能，而不是塑造一个竞赛的胜利者去追求"赢"而已。也可以说，受过良好体育熏陶的学生，不论其天分如何，皆应有机会参与身体活动，发展适合其年龄应有的运动技能，是身心健全且健康快乐的，让学生拥有良好体适能，生活在健康的环境中，同时拥有运动兴趣和运动意识。所以，"运动管理"是为每一个孩子自主学习和主动行为提供土壤和服务，"运动管理"对每一个孩子都是必需且适切的。

"运动管理"关键能力与健康行为的关系——

1. 健康行为是科学的运动管理，不是盲目的运动体验，这里指向有目的、有方向、有规划的运动体验过程。

2. 健康行为是具体化的运动管理，让学生能在不断管理的过程中，学习获取知识（运动信息）的能力和习惯、建立积极锻炼的行为和意识，给授课教师和学生都有一个具体化落实健康行为的抓手。

3. 运动管理是内隐式的体育品德管理，在学习与体验中、在选择与运用信息中、在内化与增益中，引导学生体验、体悟并体认体育精神（包括自尊自信、勇敢顽强、积极进取、超越自我）、体育道德（包括遵守规则、诚信自律、公平正义等）、体育品格（包括文明礼貌、相互尊重、社会责任感、正确的胜负观等）。

三、定制体育课程与学生兴趣特长培养

"让每一个孩子都能在阳光下撒着欢奔跑"——这是钟楼区教育文体局对区

域体育课程改革的要求，也是区教文局"优质教育长出来"的惠民工程之一。依托钟楼区教育行政规划力度，钟楼承担深化学校体育改革实验区任务——充分发挥体育与健康学科在"立德树人"过程中的重要作用，全面落实《体育与健康课程标准》的理念和目标。以"江苏省'3项改革'中'深化学校体育改革'的指导意见"为导向，在区域提出"小学体育兴趣化、初中体育多样化"的学校体育改革实施思路。实验区各校开发富有特色的体育运动课程资源，学校、教师为孩子提供更多种运动的体验以及兴趣发展的可能，帮助孩子们寻找到适合自己的运动项目。

钟楼区各校立足于本校的资源特色，寻找为学生体育素养的发展而服务的一切教学内容与形式，为每一个学生得到适切的发展而服务。

首先我们学校将在保证基础、强调选择、关注融合、重在运用的基础上整体架构学校课程体系。

其次创造设计"适合"的学校体育课程，其中包括：（1）适合学生的体育素养发展规律，适合学校的体育课程资源；（2）适合学生的"私人订制课程"，让每一个学生拥有自己的课程，不同学生的体育素养得到不同的发展；（3）适合学生的选择性课程，以学生体育素养发展为本，以学生的兴趣为导向，以学生体育素养发展规律为指导，充分考虑学生体育素养发展的个体差异，引导学生选择自己喜欢的体育内容开展体育课程的学习，有鲜明的学生立场，能突出学生的选择性。

基于以上理解，作为常州市深化学校体育改革的实验区，我们在不同类别的学校——

（一）分别启动不同实验任务

一类实验学校（十所）全面启动体育课程改革：将整体架构学校课程体系，形成特色的学校体育文化；通过落实每天一节体育课以及走班选修的方式来构建小学兴趣性、初中多样性的课程形态；将挖掘各种师资力量来达成课程设置；开发适切的课程内容以及学校内、外运动场地来满足孩子的个性化需求；同时建立多元的评价机制（学分制、运动档案制等）来为孩子的订制课程保驾护航。

二类实验学校（八所）启动专项体育课程改革：将在上述一类学校的要求中，选择一至两项（融合教学、评价机制、小场地开发、师资引进策略、走班选修模式、课时形态探索、课程内容开发，或课改覆盖面在部分年级进行）进行深入的研究实验。作为一类实验校的联动校，将实验经验与一类实验校分享，使区域实验的广度和深度都得到保障，同时将于一年后滚动加入一类实验学校。

三类实验学校（十余所）作为实验校的联动校参与实验：（1）为实验学校提供联盟内师资流动走班的试行；（2）为"基于实证研究下的实验"提供学科关键能力、核心素养等方面的对比大数据，使改革实验走得更好、更有说服力。同时将于一年后滚动加入二类实验学校。

（二）"实验区域联动"

以一类实验学校为主要实验场，与几所二、三类实验学校（小、初）共同研究，以学校与学校、学校与联盟的合作分享，进行各校间的专题交流，让实验项目在区域的实践有基地、有土壤、有资源、有特点、有成效。

（三）用任务指标为实施与管理指明方向

我们依据显性化的十大任务指标，明确课程推进中的检测方向，保证课程改革畅通进行。我们在课改启动前与课程领导小组设计学习方案，明确实施任务，在过程中，随时接受区域课程领导小组对任务指标给予指导和对实施结果检测，以确保课改有序有质。

其中显性任务指标为——

1. 建立一个完整的组织机构，指导并管理课程改革的日常。

2. 出台一份"整体架构学校体育课程改革"的方案，做好学校课改的顶层设计。

3. 制订一张落实"每天一节体育课"的安排表，让课时得到保障与落实。

4. 尝试丰富的课时形态，给学生搭建足够的学习方式展示平台。

5. 给予学生"项目选择、走班选修"的体验，让个性化、订制化成为学习的方向。

6. 挖掘"师资调配"的多种资源，为学生的学习打开一扇窗、一道门。

7. 开发系列"课程内容"方案，既要托底，保留基础身体练习内容，又要照顾学生个性差异，系列架构学生的课程内容。

8. 规划"学校运动场地建设"方案，保证小场地学校的场地利用率、创建校外运动基地。

9. 建立"多元的评价机制"，以现代信息技术手段支持学生身体素质发展，创新评价学生体育运动的参与方式。

10. 打通一条"融合教学"的实施途径，提高学生的融会贯通能力。

实验校在目标任务的基础上，学校课程领导小组加强对学校实验项目的"目标定位、课堂管理、多元评价、教学方法"等方面的指导，在完善方案体系的基础上有效帮助教师解决课堂教学实践操作问题，全面提高学科教师的教学水平，创造性地使用健身教育模式、合作竞争教学模式、互助分享教学模式、运动技术教学模式、理解性游戏教学模式等课例范式。同时，教研部门将对实验校实现课程改革的高位引领，区域不定期组织实验校的实验方案、课堂案例、机制建设、范式研究、活动形态等各专题方面的交流，同时与市实验学校加强联系、紧密合作，实现高位引领、资源共享。

四、区域多方协同与健康阳光通道形成

阳光体育的实施，主要受到学校及社区体育人力资源、设施配置和文化环境等三方面因素影响，因此，我们需要在区域营造多方协同管理与施行的健康发展阳光通道。

（一）重视人力资源的开发

阳光体育实施过程中，除了体育教师以外，还将利用班主任、家长、有体育特长的教师、校医、体育特长生、社会体育指导员、俱乐部的教练员等资源，充分发挥他们的作用。

（二）重视体育器材的开发与引进

阳光体育实施过程中，除了根据国家体育器材设施配备目录的要求配备器材以外，还将 spark、趣味田径、球类教学相关简易器材等有计划、有步骤地逐步配齐。对现有的学校体育设施器材应充分发挥应有的作用，遵循"一物多用，一物巧用，科学安排，合理布局"的原则，正视学校体育设施设备的区域性差异，充分发挥现有设施设备的实际功用，努力开发潜在功能，创造性地应用新兴的体育设施与器材，为"校园阳光体育"的设计提供硬件保证。

（三）重视课外体育资源的开发

阳光体育实施过程中，除了体育课以外，还要将体育节、体活课、选修课、大课间、课余训练、运动竞赛、节假日的亲子活动和班队活动等进行课程化的研究，学校从管理和制度上给予保障，每天至少花 60 分钟参与团体性的身体活动，让学生的技能水平和掌握程度越来越高。此外还应该争取社区的教育资源，形成校社联动的资源网，让学生的校内、校外都有可以参与体育运动的场域与组织。

（四）重视互联网＋教育等信息资源的开发

阳光体育实施过程中，积极开发体育穿戴设备为体育运动服务的研究，提高基于实证大数据分析下的健身实效性，充分利用各种媒体获取体育信息与知识，加强信息技术与体育教学融合的实践研究。

（五）重视校园及社区体育文化环境的建设

校园文化是以学生为主体，以校园文化活动为载体所形成的一种具有共同的价值观念和行为准则的精神环境和文化氛围。良好的校园文化环境，是"校园阳光体育"设计和实施的重要保证，它通过恒定的价值观念和文化氛围，持续地影响和指导学生自觉参与"校园阳光体育"的整体体验。同样，牵手政府共同实施钟楼阳光体育行为，打造健康社区，促使社区在文化环境的建设上加大投入，让钟楼的青少年感受到无处不在的阳光。

（六）重视健康卫生指导策略

加强青少年体质锻炼和加强卫生保健指导有机结合，突出群体性保健指导。"校园阳光体育"的设计和实施，必须在加强青少年体质锻炼的基础上，通过开设多种形式、不同内容和不同等级标准的运动处方，开展疾病预防和科学营养、卫生安全和禁毒控烟等健康教育和保健指导，重点解决影响青少年体质健康的突出问题。

第四章

课程建设：区域优质教育生长的载体

第一节　区域推进课程建设的理解与主张

一、"实践性课程理论"的理解

实践性课程理论是美国著名的课程理论专家施瓦布的课程思想。20 世纪 60 –70 年代的美国掀起了课程改革的高潮，当时，施瓦布与布鲁纳共同领导了美国的结构主义课程改革。结构主义课程论认为，课程应以系统的学科为中心，向学生传授学科知识的基本结构、基本原理与探究的方法。学生应最大程度地学习理论知识，发展智力，像科学家那样采用"发现法"去探究课程的深刻内涵。这场课程改革进行了十年，经历了由最初的轰轰烈烈到后来的趋于式微，举步维艰，施瓦布陷入了深深的反思中。他认为，结构主义课程完全由各学术领域的专家开发设计，并没有反映广大师生的声音。教材难度大，知识体系繁杂，内容枯燥，大多数学生学习困难，这种自上而下的课程改革模式和脱离具体教育情境的课程开发方式是不恰当的。为此，施瓦布对以"泰勒原理"为代表的传统课程理论与结构主义课程理论进行了批判，在此基础上，提出了著名的"实践性课程理论"。

施瓦布的实践性课程理论主要包括四个方面的内容："实践旨趣"的课程价值观、以师生作为课程创造者的课程主体观、以集体审议为核心的课程开发方式、以教师作为研究者的课程行动研究方法论。

（一）实践性课程的价值取向——实践旨趣

施瓦布在总结结构主义课程失败教训的基础上提出了"实践旨趣"的课程价值取向。结构主义课程改革失败后，施瓦布对当时的课程研究领域进行了一次诊断，在1969年发表的《实践：课程的语言》中，施瓦布对诊断结果进行了总结：课程领域已经步入了穷途末路，需要新的原则和方法才能继续推进课程的发展，课程领域的这一不幸遭遇在于错误地依赖"理论"，而理论的方法总是受一种指导性原理的控制，容易与课程和实践脱节，更多的带有抽象性、概括化，致使理论很多而问题不断，不能有效地解决实践过程中出现的种种疑难问题；课程领域复兴的根本在于从原先的理论追求转变为实践模式。

施瓦布认为，课程对理论的偏好弱化了人们对实践的关注，导致人们过度追求课程开发的原理和程序。由此他建议，课程理论家必须从追求普遍的原则转向追求现实的课程实践。施瓦布说："由于其固有的特征，理论不能解释所有的事物，这些事物对于教什么、谁来教和如何教的问题是至关重要的；这就是说，理论不能被用作普遍的原则来解决如何做的问题，不用在特定的时间和地点的个人、团体或真实的制度之上，而这一切正是学校教育的对象或顾客。"施瓦布对理论的大胆质疑在价值取向上体现了哈马贝斯所提出的"实践旨趣论"。

1968年，德国哲学家哈贝马斯在《认识与人类旨趣》一书中提出了"认识旨趣论"，提出了"旨趣"作为人们认识的方向，可以划分为技术旨趣、实践旨趣和解放旨趣三种。其中技术旨趣是通过符合规则的行为而对环境加以控制的人类的基本兴趣，它指向于外在目标，强调结果、目的，核心是"控制"，课程中主要体现在人们把环境作为客体加以控制。而实践旨趣则是建立在对意义的"一致性解释"基础上，通过环境的相互作用而理解环境的人类基本兴趣，它指向于内在事物，强调过程、手段，核心是"理解"，主要体现人们与环境互动，是活动中的认知。

显然，传统的课程模式指向学生最终的学习目标，注重目的、结果和行为控制，通过事先制定好的行为目标来控制课程的开发、实施、评价整个过程，它体现的课程价值自然是追求技术旨趣。相反，实践性的课程模式把课程看作一个相互作用、有机的生态系统，认为它是建立在对课程意义的"一致性解释"基础上，通过课程要素之间的相互理解、相互作用，实现学生兴趣需要的满足和能力德行的提高。所以实践性课程指向课程实践本身，注重手段、过程和相互理解、相互作用。毫无疑问，实践性课程体现的课程价值是实践旨趣。

（二）实践性课程的课程主体——教师和学生

在传统的课程开发模式中，课程是按照规定的目标预先编制好的，课程专家独揽课程大权，课程编制、计划以及教材的选择都是他们根据学科知识体系设计好的，教师和学生只是按照规定的目标来接受和完成课程，因此教师和学生都是被目标所控制，被排在课程之外。教师沦为课程的被动执行者，一味地照本宣科，重复书本陈旧的知识，而学生更是受到课程与教师的双重控制，被动地听从教师的教授，学习书本的知识。

与传统课程模式相反，实践性课程理论把教师和学生看作是课程的主体和创造者，他们与学科内容和环境一起，构成了课程的四要素。在实践性课程理论中，人的因素凸显出来了，教师和学生不再是教材的附庸，是主动构建者和创造者。教师可以参与课程开发并根据自己的实际教学经验设计并选择课程，并且在实施课程的过程中对课程内容合理地增删、调整和加工，从而适应学生学习的需要，充分调动了教师积极性，彰显了教师的主体地位。学生同样也是课程的主体。在课程开发阶段，学生可以根据自我兴趣与需求提出要求，并有权对课程内容进行合理批判、否定。虽然由于受年龄、知识水平的限制，学生在课程的开发中并不一定要亲身参与其中，教师和儿童专家可以根据对学生年龄、个别差异、智力水平、学习方式等基本情况的了解，代表学生作出表达；在课程的实施阶段，学生有权对教师提供的课程进行选择，对学习内容的价值以及学习方法的选择提出自己的见解。通过这些方式，学生与教师共同参与到了课程开发和实施的过程中来，使课程摆脱了死板的知识教条，从而充满新的意义，变得鲜活、丰富起来。

（三）实践性课程的开发方法——集体审议

施瓦布提出了集体审议的课程开发方法，是其思想最为精彩的核心部分。审议，现代汉语大词典将其解释为"审查"，即检查核对计划、提案、著作、个人的资历等是否正确、妥当并对之进行讨论。课程审议又称为"课程慎思"，是审议主体为满足特定的需要，针对具体教育情境问题进行反复讨论权衡利弊，达成恰当的、一致的理解，并最终做出合适的课程变革及相应的策略。也就是基于不同角色人群根据自身问题对课程可能产生的不同认识的相互妥协，使得各个利益相关者制定策略方案达到共同的要求，它贯穿于实践课程的全过程。

施瓦布建议，以学校为基础，成立包括校长、社区代表、教师、学生、教材专家、课程专家、心理学家和社会学家等组成课程集体对课程问题进行审议。施瓦布认为，课程审议的重点应放在教师、学生、学科内容、环境四个基本要素之间平衡上，其宗旨就是谋求课程四要素之间的动态平衡，它们之间相互作用、相互影响的过程是课程审议的核心内容。

课程审议过程，首先明确要解决的所有课程问题，并对问题做出价值判断；其次，对拟定所有教育问题进行分析研究，并形成初步解决方案；然后，征求各方意见，尤其是教师与学生需求，充分考虑现有教学设施、教学方法、教学手段等具体课堂情景，确定最佳方案，但此方案并非最好的实施方案；再次，对选择的方案进行"预演"，根据具体情景出现的突发问题及时修正；最后，反思方案形成过程遇到的问题，并最终达成一致。

为了使集体审议能够有效地解决课程问题，施瓦布提出了三种课程审议的艺术，所谓"艺术"，就是正确处理理论与实践关系的方法。第一种方法称为"实践的艺术"，是针对个体所感知的个别的、具体的、特定的情境而言的，通过对研究对象背景的"无关扫视"，识别问题所在，并赋予问题一定的意义，然后对问题及其意义做进一步诊断，并用最佳的方式来表述这一问题，最后形成和选择备选方案；第二种方法称为"准实践的艺术"，它是"实践艺术"的延伸，它不是针对个别的、孤立的情境，而是针对由相互联系、多样的个别情境所组成的准实践情境，准实践艺术主要是强调问题区分时的灵活性和问题表达时的流动性；第三种方法称为"折中的艺术"，是指对各种理论进行折中、调和，有选择地将理论运用于具体教育情境，从而实现理论的实践价值。

施瓦布的课程审议具有三方面特征：1. 形成和选择各种可能的备选课程问题解决方案，是课程审议的首要特征。2. 课程审议遵循的是实践的逻辑，从发现课程问题到解决课程问题的过程，课程审议都运用实践的语言，依靠实践的智慧，进行实践的判断，最后得出行动的实践结论。3. 课程审议具有集体教育的特征。施瓦布强调，通过审议形成一个学校共同体，所以课程审议是一种集体审议，它要求有多方代表参加，尤其是要有那些将受课程决策后果影响的人参加。集体参与不仅是做出合理行动决策所必需的，而且是参与者彼此互动、相互启发的教育过程。

课程审议其实就是课程参与者不断对话与交流、在课程决策和课程行动方面最终达成共识的过程。这一过程体现了"实践性课程开发"的民主精神，体现了实践性的价值追求。

（四）实践性课程的研究方法——行动研究

行动研究是指由社会情境（包括教育情境）的参与者为提高对所从事的社会或教育实践、该实践活动及其依赖的背景的理性认识而从事的自我反思性研究。施瓦布认为，行动研究的方法能够有效地解决课程理论与实践之间的问题。教师主动参与行动研究能够提高教师学术研究水平，使教师熟练地运用专业知识、掌握新课程结构、发现新的教学方法，从而更好地实施课程。

同时，反思在行动研究过程中具有十分重要的作用，是行动研究的关键所在。在行动研究中，实践者就是研究者，二者是直接同一的；实践过程就是研究过程，实际问题的解决过程与研究过程也是合二为一的。行动研究完美地将理论与实践相结合，将课程研究者与课程实施者相统一，将问题的研究与问题的解决相统一，为实践性课程提供了良好的方法理论基础。可以说，行动研究的理念在实践模式中得到了充分的体现，实践模式是以行动研究为方法论的，树立了课程行动研究的典范，并为其确立了理论基础。

二、"学校课程"的概念与解读

众所周知，"课程"是现代教育学中的一个非常重要的基本概念，然而要给"课程"下一个公认定义，却并不容易。综观课程概念发展简史，可以明确地看到，随着社会发展，对哲学观、教育观（思想）、儿童观、学习观的理解不同，对"课程概念"的理解也不同。在课程理论界，存在各种各样的课程观，而且"随着课程领域的不断扩张而逐渐扩展"①。或强调内容与经验，或注重组织过程，或着眼于课目、时间安排等。关于"课程"的真正含义，无论是在我国，还是在外国的课程理论研究中，都没有达成共识，日益多样化的理解促进了课程本质的拓展与丰富。

（一）国外学者的"课程"观

在国外，"课程"的界定是多样的。

Lewy·A. 主编的《国际课程百科全书》列出了七种对"课程"的典型定

---

① 威廉姆·F. 派纳，等. 理解课程：历史与当代课程话语研究导论［M］. 教育科学出版社，2003：25.

义，即课程是学校为了训练团体中儿童和青年思维及行动方式而组织的一系列可能的经验（Smith, et al. , 1957）；课程是在学校指导下学习者所获得的所有经验（Foshay, 1969）；课程是为了使学生取得毕业资格、获取证书及进入职业领域，学校应提供给学生的教学内容及特定材料的总体计划（Good, 1959）；课程是一种方法论的探究（Westbury &Steimer, 1971）；课程是学校生活和计划——一种有指导的生活事业，课程成为构成人类生活能动活动的长河（Rugg, 1947）；课程是一种学习计划（Taba, 1962）；课程是学校指导下，为了是学习者在个人的，社会的能力方面获得不断的、有意识的发展，通过对知识和经验的系统改造而形成的有计划和有指导的学习经验及预期的学习结果（Tanner, 1975）。① 胡森（Husen）等人主编的《国际教育百科全书》也曾经列举过九种课程定义，与 Lewy · A. 的列举的也有重复的地方，这里不再赘述。

美国课程概念专家，菲利普·W. 杰克逊（Philp · W. Jackson）在总结了 20 世纪下半叶有特点的课程定义，本文有选择的摘录三种："课程是儿童在教师的指导下所获得的所有经验（Caswell&Campbell, 1935）；"课程包括学校所提供的所有学习机会"；"课程是一种规划或计划，指向于学校的指导下所际遇的所有经验"（Oliva, 1982）。

杜威也认为，课程必须沟通儿童与经验。② 克鲁格把课程称为"学校为给学生提供称心如意的学习经验的机会所使用的一切手段。"③ 多尔认为，"课程已从学程的内容、科目及学程表，变为在学校领导或指导下给学习者提供的一切经验。"④ 佐藤学指出，"课程重新界定为'学习经验之履历'的课题。"博比特指出，"课程及教育性经验"⑤，并把"课程"的界定扩展到包括"校外"等广阔的经验。另外，还有一些专家指出，"由学校计划和指导的发生在个人或集体、校内或校外的一切学习活动"；"学生在学校提供的教育条件下所接受的整

---

① Lewy · A. The International Ency clopedia of Curricu – lum ［M］. 1991 Oxford：Pergamum Press 15.

② Dewey · J. The Child and the Curriculum ［M］. 1902 Chica – go：Uniwersity of Chicago Press 11.

③ Krug · E. A. Administering CURRICULUM Planning ［M］. 1956 Nen York：Harper and Brothers 4.

④ Doll · R. C. Curriculum Improwemenl：DecisiorrMsking and Process ［M］. 1964 Boston：Allyn and Baoon 15.

⑤ 佐藤学. 学习的快乐——走向对话 ［M］. 教育科学出版社，2004：13.

体经验"。①

（二）国内学者的"课程"观

在国内，有研究者指出，课程是学校教学内容及其进程安排的计划。如，早在20世纪30年代，朱智贤认为，"学校的课程，是使受教育者在学校里规定的期限内，循序得到各种应得的智识和训练，以求达到一种圆满生活的精密计划。"② 华中师范大学廖泽勋认为，"课程是由一定育人目标、基本文化成果及学习活动方式组成的用以指导学校育人规划和引导学生认识世界、了解自己、提高自己的媒体。"③ 西南师范大学李臣之认为，"课程是指导学生获得全部教育性经验的计划。"④ 华北师范大学郝德永提出，"课程的本质内涵是指在学校教育环境中，旨在使学生获得的、促进其迁移的、进而促使学生全面发展的、具有教育性的经验的计划。"⑤

深受苏联教育学影响，20世纪50年代开始，我国长期把课程看作与学科等同或学科的总和。上海师范大学《教育学》认为，学生学习的全部学科称为课程。《教育大辞典》中指出，课程是为实现学校教育目标而选择的教育内容的总和。《中国大百科全书》（教育卷）中指出，广义的课程指所有学科（教育科目）的总和，狭义的课程指一门学科。《辞海》中对课程的解释意思也差不多。课程是指课业的进程，包括进修学业的科目和程序。⑥

对于"课程"的观点，甚为多样，各有歧见。因此，有的学者放弃了对课程精确的定义追寻，开始研究各种课程定义的背景和内涵。例如，华东师范大学施良方归纳了六种类型的课程观点，课程即教学科目；课程即有计划的教学活动；课程即预期的学习结果；课程即学习经验；课程即社会文化的再生产；课程即社会改造。⑦ 山东省教育厅巡视员张志勇在《中小学课程建设的哲学思

---

① 胡乐乐、肖川．再论课程定义与内涵：从词源考古到现代释义 ［J］．教育学报，2009（2）．

② 朱智贤．小学课程研究 ［M］．上海商务印书馆，1931：2.

③ 廖泽勋．课程学 ［M］．华中师范大学出版社，1991：28.

④ 李臣之．试论活动课程的本质 ［J］．课程·教材·教法，1995（12）．

⑤ 郝德永．关于课程本质内涵的探讨 ［J］．课程·教材·教法，1997（8）．

⑥ 胡乐乐、肖川．再论课程定义与内涵：从词源考古到现代释义 ［J］．教育学报，2009（2）．

⑦ 施良方．课程理论——课程是基础、原理与问题 ［M］．人民教育出版社，1996：2 - 10.

考》一文中指出，课程有以下四个属性：价值属性，即任何课程都是为实现特定的教育价值而设计的。我国基础教育长期追求基本知识和基本技能；20世纪初，开始主张"三维目标"；现在，正推进到第三个阶段，培育学生的核心素养。知识属性，即任何课程都以知识为载体来展开教育过程，这里的知识，包括间接知识和直接知识，间接知识是书本知识，直接知识是通过自身实践得到的体验和感知。活动属性，任何课程的实施，其外在形态，都以师生活动的形式进行呈现，这构成了师生教育生活的主要方式。条件属性，即任何课程都会在特定的时间、空间和条件下实施，时间、空间和条件，构成了课程实施的物理环境。①

（三）本书理解的课程本质观

如前所述，在国内外，比较有影响和有代表性的观点归纳起来主要有三种不同看法："课程是知识，课程是经验，课程是活动。"② 丛立新在《课程论问题》一书中梳理了这样的观念，本书非常赞同这种观点。

"课程是知识"的观点，有利于课程内容的系统化选择及组织，但容易割裂知识的联系和忽视变化的经验，特别是容易忽视学习者的个别性，容易导致"见物不见人"的倾向。我们理解的"课程是知识"，要避免过于强调课程本身的严密、完整、系统、权威，忽略学习者的实际学习体验和学习过程；突出科学知识的地位，也要注意知识的学习不要架空学生的发展；强调知识，同时不能轻视实践。

"课程是经验"的观点，明确了学习者与课程的关系，突出了学习者在课程中不可缺少的地位，有利于解决"教育中无儿童"的问题。扩大了课程内容的范围，将课程由"静态"变为"动态"，从把课程理解为静态的知识、内容、结构化系统化的知识经验，到把课程理解为动态的活动或学习过程。考虑到学习者的兴趣、需要。课程是教育过程的本身，课程是连续的经验累积和改造过程，指向学习者有益经验的获得与身心健全发展。

"课程是活动"的观点，用活动解释课程，有利于改变教育者的视角，促使他们同时注意问题的两个方面：学习对象（教学内容）和学习主体（学生）。活动自身是一种存在方式，教师看得见，也比较容易把握和控制。活动具有双

---

① 张志勇. 中小学课程建设的哲学思考.
② 丛立新. 课程论问题［M］. 科学教育出版社，2009：77.

重转换性，外在的客观对象和活动方式通过主体活动内化为主观经验，主体的主观经验也可以"外化"为态度、动作方式、技能等。活动一词能反映学生学习的本质和特点。

我们要强调"课程是知识"，要强调"课程是活动"，更要强调"课程是经验"。虽然每一门课程作为是知识、经验、活动的重心有所侧重，但我们认为，在这三种课程观中，"课程是经验"的观点相对于"课程是知识，课程是活动"更有优越，能比较深刻和清楚地解释课程的本质和存在，特别是对于今天的中国基础教育而言，在课程的改革实践和健康发展上更能代表和体现方向性，更富于指导价值。"经验"从词的语义分析，在中文里有三层意思，第一，经历，亲身体验的过程；第二，泛指由实践得来的知识或技能；第三，哲学名词，通常指感觉经验，即感性认识。在英文里的意思，主要区别在于名词和动词的不同，形式是一样的。第一，名词：经验、体验、经历、阅历；动词：经历、体验、感觉、遭受。作为名词与动词复合使用，有两层含义：一是课程内容是经验；二是课程要让学习者亲身去经验。"课程是经验"的观点，使课程的物性减弱，人性增强；从强调学习对象到强调学习过程和学习者，即由重物转变为重人；在重人方面，又由强调"教育者"转向强调学习者。课程不仅包括理性内容，也包括情意、动机、态度等非理性内容。培育学生，既要采取强迫性、主观性措施，也要采用隐喻式、潜在性方式，利用教育环境感染熏陶学生。

（四）"学校课程"的理解

"学校课程"，不是"学校的课程"。山东省教育厅巡视员张志勇在《中小学课程建设的哲学思考》中指出，就学校课程建设与管理来讲，在学校这个统一的"场域"之下，国家课程、地方课程与校本课程，是基于学校共同育人目标之下的学校课程，三者之间是一种整合关系①。这里的"整合关系"具有以下要义：一是"在学校课程体系里，国家课程、地方课程和校本课程之间是一种包含关系，不是并列关系。"② 国家课程（指国家课程方案、国家课程标准）包含地方课程和校本课程。二是"在学校课程体系里，国家课程、地方课程，都必须转化为校本化的学校课程。"③ 国家课程、地方课程，与本校开发的校本课

① 张志勇. 中小学课程建设的哲学思考.
② 张志勇. 中小学课程建设的哲学思考.
③ 张志勇. 中小学课程建设的哲学思考.

程一样，已成为学校课程的组成部分。它们之间，已经以国家课程领域为基本逻辑，整合为统一的学校课程体系。三是"在学校课程体系里，国家课程与地方课程、校本课程，构成了目的和手段的关系。"① 地方课程和校本课程是为了更好实现国家课程目标而开发的课程形态。

基于上述认识，我们理解的"学校课程"，就是根据课程开发主体的不同，有国家、地方和校本三级课程，基于学校共同育人目标之下，在学校的一体化的具体实施，形成具有本校特色的、适合本校学生发展的课程体系。学校课程，不是绕开国家课程、地方课程去建设校本课程，而是整合国家课程（校本化）、地方课程（校本化），建设符合学校实际的学校课程体系。即三级课程管理体系落实到学校，要满足于本校学生个性化培养目标的课程体系建设。学校课程建设：以学校个性化培养目标为引领，校本化实施国家课程，创造性开发校本课程，不断丰富学校的课程形态，满足学生学习方式丰富的需要。例如，清潭小学的语文课程，实验小学的数学课程，花园二小的体育课程等，就变成带有鲜明的校本的学校本身特色的课程。

学校课程是整个学校教育的核心和依托，必须用学校课程整合国家课程、地方课程和校本课程。或者说，学校课程包括国家课程（校本化）、地方课程（校本化），要有国家课程、地方课程、校本课程统筹、整合实施的学校课程观。"每个学校在学校教育目标统率下，在党的教育方针指引下，在全面贯彻国家课程方案的前提下，依据国家课程领域进行分类，整合国家课程、地方课程和校本课程，打破三者的界限，形成完整的学校课程体系。"② 张志勇巡视员的观点，我们非常赞成。国家课程校本化是学校课程建设的核心任务，不触动国家课程的改革不是真正的课程改革。抛开国家课程、地方课程，一味强调校本课程建设是片面的，我们要高质量的达成国家课程目标，保证国家课程高质量实施与体现，具体包括课程目标构建的高质量、课程实施的高质量，课程评价的高质量，真正指向于学生核心素养的培养，实现学校的培养目标。每个学校要规划学校课程的目标、内容、实施方式等。

"学校课程"必须关注学生的经历。如前所述，本书赞同丛立新关于课程本质的三种不同看法：课程是知识，课程是经验，课程是活动。所以我们的"学

---

① 张志勇. 中小学课程建设的哲学思考.
② 张志勇. 中小学课程建设的哲学思考.

校课程"必须要经历，在一定时间段里是师生共同创造的一段生命历程。学校课程建设核心，首先是校本化的实施国家课程。基于校本，样本不同，各自学校做各自学校的课程。其次是创造性地开发校本课程。一至二门，基于学校培养目标开发的，每个孩子都要实施的，每个年级都要分段实施的，校本课程要有目标、内容、课时。不同于编一本教材，主要关注学生体验，如何架构，怎么实施，为什么开发，学生学到些什么？师资架构怎么样的？学生有什么体验，有什么经验，有什么成长？再次是课程化实施德育活动。需要有课程化实施方案，如将春游秋游、雏鹰勋章、六一活动、成长礼等纳入课程体系中考虑，前期做哪些准备？活动中有哪些整合？活动后有哪些评价？全部可以纳入学校课程里面，学校课程包括学生在校的所有活动。最后还要丰富学生的选修类活动课程。如二胡、舞蹈等。

学校课程建设需要顶层设计，学校课程建设的主体不是校长，而是老师、学生、家长、社会人士等，基于学校个体开展的自下而上的个性化的行动研究。每个学校基于自身的基础，包括文化传统、师资生源等方面，通过行动研究寻找适合自己的课程建设的路径，然后在此基础上概括出一般的课程建设的策略。

三、"学校课程"的研制原则与价值定位

"课程，是学校最重要的产品，是学校一切工作最终的物化体现，是一所学校师生能力与水平最有力的证物，是学校的核心竞争力。"清华附小《"十二五"规划办学行动纲领》中的这句话，诠释了学校课程对于学校主动发展的重要意义。

前文已重点解读了学校课程的概念与内涵，那么，不同的学校应该为学生提供什么样的课程呢？学校课程又应该如何进行设计呢？在钟楼区课程建设的过程中，遵循了以下几个原则：

（一）目标先行

学校课程是在国家教育方针和学生成长需求的基础上，来确定学校的发展目标的，如果没有学校的总体发展目标，就没有学生的具体培养目标，也就没有课程的目标。然后才有课程的内容、实施与评价。也就是说，目标在学校课程建设（学校课程的总体架构）方面，是起着"引路人"的作用的。

如常州市实验小学的《"林—树"式学校课程建设纲要》中，首先分析了

学校办学的已有经验和问题不足，然后基于"分享"的办学理念，确定学校课程的育人目标"培养有智慧、会分享的实小人"。

常州市实验小学以一棵"成长树"架构了育人的目标。在这棵"成长树"里表达的想法是：学生的核心素养是有结构的——人格打底，学力护航，素养为本。每个儿童要成长为这样的"树"——以"分享品行、社会责任、家国情怀"之人格为"根"，以"主动参与、合作分享、创新实践、自主发展"之学力模型为"干"，努力具有"树"的品性：扎根、吸纳、向上、舒展，显示素养特质，成为基础扎实、乐于分享、阳光健康、自信大气的人。

基于实小的百年办学史，基于新时代对百年老校的责任呼唤，实小架构了"林—树"式学校课程的体系："乔木林课程""灌木丛课程""草本园课程"，这三类课程是基于学校的办学理念、办学目标提出的，具有上位的指导意义。

当前，有一些学校也试图建设学校的总体课程，但如果没有"目标"的引领，架设得再完美的课程，也是空中楼阁。而厘清了学校的办学目标，课程的框架无论怎么搭建，都是有效的。

让办学目标走在课程建设之前，是在不断地促进学校认真思考：我办学的积淀在哪里？过去取得了哪些成绩？面向未来，我们的生长点又在哪里？结合国家提出的中国学生发展核心素养，学校应该建设怎么样的课程？只有这样，我们的课程建设才能走得更稳健，更有前瞻性。

在学校课程建设过程中，把目标都理清楚了，再来进行学校课程的总体规划，再进行学科课程的规划，这是一条必需的路径。当然，有的学校不具备"高屋建瓴"的思想认识，也缺乏相应专家对课程建设的引领，不妨从学科建设、项目建设的角度入手，先进行学科课程、校本课程的规划建设，然后再来整合整个学校的课程。

（二）整合意识

课程是什么？目前在学术界还没有完整的定义。中国教育科学研究院基教所所长陈如平在综合了国内外的诸多概念，认为："课程是学生学校生活全部内容的总和"。从这个表达上来看，课程不等同于学生手里拿到的课程表，还包括学生的许多活动，因此，它需要整体规划。

1. 学科与活动的整合

课程从不同的角度来划分，名称很多。从管理体制上来分，有国家课程、地方课程和校本课程；从课程形态上来分，有学科课程、活动课程、实践课程、社团课程、环境课程；从课程功能角度来分，有基础性课程、拓展性课程、选择性课程、综合性课程；从学习方式上来看，有必修课程、选修课程；从表现形式上来看，还有显性课程和隐性课程……因此，学校给每个班级排定的课程表，只是学校课程的一部分（更多地指向于学科课程），而学生成长必不可少的各种活动，却要占用学生的课余时间。

所以，学校在架构课程时，不能只考虑到学科教学的问题，更多地需要把大量的德育活动也作为学校课程进行架构。这样，德育活动（包括其他领域的活动）就需要课程化，而不是临时想起一个活动，搞一搞，结束后就没声音了。

以常州实小的"林—树"课程为例，学校把传统的体育节、分享节、军训课程、银杏课程等活动和校本必修课程，都冠以"给学生100种经历"的名称，成为"林—树"式课程中的"灌木丛课程"的重要组成部分，在学校办学总体目标的指引下，落实到六个年级的12个学期之中，分配学习的课时，让它们都成为校园生活的一部分，既不加重师生负担，又让成长更有意义与价值。

具备了将学科课程与德育活动相整合的意识，学校课程的建设将会事半功倍——以往的学校管理中，分教学条线、德育条线、后勤条线等多个部门，每个部门都需要通过开展一些活动来刷自己的"存在感"，而众多的活动，最后都落到了班主任与学生头上，这也是造成教师职业倦怠、学生课业负担过重的一个原因。将两方面的内容整合成学校课程，老师（重点是班主任，也包括任课教师）、学生、家长都可以在开学之初就有条不紊地计划着各项工作，并且拉长活动的过程，使育人效果最大化。

2. 主题引领下的跨学科整合

因为学校课程的根本目标是促进人的发展，所以对于我国以学科课程为主的教学模式，也有许多批判之声。学校课程仍然应该以学科课程为主，但跨学科的主题课程，也必将成为课改的发展趋势。

跨学科的主题课程是一种整合，它以一个个值得合作探究的主题为切入口，引导学生用学科学习中学到的知识来发现问题、分析问题、解决问题，它具有开放性和综合性的特点。一般来讲，一个主题内容可能涉及语文、数学、科学、社会、艺术等多个领域，它培养的是学生运用知识解决问题的能力，需要多学科老师的协同作战。

　　跨学科的主题课程可以根据时令、地域、学科、教师、学生等多方面进行选择。为了让暑假和新学期更顺畅地衔接起来，钟楼区绝大多数学校都会在秋、春两个学期开设"期初课程"（也称开学课程）。不同学校，不同年级，甚至不同的班级，也会有极具创意的课程设计。一般情况下，秋学期开学的主题课程以假期与学习生活衔接为主，春学期的主题课程以"过年""迎春"为主。

2017年秋学期觅渡教育集团（觅渡校区）开学课程：

年级	课程主题
四	亲近新校园
五	读万卷书，行万里路
六	新学期，新目标，新挑战

2018年春学期怀德教育集团开学课程：

年级	课程主题
一	［综合实践］欣赏元宵花灯，体现核心素养
二	［美术］自制卡通灯谜，感受非凡创意
三	［数学］探寻花灯奥秘，开启数学之旅
四	［科学］学中做做中学，主动探索成长
五	［故事］讲述元宵故事，传承经典文化

　　开学课程之后，是期中课程。期中课程是集中用上一两天（甚至一两周、一两个月）的时间，围绕一个主题开展探究实践活动。

2016年秋学期清潭验实验小学期中主题课程：

年级	课程主题
一	爱在金秋
二	我是小英雄
三	我是小小科学家
四	亲近自然
五	一滴水的价值
六	民俗文化研究

　　跨学科的主题课程，是用综合实践的方式来实施的，它也可以成为校本的

综合实践课程的主题。

跨学科的主题课程，在相对集中的时间，以活动的形式开展，尝试着运用学科中所学的知识来解决问题，更加注意锻炼学生的能力，这样的课程符合时代的需求，为培养适应社会发展的人奠定基础，因此，它将会成为一种更受学生喜爱的学习方式。

3. 学科与生活的整合

高质量校本化实施国家课程，是学校课程的重要任务。在各学科国家课程标准下编印的教科书，是实施国家课程的主要载体，但不是全部。《义务教育语文课程标准》中就讲到"创造性地使用教材；积极开发、合理利用课程资源，努力探索网络环境下新的教学方式。"《数学课程标准》中也讲到"在义务教育的数学课程中，许多内容都可以在学生的生活实际中找到背景，从他们身边熟悉的、有趣的事物中选取学习素材，容易激发他们学习数学的兴趣……"其实，各门学科课程的学习，均应以教科书为参考，但不唯教科书，这就意味着学科课程需要校本化（甚至师本化、班本化）地实施，才能更为高效。

如西新桥小学的"幸福语文课程"，就基于教材，打通课与课之间、打通单元与单元之间、打通多版本教材，进行增删调补，教材重组。同时还进行跨学科整合，提炼语文学科与其他学科连接的"触点"（主题），在跨界学习中实现语文知识和能力的实际运用。

人与自我		人与自然		人与社会	
年级	主题	年级	主题	年级	主题
一	做勤劳智慧的好孩子	二	我爱小动物	一	我爱我家
五	做山一样的男人	三	美丽中国行	二	节日串串烧
六	学会选择	四	动物大爱	三	我们爱科学
				四	探访苏东坡
				五	峥嵘岁月（长征）
				六	祖国在我心中

再如钟楼实小的"乡土美术课程"，基于国家教材，把常州本土的美术元素引入学校的美术课程，一方面唤起了学生对家乡热爱的情感，另一方面，它又为学习提供了更多的资源与帮助。

年级	主题	活动内容
一	服饰美食	美食名片设计、美食制作、新花布新花衣
	民俗玩具	民间玩具、陀螺、风车、书签
二	吉祥图案	小挂件、青花盘、红包袋、民族服饰、邮票、玉石文化
	花博园艺	花儿朵朵、树上树下、会变的花树叶、各式各样的椅子
三	老手工艺	图形印章、皮影戏、剪纸、盘扣、风筝、彩灯
	快乐卡通	我设计的动漫形象、动起来动起来、校园吉祥物
四	古巷探秘	门窗墙、老房子、我造的小房子、瓦当、宫梳名篦
	童谣记忆	经典儿歌、童谣传唱、端午赛龙舟、年画娃娃
五	风土人情	风景如画、雕萝卜、丝绸印染、常州梳篦、画脸、看戏
	运河新貌	家乡的桥、桥上桥下、船载江南
六	家乡新貌	现代建筑、菜场、画人物、美丽的园林
	民间戏曲	偶戏、玩偶、戏曲头饰

钟楼区各校的学科课程建设，均或多或少地加入了校本化的内容，再如泰村实验学校，在体育课程中加入了太极拳内容；东方小学的信息技术课程在国定基础上加入了"算法思维""抽象""分解""评估与概括"等自主研发的内容；邹区实验小学的品德课程与公民教育实践活动相结合，为品德的晓理与导行注入了新的内容；西新桥小学的音乐课程分成了"大""中""小"三种样式……

在学校课程建设的过程中，高质量校本化地实施国家课程，应该是重中之重，课程的建设者必须以"国家课程标准"为规范，摒弃"教材即课程"的陈旧观念，创造性地利用地方的（学校的）各种资源，为课程的实施搭建更广阔的舞台。

（三）丰富多样

因为依据不同的标准，课程的分类不同，不同学校、不同学科在课程实施的方式上也不一样，所以学校课程的样态也应该是丰富多样的。

单调的刺激容易让人昏昏欲睡，唯有多样的形式才能吸引人的兴趣，所以人类在拥有知识的同时也需要有文学和艺术，课程实施的形态更是如此。

1. 授课方式的多样性

目前，我国绝大多数学校使用的学习方式，仍然是班级授课制。班级授课制将学生视为工厂里机器上的素材，经过一道道工序的加工，最终形成产品，它忽视了个体在学习过程中的能动性和差异性。长期待在一个班级里，会产生审美疲劳，提不起学习的兴趣。所以，在学校课程建设和实施的过程中，可以采用"走班制"。怀德教育集团体育课程建设迈出了坚实的步伐：学校体育组老师们以自己的兴趣和专长为出发点，共开设了 16 个体育活动项目（田径、篮球、排球、足球、乒乓球、曲棍球、网球、基本体操、瑜伽、技巧、武术、跆拳道、民族传统体育、韵律操等），学生根据自己的爱好选择体育项目开展体育活动。4—6 年级，采用年级走班选修课，一学期有重新选择的机会。通过选课来强化学生的专项技能水平，为学生的体育爱好提供快速通道。

2. 面向群体的多样性

除了必修课程以外，有的选修课程是为了适应不同学生的发展需求而开设的，所以在实施形式上，可以分为面向全体的、面向群体的、面向个人的三种。

以花园二小的棒垒球校本课程为例，作为学校的一项特色项目，它需要有基础，因此，花园二小首先在三年级开设棒垒球的校本课程，开展"我爱棒垒球"活动周，进行班与班之间的比赛。经过几年的艰苦探索后，全校所有年级都在开设棒垒球校本课程。这是面向全体学生的课程。基于鼓励学生挑战自我，又为有特长的学生创设展示平台，参加各类比赛活动，学校还成立了棒垒球精英队，这是面向少数群体的课程。无论是在班级授课制学习的环境中，还是在精英队训练的过程中，总会有"吃不饱"和"吃不到"的现象，这就需要老师和教练进行个别辅导，这是面向个人的课程。

当然，各校开设的丰富多样的选修课程，也是面向不同层次学生的不同发展需求而做出的发展性课程。

3. 师资选择的多样性

师资的选择上，应该是丰富的。虽然大家都知道用专业的人来做专业的事最好，但在学校课程建设与开发的过程中，师资的缺乏是长期存在的现象，尤其是小学科和校本课程。

解决师资的问题，一是"兼"，通过各种培训，使原本不从事这门课程教学的老师来担任这些工作。如花园二小的教导主任章丽卫老师，是一位语文老师，经过培训，也担任了三年级的棒垒球教学工作。

二是"请"，学校周围的社区、学生家长都是课程资源。勤业小学要开设民俗文化课程，老师们不具备如此多的专业能力，怎么办？可以发挥家长的资源

——×××的爸爸来了，和"剪纸社团"的孩子们一起玩转剪纸；滑稽剧团的洪老师来了，和"常州曲艺"社的孩子们一起玩转常州方言……

三是"聘"，尤其是在当前特色项目建设和体育课程建设的大背景下，既需要解决校内体育教师师资严重不足的问题，又需要给学生们提供更多的体育项目，众多学校聘请了具有国家教练员资格的体育人，为本校的学生开设校本课程。

4. 实施时间的多样性

实施方式上，也应该是丰富的。学校课程是学生在学校生活的全部，有学生"吃不饱"，这个问题容易解决，可以让他们看看书，学习一些更多的知识。那如果有学生学习感觉到吃力，同样的内容，他们需要学习两遍及以上，怎么办？

因此，在课程实施的方式上，不局限于课堂教学，还可以加入现代技术，如清潭实验小学数学学科组制作了大量的微视频，发布在网上（清韵网课），供学生提前预习和课后复习使用。这样，学生不仅可以在课堂中学，也可以在家中学。今后，网课的形式与内容会越来越丰富多样。

5. 学习空间的多样性

自孔子时代开始，中国就一直有"寓教于乐"的教学传统，孔子本人就带着学生在泗水河畔论水，论志向，论人生……然而，自义务教育普及以来，把教室作为学习的唯一空间似乎成了老师们的"共识"。

课程建设不仅需要增删课程的内容，更需要创设多样的学习时空。让每一面墙都开口说话，是课程建设的重要理念。常州实小平冈校区为更好地落实综合实践课程建设的要求，在校园里建设了民俗区、消防体验区、古代文化区等多个供学生实践体验的场所；花园小学为科学课程的有效实施，打造了"家政中心""建筑中心""交通中心""能源中心"等四大中心；觅渡桥小学为让外语学习更有效，在钟楼教育网上建设了英语绘本资源库……

（四）校本特色

学校课程是基于国家的总体育人目标、学生的发展需求和学校发展的历史现状而制订的课程产品，因而它不可避免地带有校本化的特点。

不同学校的发展历史有长短。在钟楼区域内，有历时百年的老校，如常州实小、觅渡桥小学、荆川小学等，也有80年代新村建设时办的新村小学，如花园小学、勤业小学、清潭小学等，还有近年来随着城市扩张新建的学校。年代久远的学校在自身的办学历程中，诞生过许多"名人"，如常州实小的史良、觅小的瞿秋白和众多的院士们，盛毓度小学的盛宣怀和盛毓度，这些学校充分根据了名人成长的历程，攫取了他们成长过程的精神力量，开出了一门门独特的校本课程。

无论有没有历史积淀，各校都可以根据自身所处的环境、名称、教师等各种因素，可以为学生的发展提供具有学校印记的课程。如勤业小学依据名字中的"勤"字，开发了"五勤"课程，不仅有学生的"五勤"，老师的"五勤"，甚至还有家长的"五勤"。荆川小学依托常州地方拳种阳湖拳（唐荆川先生用以抗倭），增强学生身体素质，传承荆川尚武精神。新闸中心小学根据常州特产萝卜干（新闸为其主要产地），开发了与萝卜相关的校本课程，让学生在实践活动中传承文化，热爱家乡。清潭实验小学则依据校园和学校附近的荆川公园中的植物资源，开发面向3-6四个年级的"循着节气去旅行"的习作课程。

一般情况下，有学校特色的课程，各校均将其定义为校本课程。事实上并不需要为此专门开发一门校本课程，各学校独特的资源，完全可以融入国家课程的实施中。如西新桥小学的传统项目葫芦丝，一直是该校的拳头产品，这一特色项目没有单独成为一门校本课程，而是加入了音乐课程，从而让艺术课程更加完善。花园二小长期以来一直做绘本课程，花二的老师们发现，绘本作者敏锐的观察力和奇妙的想象力，都是可以为语文课程服务的，于是在绘本阅读课中，就有了听说读写……

校本化地建设学校课程，既是学校、教师们对教育的一种责任，也是教育智慧的集中体现，不忘初心，面向未来，才能实现教育理想。

第二节　区域实施课程建设的实践案例

一、整体性实践案例

从整体区域的角度推进学校课程建设，并不意味着用统一的标准、划一的做法去要求所有的学校和教师。钟楼区在课程建设的实施中，给予区域各校更多的自主权，课程的建构和实施都奉行实践性课程理论，以释放不同学校自身的特点为出发点。区域中各类型的学校都能基于学校的特点找到适合自己学校课程建设的路径，有的学校从整体上架构学校课程，建设整体性的学校课程体系，在所有学科中推进实施课程；有些学校的某个学科别具特色，由单学科的课程建设来带动学校课程的深度变革；而一些规模较小的学校也能从小处着手，由项目转化为课程，然后再引起学校其他课程的变革，创生出学科间交叉的课程。各个学校都能基于学校的特点，在对学校的教师、学生、条件、资源进行透彻分析后，做适合每一所学校各自的课程方案，在架构初步的课程方案后学校充分调动教师课程实施的主动性、积极性、创生性，在实施中不断调整，在调整中不断重建，在扎实的课程实践研究中，呈现了多样化的课程形态，真所谓百花齐放，各具特色。

良好的课程是有逻辑感的课程，学校课程建设可以从整体布局入手，思考、建构完整系统的教育教学内容框架，丰富学校的课程体系。常州市实验小学教育集团是一所历史悠久的百年老校，有着扎实的课题研究基础，学校能基于长期研究分享教育而形成的"人人都是吸纳的树，个个成为分享的源"的学校教育哲学，从整体规划入手，基于学生核心素养发展以统整思维进行整体建构，有逻辑地用整体推进课程架构，以儿童的成长作为课程建构之"魂"，将各课程有机地结合成一个联系紧密的、有逻辑的"育人整体"，架构校本化的育人目标，建设结构化的整体性的学校课程体系，随之各学科再实施推进，丰富学生的学习方式和生活经历，在变革"教""学"方式的过程中让学生成为主动建构者，在课程建设中指向学生核心素养的提升，同时也提升了教师的课程开发、教学变革、学生评价等能力。以下为常州市实验小学教育集团的课程实施方案：

"林—树"式学校课程建设纲要

常州市实验小学教育集团

一、课程背景分析

（一）已有经验

1. 课题引领，形成学校教育哲学。常州市实验小学（以下简称常州实小）研究分享教育近十年。在"十一五"和"十二五"期间分别承担了教育部立项课题《学会分享——一项促进学校主动发展的行动研究》与教育部重点立项课题《基于学校生活变革的小学生分享品行养成研究》，提出了"人人都是吸纳的树，个个成为分享的源"的教育哲学表达。

2. 课程规划，初见学校课程雏形。2008 年，《用分享理念规划学校课程》发表在《中国教育报》上，这是在新课程改革不久学校整体进行课程规划的实验性探索。

3. 扎实研究，基础教育成果显著。《基于分享理念的课堂教学变革》《小学品德课程资源的整合》分别获江苏省首届基础教育教学成果评比一等奖，《综合实践活动的实践与探索》获江苏省基础教育教学成果评比一等奖。扎根课堂的实践与探索，更让我们意识到"综合性、研究性、实践性、活动性"的课程变革对于学生健康成长的重要性与必要性。

4. 语文先行，率先实验初见成效。《语文"林—树课程"的建构》项目获常州市钟楼区优秀项目评审二等奖。作为学校课程整体改革的先行先试项目，语文组的改革创新为学校课程的整体建构、教学的变革创新做出了示范，积累了经验。

（二）问题反思

华东师范大学袁振国教授提出：中小学教育需要一场结构性的变革。课改以来，常州实小在学校变革方面迈出了坚实的一步，但仍然存在以下问题：1. 育人方面的目标指向不够清晰，与学校教育哲学的匹配度不高。2. 学校层面的研究呈散点式，课程建设缺乏结构化、系统化。3. 学生的学习方式与学业评价方式不够多元。4. 教师方面只见"树木"不见"森林"，课程视野较窄，统整意识不强。简言之，学校课程与教学变革缺乏系统性、结构化。因此，建设属于自己的"学校课程"、结构性地变革学校生活，达成学校全面和谐育人目标，成了常州实小人的自觉选择。

二、课程建设目标

（一）课程总目标

1. 通过课程内容的统整，学生的关键知识、关键能力的习得将更加聚焦，并且能够有更多拓展的空间。

2. 通过课程实施策略的创新，学生能主动转变学习方式，拥有更加丰富的生活经历。

3. 通过"林—树"育人生态的建设，实现学校的育人目标。

（二）课程建设目标

1. 架构校本化的育人目标，解决育人目标缺结构的问题，在"林—树"式学校课程实施过程中，充分体现"人建课程、课程树人"的价值追求。

2. 建设结构化的学校课程体系，解决"散点式研究"问题，体现课程整体性、前瞻性。

3. 创建自主性的学习空间，解决学生学习方式不够多元的问题，丰富学生学习方式并引导学生参与建设"林—树"式学校课程，在变革"教""学"方式的过程中让学生成为主动建构者。

4. 培育创新型的教师队伍，解决"只见树木不见森林"的问题，提升教师的课程开发、教学变革、学生评价等能力。

（三）课程育人目标

以"成长树"架构育人目标。（见图1）。

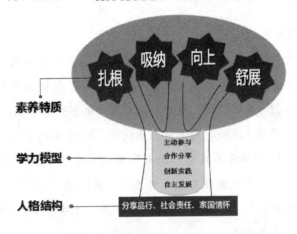

图1

在这棵"成长树"里表达的想法是：学生的核心素养是有结构的——人格打底，学力护航，素养为本。每个儿童要成长为这样的"树"——以"分享品行、社会责任、家国情怀"之人格为"根"，以"主动参与、合作分享、创新实践、自主发展"之学力模型为"干"，努力具有"树"的品性：扎根、吸纳、向上、舒展，显示素养特质，成为基础扎实、乐于分享、阳光健康、自信大气的人。

三、课程建设内容

（一）学校课程建设观

"先见森林再见树木"的"学校课程"观——宏观着眼，微观入手；

"既见森林又见树木"的"学校育人"观——面向全体，关注个别；

"没有两片相同叶子"的"课程评价"观——尊重差异，评价多元。

（二）课程内涵

"林—树"式学校课程是常州实小"学校课程"的统称，简称"林—树课程"。从课程范畴而言，"树"是一门门课程，类别相同或相近的课程组成课程群，"林"是课程群的总和。从生态范畴而言，"林"是"树"的生态基础，"树"是"林"的构成要素，也是"林"的存在价值；从育人范畴而言，在这片"林子"里，"树"与"树"之间既相互独立，又相互联系，它们协同作用，产生"1+1＞2"的整合效应，构成了和谐育人的生态环境。由此可见，"林—树"式学校课程既指向课程结构的完善，又指向"建树造林"即课程实施方式的变革，最终指向和谐育人生态的形成。

（三）课程内容

作为"学校课程"，它不是国家课程、地方课程、校本课程三级管理体制下课程的简单相加，而是以统整思维进行的整体建构。"林—树"式学校课程的内容特点为：体系性、综合性、生长性，基于学生核心素养发展进行建构。

我们尝试师生共建一片"林子"。在这片"林子"里，有"乔木林课程"，有"灌木丛课程"，有"草本园课程"，努力让这片林子呈现高低错落、互生共存的和谐生态（见图2）。

图2

1. 建设"乔木林课程"

课程定位：校本化的国家课程

建设理念：高质量实施国家课程，校本化拓展课程视野

开发内容：以国家课程内的课程群建设方式展开，打破既定的以教材为主的结构。对国定的每门课程在课程标准的指导下，基于学生实际进行校本化的内容统整，分为基础与拓展两个部分。基础部分根据学科关键知识与关键能力进行重新梳理，大致比例为70%—80%。拓展部分的内容变革旨在拓展课程视野，在实践应用中融合学科核心素养，提升学习能力。

课程设置比例：（见图3）

内容设置比例

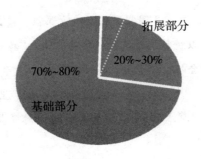

图3

开发主体：教师、学生

开发原则：基础性、拓展性、发展性

建构说明：乔木是高大的树种，根深，干壮、叶茂，是森林生态系统中的主体。"乔木林课程"是课程群，意为校本化实施国家课程必须凸显其主体性、基础性。同时要发挥"林群"的作用，举一反三，适当拓展，满足不同学生的发展需求。因此，"乔木林课程"不仅要使学生习得学科关键知识，发展学科关键能力，更要促进核心素养的整体提升。

2. 建设"灌木丛课程"

课程定位：校本开发的主题综合课程

建设理念：给孩子们100种经历，留下一段温暖的记忆

开发内容：触摸历史、了解社会、亲近自然、学会生存、展示自我等五方面

结构图谱：（见图4）

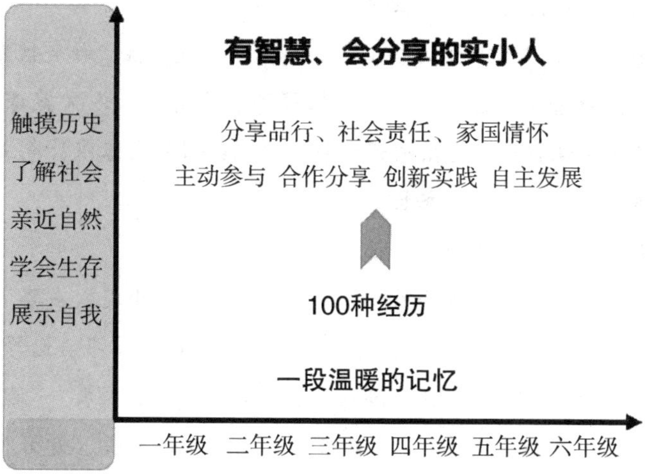

有智慧、会分享的实小人

分享品行、社会责任、家国情怀

主动参与 合作分享 创新实践 自主发展

触摸历史
了解社会
亲近自然
学会生存
展示自我

100种经历

一段温暖的记忆

一年级 二年级 三年级 四年级 五年级 六年级

图4

开发主体：以年级为单位的老师、学生以及家长、专家

开发原则：丰富性、实践性、人文性

开发举例：以"成长系列"为主题，一学期一个，大致为：

一年级：喜欢上学；二年级：亲近自然；三年级：善于发现；四年级：服务社会；五年级：探索历史；六年级：感恩成长。

内容框架：

年级	学期	主题	年级	学期	主题
一年级	上学期	入学课程	四年级	上学期	家政课程
	下学期	入队课程		下学期	公益课程
二年级	上学期	动物课程	五年级	上学期	银杏课程
	下学期	种植课程		下学期	青果课程
三年级	上学期	科学发现课程	六年级	上学期	军训课程
	下学期	十岁成长课程		下学期	毕业课程

建构说明：灌木是没有明显主干、呈丛生状态的树种。"灌木丛课程"多为统整课程，分枝较多，且相互交叉。要给学生100种经历，就是要让学生多向成长、多元发展。这里的"100"是虚指，意为丰富；"经历"则是实指，意为参与，包括参与课程建构、学习、评价等。

3. 建设"草本园课程"

课程定位：项目化自主活动课程

建设理念：促进"不一样的学生"的自主性、选择性、社会性发展

开发内容：分选修与自组织两块。选修课程内容为：人文苑课程群、智慧林课程群、艺体园课程群、生活吧课程群。自组织课程内容以特色工作室为主。

开发主体：学生、教师、家长

开发原则：特色化、选择性、社会化

建构说明：草本植物贴地而长，茎发达，柔软，开小花，多姿多彩。"草本园课程"指向学生的兴趣培养，丰富多彩。通过项目化学习、选修、走班方式给学生以自主选择与组织的机会，满足学生的兴趣、特长发展。"选修"以"快乐星期五"选修、走班方式展开，"自组织"以学生的兴趣、爱好为"群"，自我组建各类社团并开发相应课程。

综上所述，乔木林、灌木丛、草本园共同组成一片森林。这片林子高低错落，各得其所，又相互依存，和谐相处。乔木林课程、灌木丛课程、草本园课程共同组成"林—树"式学校课程这片育人生态林。

"林—树"式学校课程的内容结构（见图5）：

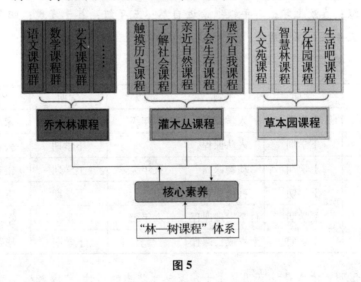

图5

（四）价值立意

陶行知曾说，"人像树木一样，要使他们尽量长上去，不能勉强长得一样高，应当是立脚点求平等，于出头处谋自由。"在这一课程体系中，儿童的成长

是课程建构之"魂"。虽然我们的"林—树"式学校课程分为乔木林课程、灌木丛课程、草本园课程，但在课程实施过程中具有平等的地位。儿童像小树苗一样地生长，起点平等，成长自由。因此，所有课程在"林子"里多向发展，蓬勃生长，滋养着儿童的成长。不同类型的课程既相对独立，又互相有交集，也喻示着课程的实施相互融合、统整，儿童的素养提升互相作用与影响，形成一片育人生态林。

四、课程实施方式

课改以来，常州实小学生初步具备了自主、合作、探究的学习能力，学校也努力创造机会，让学生成为学习的主人。在基于学习主体行为的学习方式变革方面有所作为，如：做中学、玩中学、游中学等。在基于内容的学习方式变革方面，语文学科绘本阅读的亲子共读式学习、主题性学习的合作探究方式等都做出了积极探索。

（一）聚焦学习方式的变革

在互联网、社会化的大背景下，基于技术的学习、基于环境的学习等相对较弱，学生基于数字平台，尤其是基于拓展性学习空间的自主学习没有得到应有的重视。同时，学生的学习方式不够多元。在"林—树"式学校课程实施中，常州实小孩子应有适宜的学习方式。因此，为学生创造更加丰富的学习机会、空间，尝试更多元的学习方式成为建设的主要目标。

常州实小学生学习方式多样化结构图（见图6）：

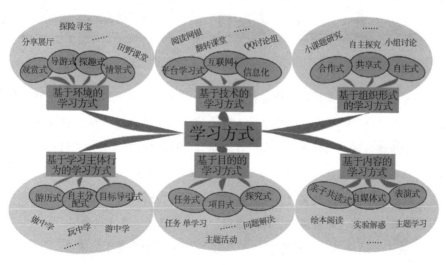

图6

图中有些学习方式已经变革且取得了成效，如基于学习主体行为的学习方式研究较多；有些是近阶段要努力变革的，如基于技术、基于环境、基于组织形式的学习方式等。

"林—树"式学校课程要着力进行如下学习方式的变革：

1. 基于技术的学习方式变革（选择工具）——用"互联网＋"的思维方式

要用"互联网＋"的思维方式让学生的学习实现课前、课中、课后、校内、校外的互联互通，并利用碎片化时间，让学生随时随地学习、交流、反思。在全校已经具备了互联网环境的条件下积极开展数字化学习研究，引导学生学会选择 App，学校也提供相应的学习工具，在数字化平台上进行各科教学实验。

2. 基于环境的学习方式变革（选择土壤）——创建或使用好个性化学习空间

在校园或班级内设置若干空间，如：阅读空间、媒体空间、发现空间、表演空间、艺术空间、探险寻宝空间等，形成尊重儿童个性化学习的学习环境。（见图 7，手绘效果图）。

图 7

要为不同空间配置材料，通过材料来引导学生主动学习。这几个空间将会在某个项目学习中同时存在，但学生进入哪个空间属自主选择，可以填报"我的计划"卡，根据不同空间的要求完成"学习单"。学习以小组合作方式进行，也意味着学生积极参与课程建设。同时利用已有的无线全覆盖的数字化环境、分享展厅、阅览室、实践基地、实验室（比特、数学）、探趣生态园等，让学生在自主参与中开发出小导游课程、布展课程、探险课程、寻宝课程等，真正成为学习主人。

3. 基于目的的学习方式变革（选择任务）——开展项目化学习

要进行项目化学习实验——学生通过做项目，整合自己各个学科的知识和生活经验，并对自己的表现做出评价，同时促进团队协作。这是深度学习的一种表现方式。一般分为四个阶段：（1）项目启动，（2）项目计划，（3）项目执行，（4）项目收尾。项目学习指向学生核心素养的提升，也伴随着学生自主建构课程的过程。一般一个项目结束，学生要能撰写"项目报告书"，也要能清楚地知道并记录下该项目的实施流程。

4. 基于组织形式的学习方式变革（选择同伴）——开展共享式学习

尝试进行共享式学习实验——学生通过建构思维导图、小组合作式学习等方式达到共享知识与能力、信息与资源的效果。组织方式可以是利用自然空间，也可以是虚拟空间，即"网上学习空间"。无论是课堂上还是课余时间，无论是线上还是线下，要努力使学生学有同伴，乐于分享。

（2）聚焦教学方式的变革

借鉴语文、数学课程实施的经验，要从理念、文化、行为三个方面来变革：

"变"理念——拟形成"彼此尊重、互助共进、智慧分享"的课堂理念；

"变"文化——拟形成"全面关注、平等对话、资源共享"的课堂文化；

"变"行为——拟形成教师教学行为策略：耐心倾听、动态捕捉、指导合作、智慧引领；

拟形成学生学习行为策略：愿倾听、敢质疑、善合作、乐表达。

这是教学方式结构图（见图8）：

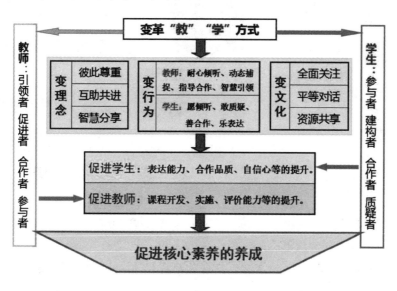

图8

在教学方式变革方面，最重要的任务是：要让全校师生都"动"起来。语文的课型研究有待深入，能够积累大量案例；数学的教学方式创新尚需推广，各科老师都能主动思考、积极变革，促使"教""学"方式发生质的改变。

五、课程评价变革

进行学业评价多元化和综合素质评价结构化的探索。

（一）在学业评价多元化方面，要采取"运用学习分析技术评价"与"学分制评价"两种方式。一是属于数字化学习范畴，二是属于评价机制的创新探索。

（二）在综合素质评价方面，要有四点突破。

进行评价体系的建构：初步建构了评价体系范式（见图9）。

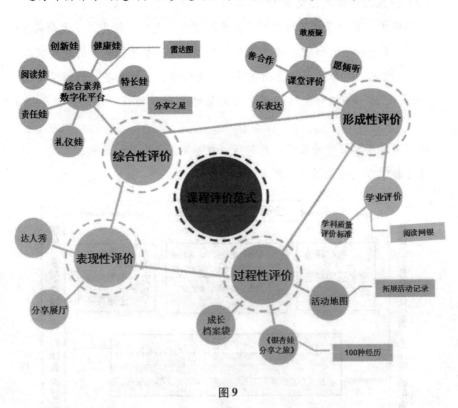

图9

进行表现性评价改革：主要方式为一"静"一"动"。一"静"是指开放"分享展厅"，为学生个人、年级、社团等举行"林—树课程"学习作品、成果展；一"动"是指举行"达人秀"活动，给在"林—树"式学校课程学习中有不同特长的学生进行才艺展示、表演。

进行综合性评价改革：在已有的综合素质评价平台上，更加丰富评价内容，让学生参与到评价体系中来，不断完善评价改革的内容、方式、手段、成效等。

突出形成性评价改革：要基于"互联网＋"，以"阅读网银"为载体，突破"大量阅读如何评价"的问题，既引导学生课外阅读，又能及时反馈，起到激励作用。

六、课程师资培训

常州实小拥有一支较为强大的师资队伍，具有很强的教学能力，课堂教学效率高，质量优。语文教师团队先行先试的实验，为"学校课程"整体推进奠定了基础，在不同课型研究方面给了老师们许多启发，如：启动课、翻转课、拓展课等。同样，数学课程也积极探索，有了"核心问题导探式、数字平台交互式、实践操作体验式、合作任务驱动式"等教学方式的创新。在评价变革方面也做出了许多努力。如：课程评价方面，较早地制订了学科质量评价标准，"依托标准实施学业评价"成为基本方法；在学生综合素质评价方面，已经开发了综合素质评价数字化平台，特别是在过程性评价方面，开展了"一册（银杏娃分享手册）、一图（活动地图）、一袋（成长档案袋)"的评价变革等。

目前最重要的任务是要实现教师"教学观"向"课程观"的转变，提升教师课程视野下的综合能力，包括：课程开发、课程实施、课程评价等。师资培训要多以"任务驱动式"进行，教学变革要突出理念、文化、行为的变革。对学生学业的评价应更多元，综合素质评价要更有体系。

首先是打造核心领导团队。学校成立"林—树"式学校课程开发与统整领导小组，汇聚学校的"校内学术专家"，定期进行理论学习与实战剖析，在"构建——实践——批判——再构建"中提升。

其次是锤炼骨干教师队伍。每个备课组、每个年级组均由学校骨干教师担任组长。学校将不定期举行组长研培会，以实际的案例进行分析、研讨、分享，提升开发与实施课程的能力。

第三是培训广大一线教师。要通过多种方式引导教师思考"我是谁"，找到"角色"定位，即：我是小学教师，承担着整体育人任务。将从教师对实施课程的认知、反省、情意、行为四个方面提高教师的课程实施能力，而其中最有效的方式除了教师养成良好的阅读、思考、实践、反思的职业生活方式外，就是通过改善学校的教研方式来提升教师的能力。要能科学架构校本教研内容，突出课程研发；要丰富校本教研组织形式，突出课程开发小组为主体的课程研发教研活动；要定期进行跨学科经验分享，多举行全校性"林—树"式学校课程经验分享会。

一位好老师，就是一门好课程。加强教师培训，突出课程视野，带来教学方式真正革命的同时，让儿童走到课程中央，成为教育的"中心"。同时，好的老师好比一位好"导游"，要善于把儿童带进"林子"，教会他们看"地图"，却让他们自己走向目的地。这是"教师主导"价值意义的充分体现。

七、课程实施保障

（一）实施措施保障

1. 项目推进做到"点""面"结合。先组织语文组进行一年多的先行先试，在取得较丰硕成果的基础上再全校推广，让此实验项目的推进符合实际，具有实效。

2. 教师培训做到"举一反三"。重点做好骨干教师的培训，牢牢抓住这个"一"，以项目团队的方式全面推开就有了保障。这个"一"包括：备课组长、教研组长、年级组长等核心人物，由此实现"反三"式的引领辐射作用。

3. 课程实施关注"人人""个个"。教师层面强化团队研究，各项方案的实施制订"保底"要求，鼓励创新实践，以评选"课改先进个人（团队）"的方式鼓励人人参与、个个加油；学生层面强调自主参与，积极建构课程，改变评价方式，鼓励学生全面、全程、全员参与学习过程，以评选"分享之星"等方式表彰积极参与者。

（二）实施路径保障

1. 设计好"林—树"式学校课程的实施完善路径，为推进全校性实验改革指明方向。见下图。

2. 每类课程将建立课程资源库。通过大数据平台分析，适时丰富完善课程资源，调整课程实施，实现共建共享。

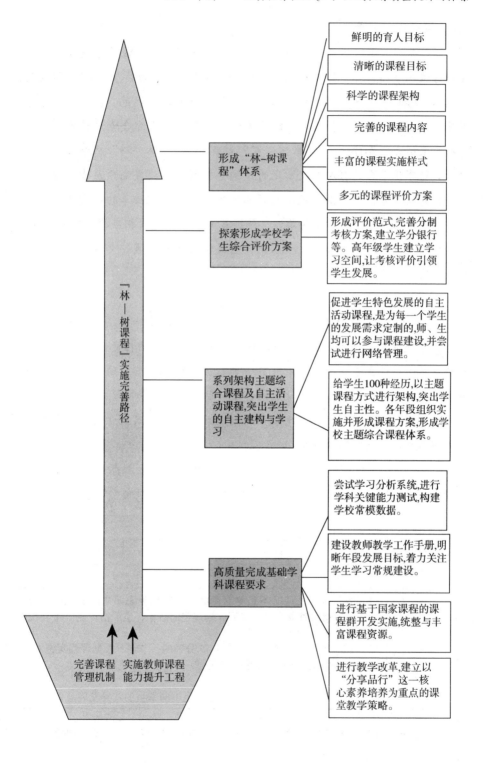

形成"林-树课程"体系
- 鲜明的育人目标
- 清晰的课程目标
- 科学的课程架构
- 完善的课程内容
- 丰富的课程实施样式
- 多元的课程评价方案

探索形成学校学生综合评价方案
形成评价范式,完善分制考核方案,建立学分银行等。高年级学生建立学习空间,让考核评价引领学生发展。

系列架构主题综合课程及自主活动课程,突出学生的自主建构与学习
促进学生特色发展的自主活动课程,是为每一个学生的发展需求定制的,师、生均可以参与课程建设,并尝试进行网络管理。

给学生100种经历,以主题课程方式进行架构,突出学生自主性。各年段组织实施并形成课程方案,形成学校主题综合课程体系。

高质量完成基础学科课程要求
尝试学习分析系统,进行学科关键能力测试,构建学校常模数据。

建设教师教学工作手册,明晰年段发展目标,着力关注学生学习常规建设。

进行基于国家课程的课程群开发实施,统整与丰富课程资源。

进行教学改革,建立以"分享品行"这一核心素养培养为重点的课堂教学策略。

『林—树课程』实施完善路径

完善课程管理机制　实施教师课程能力提升工程

（三）课程评估保障

学校将引入第三方评估。2015 年底，常州市实验小学教育集团与上海思来氏评估机构全面合作，旨在对未来三年实小集团"林—树"式学校课程实施情况把脉、诊断、评估，用大数据的测试分析更加科学、规范、客观地引领学校发展。主要合作项目有：阅读网银升级版、一年级学生综合素质前测评估、一年级期末综合素养评估、"草本园课程"选课平台、"林—树"式学校课程建设平台。数字化平台的引入与校本化的建构也将帮助学校提高顶层设计能力，积累丰富的研究素材，提供更规范的资源保障，确保课程改革的顺利进行。同时也对各类课程是否受到学生的欢迎、是否具有生命力建立相应的课程评估机制，聘请相关专业人士、家长代表、社会贤达及学生代表，通过大数据平台、问卷访谈、实地调研等方式听取对课程实施的建议。

（四）实施机制保障

1. 财力保障。作为省前瞻性实验项目，省里将给予一定经费的保障。除此之外，学校设立专门的资金，确保课程开发过程中必需的物资采购、环境改造、材料准备等，设立专项经费，并用实绩争取区、市级的重点项目经费，来表彰鼓励积极作为者。

2. 时间保障。学校进行课时安排弹性化试点，对于自主开发的主题综合课程的实施予以校内时间的保障。

课程科目	周　　课　　时						留白
	一年级	二年级	三年级	四年级	五年级	六年级	
乔木林课程							
灌木丛课程							
草本园课程							
备注	（1）这里标注的课时不是绝对割裂的，就如生态园之间有融通、交集一样，但总课时数不超过课程计划规定的数量，也严格控制学生在校时间不超过 6 小时。 （2）课时不一定是严格意义上的 40 分钟的一节课，根据课程实施需要，可以实施长短课时，也可以半天或一天为单位进行集中学习，但需报备。 （3）课时设置适当"留白"，考虑满足不同学生的差异发展需要。						

3. 运行保障。"林—树"式学校课程的改革是结构性的。我们将积极争取

上级教育主管部门的大力支持，在课程内容、课时安排、课程评价等方面给予学校改革的自主权。

八、课程成果预期

（一）创新预期

1. 在社会主义核心价值观、立德树人思想的指导下，校本化提出"人建课程、课程树人"的观点并付诸行动，特别提出学生参与课程建设的主张并将形成《学生参与课程建设指南》。在基础教育领域，这是将"社会主义核心价值观""立德树人"思想真正落地的实施行动，具有前瞻性，更具有推广价值。

2. 在学校教育哲学引领下，在课程统整背景下，以"林—树"作喻，直面"只见树木不见森林"的教育问题，形成依据学生素养研制学校课程的架构策略及课程体系，并将形成《"林—树课程"的课程纲要》《学生参与课程建设行动指南》，具有原创性与实践性。

3. 基于社会对人才培养的需求背景，形成"教""学"方式的变革策略，突出"儿童在林中央"的价值，架构学生综合素养培养策略与评价体系，具有校本性与发展性。

（二）成果预期

1. 针对学校课程体系研究，形成《"林—树"式学校课程建设纲要》。

2. 基于学习方式的研究，形成学生的学习方案与典型案例。

3. 基于学生参与课程建构，形成《学生参与课程建设行动指南》。

4. 撰写《"林—树"式学校课程建设的实践研究》一书（暂名）。

"林—树"式学校课程建设是学校整体办学质量提升工程，同时把教育信息化建设融在其中，化在其中。希望"林—树"式学校课程营造的育人生态能够为儿童生动活泼地学习、健康快乐地成长服务，给他们留下一段温暖的记忆、温馨的故事。

二、单学科实践案例

学校课程建设的序曲往往是由一个学科拉开序幕的。学科变革式的学校课程建设是学校对国家颁发的课程标准或教学大纲进行重新诠释，是结合本校学生的需求对国家课程标准、大纲、通用教材进行调整、重组、拓展和延伸，是对国家课程的校本化改造。常州市怀德教育集团作为省级数学课程基地，充分发挥数学学科优势，关注核心素养，围绕育人目标开展主题拓展学习，让课程为学生的成长、成人、成功提供知识和能力准备。

怀德数学课程方案

一、背景分析

常州市怀德苑小学建校时间不长，1999年作为居民小区配套学校应运而生。建校初期为民办性质，2001年，被钟楼区政府接管，改制成为一所公办学校。2013年香江华廷小学成立，两校组成怀德教育集团。

年轻的怀德苑小学建校时正值第八次课程改革初期，各学科课程标准，尤其是《全日制义务教育数学课程标准》给学校带来了极大的冲击，颠覆了既有的传统观念与思维方式。如何在新课程理念指导下，改变师生教与学的方式，提升教师的实践智慧，促进学生主动健康发展？学校数学课程建设势在必行。始于2003年的怀德数学课程建设经历了三个研究发展阶段：数学活动课程的探索与实践、小学数学文化场的构建、"玩数学"教育价值的彰显。每一阶段的研究都产生于对学校教育现状的分析，针对实际教学中的真实问题而展开；每一阶段的研究都立足于前一阶段研究的背景之下，环环相扣，体现循环往复、螺旋上升的趋势。

怀德苑小学创建之初，很多教师都是从全区各个学校抽调过来的。其中有几位教师来自同一所学校，他们在原学校就已经认识到仅将书本上的数学知识传授给学生是远远不够的，因此20世纪90年代就尝试在学科教学之外，利用数学兴趣小组活动的形式给学生开设数学活动课，将数学知识与现实生活紧密联系，同时又利用数学知识解决实际生活中的问题。在尝试探索中，形成了一些比较好的思考与做法。新一轮课程改革启动，全新的教育理念与这些在教改领域先行先试老师的思考不谋而合，更高位、更系统地引领指明了研究发展方向，极大激发了这一批教师研究的积极性，在怀德苑小学开展"数学活动课程"的探索与实践成为必然。2003年至2007年，学校对数学活动课程的实施从制度层面予以了设计与保障，以校本课程的形式，每周一课时安排入课表。课程内容的开发与组织从教师个体的"单打独斗"到备课组的"抱团发展"，逐步形成了以"开发教材相关内容""整合学校重大活动""聚焦时事新闻"为主线的系列数学活动课。经过几年的实践与努力，学校数学活动课程在省内外形成了比较大的反响，一批教师在研究中成长，怀小学生身上独特的数学特质逐步凸显。但是，处于这一阶段的研究实践也存在着一些问题：国定课程与活动课程内容简单叠加、实施呈现"两张皮"的现象；缺乏更高层面的整体架构，实施随意性相对较大；课程评价没有因课程外延的拓展而变得更丰富多元……

对"小学数学活动课程"的研究反思，经历了比较长的一段时间，在自上而下、又自下而上的多循环论证中，学校逐步清晰了进一步研究的方向——构建小学数学文化场。数学文化场的构建，超越了点状的、单一的数学教学研究，站在大课程观的角度，系统架构了学生小学阶段数学学习生活，并致力于评价改革的研究，形成了"三个三"的实施策略：打造三个阵地（数学课堂教学、数学思维体操、数学实践活动），搭建三个平台（数学报、数学节、数学网），进行三项评价改革（能力比武、成长记录、数学报告单）。切实可行的操作策略在校园中形成了特殊的"数学文化场"，置身于场域中的每个人在"有形"与"无形""内隐"与"外显"的不断作用、相互转化下悄然发生着改变，学校也呈现出鲜明的数学文化特色。但依然存在问题：国定课程与校本课程的内容与实施依然整合不足，两者之间没有彻底打通，教学资源相对不足，教师控制依然明显，学习方式有待改进……

在经历前两个阶段尝试探索的基础上，学校于2013年开启第三轮研究，并建构起"玩数学"的课程理念。"玩数学"是儿童立场的集中体现，"玩"的主体是儿童，数学教学要以发展儿童，培养儿童的核心素养为根本任务。启发我们数学课程不仅要培养儿童的数学素养，使儿童具有创新精神和实践能力同样重要。"玩数学"是儿童学习的重要方式，"玩"是方式，要让儿童有足够的时间和空间经历观察、实验、猜测、计算、操作等活动过程。启发我们要让数学学习活动富有综合性、实践性，让学生充分动手实践、自主探索、合作交流。"玩数学"是儿童学习数学的理想样态，"玩"是载体，"玩"的背后是"数学地思考"，是理性精神、创新意识、实践能力等的培养。启发我们不仅仅是把"玩"当成手段，更要彰显儿童内在的游戏精神，让儿童的数学学习呈现出自由、自主、体验、探索、创造的特征。将课程的价值定位于"玩数学"，遵循了普通教育学的一般原理与规律，符合数学学科自身的基本特点，更是基于儿童学习数学的心理学原理与成长规律。为通过"玩数学"价值的彰显，实现小学数学课程的整体转型，特制定本方案。

二、课程目标

怀德学校对数学课程目标有着自己独特的表述，旨在通过怀德数学课程学习，让学生拥有一双能用数学眼光观察事物的眼睛，拥有一个能用数学思想思考问题的大脑，拥有一双能用数学方法尝试实践的巧手。

三个"拥有"蕴含着三个层次的目标。第一层次："动眼、动脑、动手"是指让儿童在数学学习过程充分经历（感受）、体验（体会）、探索，从而在掌握知识技能过程中学会数学思考和问题解决；第二层次："数学眼光、数学思想、数学方法"强调的是学生要获得基本的数学思想方法；第三层次：让儿童拥有探索精神和学习数学的兴趣。

三、课程内容

为弥合国家课程与学校和学生的距离，改变各领域课程内容之间实施不均衡的现状，本课程对国家课程、校本课程和校本化实施成果进行重新整合，形成学校实施层面的怀德数学课程内容。

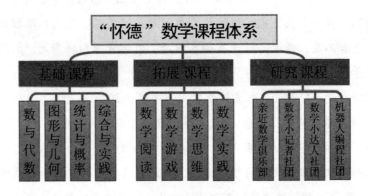

在国家数学课程标准的指导下，本课程以省编教材为主要教学资源，对省编教材的部分内容进行重构以优化国定课程内容；以自编教材《亲近数学》丛书为主要教学资源，开发拓展课程和研究课程内容，体现课程内容的弹性，满足不同学生的需求。

（附：拓展课程"数学游戏"内容框架）

年级	学期	游戏主题	年级	学期	游戏主题
一年级	上	拼图游戏	四年级	上	方格游戏
	下	棋类游戏		下	数独游戏

年级	学期	游戏主题	年级	学期	游戏主题
二年级	上	拼板游戏	五年级	上	魔方
	下	聪明格		下	汉诺塔
三年级	上	剪纸游戏	六年级	上	孔明锁
	下	扑克游戏		下	九连环

三级课程内容课时结构为 $5+1+X$，即每周 5 课时基础课程，1 课时拓展课程，X 为以走班俱乐部、社团形式进行的研究课程。

四、课程实施

怀德数学课程实施，以"玩数学"理念的建构为起点，通过开发资源——让数学可"玩"，统整实施——让儿童会"玩"，变革评价——让儿童愿"玩"，实现数学课程从价值取向到内容选择、教学方式、学业评价的全方位变革。

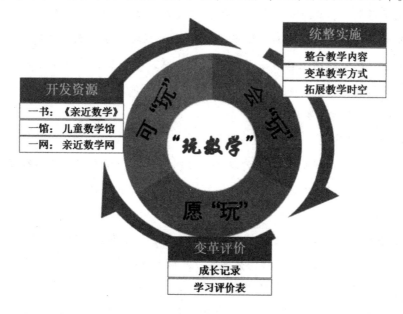

（一）开发资源——让数学可"玩"

"玩数学"离不开构成课程基本要素的课程资源。资源决定着教学内容是否贴近学生；资源影响着教与学方式的选择，决定着教学的宽度、厚度和深度。丰富的课程资源是"玩数学"的基本条件，为了让数学可"玩"，通过"一书""一馆""一网"的打造，形成一个从文本到环境与工具，从线下到线上的多维资源库系统。

1. 修订《亲近数学》。对校编《亲近数学》丛书的修订紧扣省编教材内容，让国家课程内容更贴近学生、更"好玩"，同时打通国家课程与校本课程内容的经脉，拓宽数学学习的视野，使学习资源更丰富。修订的内容主要有四类：一类，对教材部分内容进行单元重组，素材重编。二类，开发数学阅读材料。三类，设计综合实践活动。四类，编排思维开发习题。

2. 建设儿童数学馆。通过环境与工具的改造开发，让实践性探究学习成为可能。数学馆两校同步建设，怀德数学馆适用于四至六年级学生，包括数科园、数学步道、数学实验室、数学文化窗。香江数学馆适用于一至三年级学生，分五个区：日常教学区、网上学习区、数学实验室、交流体验区、校园各角落。

3. 开发亲近数学网。亲近数学网是一个咨询丰富、即时交互、功能强大的数学网站。主要通过"麦斯 e 校"的建设，为学生搭建一个"玩数学"的多样化互动学习平台，支持学生个性化学习。"麦斯 e 校"分四大板块：游戏室，为学生每学期学会 2 个数学游戏服务，形成 12 个经典数学游戏资源包。口算吧，提供与教材配套的网上口算练习平台。单元练，配合教材提供单元基础练习，供有需要的教师、学生自主选用。勇闯关，为学有余力的学生提供"暑期""上册""下册"在线拓展练习。

（二）统整实施——让儿童会"玩"

探索以"主题模块教学"为载体，对国家课程和校本课程进行统整实施，以此实现教学内容的整合、教学方式的变革、教学时空的拓展，让儿童会"玩"。

1. 整合教学内容。通过主题的提出，将数学教学内容整合成综合的数学实践板块，让学生在综合、实践的数学学习活动中获得充分、和谐的整体发展。

（1）主题的提出，注重长程规划以"类"推进教学。比如"数与代数"领域中运算律或其他一些规律的教学，"图形与几何"领域中面积或体积计算公式的推导等，它们虽然不在同一年段，但其蕴含的数学思想与方法结构却是相通相容的，我们通过诸如"推理能力""转化思想"等主题将它们归为若干类别，进行"类知识"的教学。

（2）主题的提出，注重拓展融合以"活动"推进教学。比如"数与代数"领域中的计算教学，"统计与概率"领域中的统计方法教学，常常因素材与学生有距离、活动拘于课本和教室等原因造成学生被动学习，我们通过综合与实践活动主题的提出，将数学与生活融合、与其他学科融合，将数学学习拓展到课外、拓展到生活中。

2. 变革教学方式。以"主题模块教学"为载体，将"综合与实践"的教学形式体现在日常教学活动中，让"综合"、"实践"的主旨在所有课程内容的实施中得以体现，以此促进教学方式的变革。

（1）设计课堂观察量表。通过课堂观察量表的设计，研究不同主题、不同学习内容的评价指标，为课堂的教与学建立明确的引导。

（2）建构课堂动态流程。具体到主题模块中每节课的教学，在实践的基础上逐步提炼形成基本的教学动态流程，以便一线教师具体操作。

（3）积累课堂教学范式。通过剖析一些成功的研究案例，积累各种类型的教学范式，给教师的教学实践提供一些可以参考的"方式"或"指南"。

3. 拓展教学时空。主题模块教学的活动，从时间上要超越课堂40分钟，做到前伸后延；从空间上要跨出单一教室，进入多维空间。

（1）超越课堂40分钟。除了日常数学课和亲近数学课，探索课前先行作业、课间数学游戏、午间数学阅读、俱乐部社团、周末网上课堂、假期"长作业"等形式，将学生的数学学习从课内向课外开放。

（2）跨出教室、学校。尝试跨出班级教室，充分利用数学馆、各学科专用教室，将数学的课堂拓展到学校的角角落落。引导学生从学校走向家庭、走向社会，将数学学习的触角延伸到学生生活的各个领域。

五、课程评价

随着怀德数学课程内容的重构、教学形态的变革以及实施路径的拓展，学生学习数学的面貌将发生巨大的改变，传统的评价方式已无法全面、科学地评价学生的数学学习。课程探索以"成长记录"的形式搭建过程性评价体系、以"数学学习评价表"的形式建构基于学期终结性评价的数学学业质量评价体系，从数学课程建设的角度，创新怀德数学评价体系。

1. 过程性评价体系

通过成长记录的内容设置来体现过程性评价的指标。成长记录的内容包括特色内容，如首页照片、数字告诉你、我认识的数学家、学分银行等；常规内容，如先行作业、能力展示、作品展示、学习小结、数学日记等；提倡内容，如探究活动、开放式问题、活动报告等。

通过形成记录细则、丰富记录范例、加强记录指导三方面的探索，创新成长记录的记录方式，以使学生轻松、高效地进行成长记录。探索呈现方式多样、呈现时间灵活、反馈方式多样的成长记录评价方式，从而优化、提高成长记录的可操作性，充分发挥成长记录的价值功能。

2. 学业质量评价体系

学业质量评价，主要指学生每学期的数学成绩评定，也指学期评价的最终结果。为了解决传统评价方式以书面测试代替学习评价、无法全面评价学生学业质量、与学校的课程实施无法匹配等问题，我们探索以"学习评价表 + 学期成绩评定"的模式，逐渐形成一套适合怀德学生的、评价多元且易操作的数学学业质量评价系统。

改变过去平时成绩的采集全部依据书面测试的状况，将平时作业和成长记录核定成分数各作为一次平时成绩，以此完善平时成绩的构成。加强命题研究，提高教师命题能力，设计试题时关注并体现"怀德数学"教学的核心特质，通过提高自主命题的质量保障课程评价的质量。

六、实施保障

1. 组织保障

"怀德"数学课程实施建立了以校长为第一责任人的工作机制，成立由学校行政、各学科骨干教师代表组成的课程建设领导小组，同时获得数学家的支持、课程专家的引领，以及学科专家的深入。

2. 师资保障

为保障"怀德"数学课程的实施，区教育文体局保障学校数学教师队伍的基本稳定，在优秀人才引进等方面优先考虑。学校在数学教师培训及队伍的建设等方面重点关注。

3. 经费保障

学校应为"怀德"数学课程实施提供充足的经费，新建数学馆、改建数学网，添置相应的教学辅助设备，为教师外出学习、学生实践活动、数学类书籍的购置等提供物质支持。

三、校本化：基于整合思维的学校课程实施

课程是有思想的，它决定了课程改革的方向，决定了学生发展的方向。我

们在对课程改革进行顶层设计时，遵守的最核心的理念就是为学生的终身发展奠基。因此，在面对各校不同的学生学情时，学校将国家课程和地方课程校本化，实施国家课程的校本化重构，将国家课程转化为符合学校办学理念、办学条件、教师素养和学生实际的学校课程。区域中的常州市花园小学和常州市西新桥小学在进行国家课程校本化的课程实施中充分运用整合的思维，学科间的整合学习，学习资源的整合融通、通过整合来促进学生学习方式的转变，以使各种类型的课程功能最大化。常州市花园小学的"生活·科学·技术"一体化科学课程能基于学校课程理念，尽最大可能地在"STEM"视野下，对国家课程和学校课程进行一体化设计和再开发，在课程实施中，通过多学科的整合、融通、拓展，提升了教师课程研发的能力，为学生素养养成提供新的平台，让学生能整合运用知识，综合运用课内所学各领域已有知识，去解决实际问题，改变了学生用单一的知识来解决问题的学习方式，提升学生的综合素养。常州市西新桥小学的儿童幸福语文课程，致力于国家课程校本化实施，以主题引领开展了学科内的实践学习、学科间的整合学习，努力让学生的学习、活动和其生命成长整个融通，来突破原有课堂存在的僵化、割裂、单调、脱离生活的问题。课程的校本化已超越概念而成了实实在在的课程行为和课程形态。这种实践与探索也成为一个范本，一种力量，多方面整合实施校本化课程，带动了校内其他学科教师对课程建设的进一步研究与变革，提高了全校教师课程研发的实践智慧。以下为常州市花园小学和常州市西新桥小学课程实施方案：

常州市花园小学"生活·科学·技术"一体化科学课程实施方案

一、课程建设背景

1. 综观国际科学教育的改革趋势：英美等国在科学教育上最明显的特点就是将科学课程放在优先位置，把科学课程与语文、数学并列为小学的三门核心课程。而且非常关注三点——一是要拓宽学生对周围世界的理解；二是要让学生在生活中学会活化和运用科学；三是要给学生提供机会接触和体验新技术新科技。

2. 科学核心素养的提出：什么是素养？全部的教育影响都忘了以后在一个人身上剩下的东西，就是素养。在 PISA2009 科学素养框架中，就明确指出素养是以科学的能力为核心；情境为背景；知识、态度为影响能力形成的基础。所以只有以情境为背景，加强科学知识和态度的提升，才能真正提高学科核心素养——科学能力的形成。

3. 现有科学课程存在的问题：目前小学科学课是三－六年级，一二年级学生的科学素养如何培养？三到六年级科学课的课时只有两课时，而教学内容偏多，两课时也远远不能满足对学生科学核心素养的提升。同时，科学课的有些内容与生活脱节，课内的知识也得不到活化，学生更缺少实践的体验。另外，目前的科学课程资源配置与科学课程实施要求也有相当大的距离等等。这些问题，使得建设科学课程尤为迫切。

4. 花小十年课改路，科学之花满园香：

（1）"快乐"文化逐步形成："新课程改革"一路走来已有十个年头，在这十年间花园小学以新课程的实施为契机，基于我们对教育的本质认识，结合我们学校的实际，围绕"快乐生活每一天"的办学理念，打造一座人人喜欢的"缤纷的花园、精神的家园、幸福乐园"。

（2）科学课程建设基础厚实：学校经历了两轮三年主动发展规划实践，做到国家课程校本化、校本课程特色化。2009年，我校在全市小学中率先开设智能机器人校本课程，编写了《智能机器人》校本教材，在全市进行成果的推广；2011年，学校成为区科学课程基地；2012年，省级探究性学习课题获区成果一等奖；11年，成功申报两个市级科学重点课题，其中《小学智能机器校本课程开发与实践的研究》课题在2014年被评为市精品课题培育对象。学校两次获机器人世锦赛国际邀请赛一等奖，获全国、省市级一二等奖近百人次；连续三年获省机器人大赛团体一等奖，多人连续多年获省金钥匙比赛特等奖、市区科技、航模等竞赛的一二等奖。2012年，学校荣获了首批"江苏省科学教育特色学校"的称号。

（3）师资队伍力量雄厚：花园小学拥有一支优秀的教师队伍，省特级教师1名，引领学校课程教学改革、学校现有市区学科带头人5名，五级团队教师占比42%。两个科学专职教师和两个校本机器人课程教师，一位市区学科带头人、两位区学科带头人，一位市教学能手。其中沈伟琴老师是区兼职科学教研员，沈莲老师是区"名师工作室"领衔人。

我校将以"生活·科学·技术一体化"科学课程基地建设为抓手，践行学校"快乐生活每一天"的教育主张，以培养具有"博学、善思、强体、乐群"

花小特质的学生为目的，做真正有利于小学生科学素养形成的课程。

二、课程建设目标

1. 培养一群具有"乐探究、善合作、好创新"的学生。

通过一至六年级科学课程的实践研究，提高学生运用所学知识解决实际问题的综合能力，全面培养学生的科学技术素养；通过必修＋选修＋活动等一系列课程的有机融合，充分利用本土的课程资源，加强课内外结合、校内外沟通，强调对学生交流与合作能力的培养，从而拓宽学生的实践领域和研究领域，让学生乐探究、善合作、好创新。

2. 建设一门具有"综合性、实践性、趣味性"的课程。

建设符合校情的科学课程资源库，整体建构科学课程体系，促进学校特色文化的形成。通过选择贴近学生日常生活、符合儿童兴趣和需要的学习内容，引导教师运用灵活多变、有利于发展学生探究能力的教学形式，同时开发多渠道的实践基地，用课程的眼光策划多样化的活动平台，使课程更具综合性、实践性、趣味性。

3. 打造一支具有"课程意识、研发能力、实践智慧"的研究团队。

科学课程的综合性、实践性、趣味性，就要求教师不断积累新的知识，重构自己的知识体系，否则将难以胜任这一课程的指导工作。在课程实施中，通过多学科的整合、融通、拓展，培养教师的课程意识。在学科教学向课程开发的转化中，提升教师课程研发的能力，从而提高实践智慧。

4. 培育一种具有"仁爱和谐、快乐生活、创新超越"的学校文化。

创建适合学生发展、符合学校文化特点的课程是学校课程改革的宗旨。我校的科学课程以学生发展为中心，将学校的育人目标逐步构建领域、学科、模块三级课程体系。在这一过程中，从传统中挖掘，从实践中提炼，从历史积淀与未来发展中弘扬学校精神与文化。在多学科整合、多途径传承的过程中实现多元融合，从而形成独具特色的学校科学课程文化。

三、课程建设内容架构和实施方式

1. 架构花小科学课程体系

我们结合学校办学理念"快乐生活每一天"，育人目标"博学、善思、健康、乐群"，架构了"生活·科学·技术"一体化课程的课程框架图，如下：

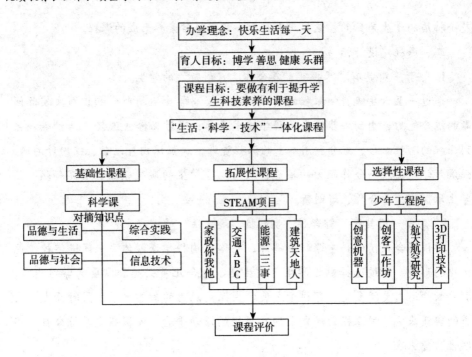

我校"生活·科学·技术"一体化课程实施采取 2 + 1 + X 方式："2"是每周 2 课时进行国定课程的校本化实施，"1"是校本课程中有 1 课时进行拓展性课程实施，"x"是每周选择性课程，采用学生社团的方式，利用课余时间进行探究学习活动。

2. 打造花小科学课程资源——"四大中心"

围绕课程内容的架构，我们从打造"四大中心"入手，这也是我们"生活·科学·技术"一体化课程建设中的亮点。我们的设计理念是：让每个孩子在这里快乐地探究！

"四大中心"：分别是"家政中心""建筑中心""交通中心""能源中心"。"四大中心"既让学生有视觉的享受，又有动手的体验，达到科学、技术、工程、数学、艺术的有机整合。现在"家政中心"和"交通中心"已经建成，"建筑中心"和"能源中心"设计图纸也已完成，年内有望建成。

（1）家政中心：主要在馆内展示厨房中蕴含的科学原理和科技成就，围绕"厨具的认知与使用、食材的认知与加工、厨房中的化学、食品的安全、冰箱天地、厨余垃圾的认识与处理、洗涤剂的认识、抽水马桶的工作原理、节水器材"等内容进行探究活动。同时结合各主题的特点，提供操作流程和要领的展板说明及实践素材，以帮助学生完成自主探究活动。

（2）建筑中心：围绕巢居文明、看建筑识朝代、世界房屋大观、建筑与环境、建筑与安全、房屋构造、形形色色的建筑材料、智慧建筑、低碳家居设计、搭建房屋等十余项内容，让学生了解古今中外房子的特点，知道设计在建筑中的重要作用，并且参与设计房子、搭建房子的过程，计算房子的用料，体会造房子的艰辛和快乐。

（3）交通中心：围绕轮的诞生、蒸汽机家族、交通标识、磁悬浮列车、汽车模拟驾驶等内容，利用图片、模型、实物等让学生了解交通工具大家族，车的发展史、汽车的动力装置等，了解车子的工作原理，研究车子的变速等问题。

（4）能源中心：为大家呈现能源的形式、能源的分类、能源的转换、能源的使用、能源与环境、畅想未来能源，让学生在其中学习、操作、探究，知道能源对人类发展有巨大贡献的同时也会造成日益严重的环境污染，从而探索新型能源在校园、家庭中的应用。

3. 以"生活"为导向的国家科学课程的二度开发研究

（1）课程定位：校本化的国家科学课程（基础性课程）

（2）开发理念：高质量实施国家课程，校本化拓展课程视野

（3）开发内容：

年级	内容
三	节水在我身边
四	节约粮食，从我做起
五	变废为宝，从我做起
六	节能在我身边

（4）开发主体：教师、学生

（5）开发原则：基础性、拓展性、发展性

（6）开发举例：（以五年级的科学课为例）随着人类在资源加工处理与运输过程中产生的废弃物越来越多，而生活中产生的废弃物的种类也变得越来越多，废弃物回收与再利用正在逐步走入人们的视野，而对于青少年来说，资源的节约利用并不仅仅是一句口号，而是应该用行动践行于生活当中，我们对教材中的相关内容进行了二次开发，在这一块上做足文章，确定了《变废为宝，从我做起》活动。让学生了解废弃物，调查家庭产生的废弃物，开展变废为宝，

就在我们身边和我是再生纸制作小能手的活动等。

4. 以"STEAM"四大项目为主题的校本课程开发研究

(1) 课程定位：校本开发的项目课程（拓展性课程）

(2) 开发理念：学会生活、科学生活、智慧生活

(3) 开发内容："生活科技"课程重在实践体验。课程目标主要扣住"学会科学生活"，课程内容框架分为"科学厨房""建筑科学""交通科学""科学能源"四个主题。

(4) 开发主体：以项目为单位的老师、学生以及家长、专家

(5) 开发原则：丰富性、实践性、人文性、

(6) 开发举例：（以"科学厨房"为例）随着研究的深入，我们对课程的认识越来越深刻。

生活科技课程——科学厨房

一、厨具的认知与使用	二、食材的认知与加工	三、厨房中的化学	四、食品的安全
1. 灶具的认识与使用	1. 碳水化合物	1. 神奇的发酵粉	1. 现代农业带来的问题
2. 炊具的认识与使用	2. 蛋白质	2. 醋和小苏打	2. 有机农业的认识
3. 刀具的认识与使用	3. 水果和蔬菜	3. 油和蜂蜜	
4. 餐具的认识与使用	4. 营养配餐	4. 盐	
五、冰箱天地	六、厨余垃圾的认识与处理	七、洗涤剂的认识	
1. 冰箱的容积和体积	1. 什么是厨余垃圾	1. 洗涤剂的工作原理	
2. 冰箱的工作原理	2. 厨余垃圾的日常处理	2. 洗涤剂的浓度配比	
3. 温度与生命活动	3. 厨余垃圾对土壤的危害	3. 不同洗涤剂的效果	
4. 食品保鲜	4. 厨余垃圾对水域的污染	4. 洗涤剂对环境的影响	
5. 做冰激凌	5. 不同国家对厨余垃圾的处理	5. 自制洗涤剂	

这样的体系下我们发现课程实施中教学的痕迹还是太重，我们不断追问自己"我们为什么要设计这门课程?""我们的课程是为学生素养养成提供新的平台，让他们整合运用知识，活用课内所学，用课内所学知识解决问题，所以逻辑是生活的，而不是科学的"……于是我们重新调整方向，以活动串起我们的

课程，见下表。

生活科技课程——科学厨房

从吃饱到吃好	冰箱天地	厨房中的化学	食品安全
1. 食物的能量 2. 食物的营养 3. 营养配餐 4. 我是小当家	1. 冰箱的体积容积 2. 冷冻得快慢 3. 温度与生命活动 4. 做冰激凌（棒冰） 5. 做个土冰箱	1. 油盐酱醋茶 2. 洗涤剂对环境的影响 3. 自制洗涤剂	1. 残留农药 2. 霉变食品 3. 添加剂
菌临天下	冷餐汇	神奇的酵母	变废为宝
1. 种蘑菇（木耳） 2. 烧蘑菇（蘑菇汤、炒蘑菇）	1. 切切切，切出花 2. 大拌菜 3. 一百年的蛋	1. 活的酵母 2. 做饼干（面包……）	1. 沼气 2. 酵素 3. 地沟油
中国"功夫"			
1. 蒸煮汆 2. 煎炒炸 3. 熘烧烤			

以《神奇的酵母》一课为例，我们利用酵母吹气球，让二年级的孩子在高涨的情绪中仔细观察酵母发酵时的变化，知道发酵的条件是糖和温水。了解发酵在生活中的应用，尤其是在食品制作中的作用。并且亲自来动手制作饼干、馒头，尽管做出的馒头外形、口感都不如购买的好，但是吃着自己做的食物，学生的感觉是很好吃，有的还用保鲜袋装好带回家与父母分享。

5. 以"少年科学院"为专题的选修课程开发研究

（1）课程定位：自主活动课程（选择性课程）

（2）开发理念：促进"不一样的学生"的自主性、选择性、社会性发展

（3）开发内容：以少年科学院为项目，进行"创意机器人""创意工作坊""航空航天研究"，"3D打印技术"的课程开发研究。以社团形式开展，学有余力的学生进行自主申报。构建课程自选超市并分期推出，形成精品社团，精品课程。具体内容如下：

课程名称	课程类别		课程内容
少儿科学院课程	智能机器人技术课程	"动手做"课程	结构与力、简单机械、动力机械、能量转化四大系列
		技术体验课程	以实体机器人为载体，探究其硬件与电子方面的各种相关因素，掌握机器人搭建、编程的一些基本技能。
		虚拟机器人课程	萝卜圈3D仿真虚拟机器人模型结构、编程技术的学习。
		创新机器人实验课程	采用能力风暴机器人套装为授课平台，通过一个个实际的项目，将知识学习和能力培养融为一体。
	航空航天技术课程	航空模型（模型飞机）	纸质模型飞机、纸质手掷飞机、弹射模型滑翔机、牵引模型滑翔机、电动自由飞机模型、橡筋动力模型、电动遥控模型滑翔机、线操纵模型、遥控特技模型。
		航天模型（火箭模型）	伞降模型火箭、带降模型火箭、火箭助推滑翔机、火箭遥控、滑翔机、旋翼模型火箭等。
	3D打印技术课程	艺术类	旨在创造出艺术品，注重美感。
		科学类	旨在反复验证，具备科学原理。
		概念类	旨在用模型说明不可思议的想法。
		实用类	旨在缺什么，设计什么，打印什么，可以用什么。
	创客工作坊	创意电子课程	应用智慧派对六十余总传感器以及电机、音乐播放等各种输出设备以及基于Scratch2.0编程软件进行项目开发。
		创意编程课程	运用scratch软件进行创客项目研究

（4）开发主体：学生、教师、家长

（5）开发原则：选择性、特色化、社会化

（6）开发举例：（以创意机器人课程为例）创意机器人（中级）的课程采

用体系化的设计，分为三阶段的课程，三个阶段在知识点的传递和项目的难度上呈螺旋式阶梯上升。第一阶段采用能力风暴创新课程中级套装为授课平台，通过一个个实际的项目，将知识学习和能力培养融为一体，在完成项目的过程中不仅学习知识，各方面的能力都得到了提升。第二阶段课程采用能力风暴类人基础套装作为仿生教学平台，生动活泼的造型能够吸引学习者的浓厚兴趣，在学习程序设计、理解工程概念的基础上更深入地学习舵机的控制，在学习过程中培养学习者的动手能力和以多元智力为导向的综合素养。第三阶段课程以国内外的权威机器人赛事为授课内容，通过亲身的体验，在陌生的环境中利用所学解决实际的困难并完成项目任务，学习者的自信心和成就感都得到进一步的提升。

6. 以提高学生科技素养为目的，进行"家校社"三位一体的平台建设

（1）整体策划主题科技节活动。结合学校科学课程主要内容，整体策划学校科技教育系列活动。每年五月的科技节是学校的固定节日，为了让每位学生都能在这一舞台上绽放自己的科技梦想，我们学校都会在几大部门的通力合作下，整体策划科技节，每年都有明确的活动主题，如："我与蚕宝宝共成长""科技在我身边""我动手，我快乐""节伴成长，珍爱生命之水""乘科技之风 展新校梦想"……活动的策划也由教师的全部全程策划，逐步地重心下移，让学生唱大戏做主角，做到"我的节日我做主"。在科技节上，科技节节标设计、科学家校园行、桥梁承重比赛、科学幻想画比赛、亲子科技小制作、变废为宝科技小制作等，活动丰富多彩，学生人人动手，享受科技的乐趣。

（2）家庭营造科技教育氛围。借助学校的科技节、科学课、亲子课程等主题活动和课程的实施，与家长合作，开展家庭科技教育活动。如在家庭中对科学课的小实验进行模拟和实践；在科技节中，开展亲子科技小制作活动；在家庭文化建设系列活动中，开展"科学饮食，低碳生活"的系列活动，引导学生和家长共同关注饮食的健康，关注日常生活中的低碳、环保小窍门等。同时定期开展亲子内容的科技活动，促进家长与学生互动的活动，更在家庭中为孩子营造浓浓的科技教育氛围。还定期评选出科技环保家庭，并在家长会上邀请这些家长做经验交流。

（3）共建社区科技教育基地。积极开发社区的科技资源，我校位于花园社区，花园社区有非常丰富的科技资源，我校航空技校、联华超市和花园社区等3

家单位签订共建科技教育基地的协议书。同时，将学校活动与花园社区的相关活动有效整合，借助丰富的活动资源，开展科技类的学生进行互动类社区活动。如社区组织开展"科学生活、健康养老"的系列活动时，学生带着父母一起参与，学习和了解科学的生活常识；植树节中，学生与家长一起在福园广场种下了爱心树苗，为小区的绿化添砖加瓦；高年级的花小小义工们还深入社区，就"科学饮食""保洁环保""科学养宠""科学设置车位"等管理中的常见问题进行深入调查，并提出自己的主张，在社区内向居民宣传，为社区的和谐共建出谋划策。丰富的社区资源，提高了学校教育的力度，增加科技教育工作的技术支援，有效地提高了我校整体科技教育的水平。

7. 初步构建了科学合理的多元评价体系

（1）科学学业质量标准：在顾问郝京华教授的带领下，我们与科学课标组合作，尝试利用科学学业质量标准来对我校一至六年级学生进行检测，从而逐步提升全校学生科学素养。

（2）少儿工程院的"小院士"选拔：每年，学校都将进行选拔小院士、小博士、小学士的活动。选拔方法为学校推荐和自由报名相结合，在科学素质测试和培训后，由学校考察、少儿工程院审核，确定录取名单。这是对那些在花小少年科学院中评价优秀、综合能力强的学生颁发的一种荣誉称号，旨在激励录取学生再接再厉，并为其他学生树立学习榜样，激发更多的花小学生的科学梦和创造梦。

（3）建立基于"STEAM"云中心的综合素养测试系统。"STEAM综合素养测评系统"主要针对测试者各学科基础知识的掌握、跨学科知识的运用、科学研究方法及逻辑思维能力等多方面进行测评。测评内容包含各科关键能力、学科素养、学习习惯和态度、跨学科问题解决，测试形式有机考选择题、开放性试题等，以各学科为背景，多角度、全方位的反映学生的综合素养。

四、保障措施

1. 组织保障：学校组建了由蒋玉琴校长担任组长，史铭玉副校长担任副组长的课程建设领导小组，全面协调课程建设的保障工作，并建立各项工作的相关规章制度，确保课程建设工作有章有序地开展。

2. 规划保障：把科学课程建设列为学校未来三年主动发展规划的重要项目，坚持优先发展，并接受教代会的过程监督指导。

3. 经费保障：学校将进一步投资进行软硬件的建设，按照市教育局对课程的经费同等投入。经费使用重点是与科学课程相关的场地、设备，机器人课程需要的设备，教学软件与网站建设，名师工作室启动经费等。

4. 师资保障

姓名	性别	学历	教龄	职称	职务	五级梯队	特长
蒋玉琴	女	本科	45	中高	校长	省特级	市数学名师工作室领衔人
史铭玉	女	本科	40	中高	副校长	市学带	语文
沈伟琴	女	本科	45	中高	教科室主任	市学带	兼职科学教研员
唐丽君	女	本科	38	小高	教研组长	区骨干	科学和社团活动
沈 莲	女	本科	36	小高	信息中心主任	区学带	区名师工作室领衔人
吴 碟	女	本科	30	小高	教师	教坛新秀	信息技术
蒋燕媛	女	本科	34	小高	教师	区骨干	数学和信息技术
范晓燕	女	本科	39	小高	副校长	市骨干	学生活动策划
周亚娟	女	本科	40	中高	课程教学部主任	市骨干	语文

5. 聘请顾问：为确保课程建设的顺利进行，学校将聘请南师大郝京华等教授、常州市教科院瞿晓峰老师、钟楼区教育文体局副局长叶舟为顾问，为课程基地建设提供学术指导。

常州市西新桥小学"主题·实践"语文课程建设方案

一、课程建设的背景

1. 学校文化建设的价值追求

苏霍姆林斯基说：教育的理想在于使所有的儿童都成为幸福的人。我校的文化价值追求是——教育是教会每个个体追求幸福的事业。近五年来，在"让学校成为师生幸福栖息乐园"办学理念的引领下，西小对"幸福教育"初步形成了校性化解读："成长环境的安全感，学生主体的参与性，学习生活的充实感，互动交往的心灵相契"。在这样的文化土壤中，培养"大气向上、自立坚韧"的西小儿童。在这样的价值判断下，承载着重要的基础性素养培养的语文学科，成了我们最迫切需要变革的学科课程。

2. 语文课程深度变革的需求

语文课程深度变革需要贴近学生的生活，从仅关注"听、说、读、写"的语文能力转向关注学科核心素养；要从知识传授转向学生的生活学习、实践体验、验证探究；要从单一的教教材转向"创造性使用教材，积极开发、合理利用课程资源"。

由此，我们坚定了以"主题·实践"语文学习为抓手，撬动语文学习的整体转型。因为教学内容的主题化可以带来资源的整合化、组织的弹性化、评价的多元化、师生关系的合作化。更因为 2011 版的《义务教育语文课程标准》指出："语文课程是一门学习语言文字运用的综合性、实践性的课程。""应着重培养学生的语文实践能力，而培养这种能力的主要途径也应该是语文实践。"

3. 学校语文课程已有的基础

我校作为钟楼区语文课程基地（2013－2015），常州市数字化实验学校，拥有优美的校园环境、齐备的硬件设施，以及常州市优秀教研组的语文团队，为课程开发提供了丰富的资源。三年来我们叩问、试水、探索，在语文课程校本化的实践中坚实前行！

二、目标任务

（一）总目标

1. 开发"开放、有活力"的主题群，构建"主题·实践"语文学习体系。

2. 建设促进语文实践的课程资源平台，实现母语教学与生活实践的整合。

3. 丰富学生学习方式，重建语文学习评价，培养学生具有适应实际生活需要的语文素养。

4. 提升教师课程开发、教学变革、学生评价的能力。

（二）分目标

学生发展目标：

从"儿童立场"出发，根据不同学生的学习需求和学生评价，丰富语文学习的样式，转变学习方式；落实学科核心素养的培养，提升学生整体的综合素养。

课程发展目标：

基于学生需求、基于学生培养目标，着力进行具有西小特点的主题群建设。主要在国家课程的校本化实施方面上进行资源平台建设、学习评价重建。

课堂发展目标：

探索课堂实践研究方式，树立课程的育人价值观，在教学实施中要有"学生立场"，关注对儿童的研究，要在开放互动的课程教学中学会整合资源的灵活处理，创生新的实践范式。

教师发展目标：

树立课程意识，以学科素养的提升为基石，融学习、实践、反思为一体，多方位、多角度、多策略推进教师的主动发展和整体提升，关注与推进教师的内力形成，激励和扶持骨干教师的特色打造，能在辐射引领中成就品牌教师。

教研组发展目标：

通过系统梳理，明晰教研组现有状态，重建教研组、备课组制度文化，激发不同层次教师研究热情，依托教研组开展学习与实践，打造学科品牌，争创市优秀教研组。

（三）语文学科年度发展目标性目标实施计划

学年	具体发展性目标（任务）	现有情况	主要成功标志
2016 年	构架语文课程内容，清晰课程实施与研究。梳理教材与分析学生实际，进一步确定基于教材主题课程实施内容，借助已有经验开展课程实践。进一步探索基于学科融通主题的研究，注重已有的研究成果转化。探索超越教材主题的研究。购买学生阅读平台，启动 BYOD 研究项目。进一步进行校园环境建设。	已初步搭建语文课程实施内容 已经开展部分基于教材主题课程的研究，如节日串串烧课程等。 已经开展了部分学科融通主题研究，如春天课程，走进中国年课程。	形成语文课程实施方案。形成 12 个完整的基于教材的主题课程实施内容案例。形成 3 个学科融通的主题课程实施内容案例。初步研究节气课程。开展课程建设成果汇报、交流展示活动。 启动阅读平台，评选 2016 年阅读达人。形成 BYOD 研究小组，赴上海学习实践经验。形成研究方案。建设春天长廊。
2017 年	1. 深入推进课程实施。重点关注"学科融通主题"及"超越教材主题"。2. 尝试开始"主题·实践"语文评价体系的建设。3. 进一步进行"主题·实践"语文资源平台建设。		至少形成 4 个相对成熟的学科融通主题课程纲要。形成超越教材主题课程实施的初阶研究手册。引进即时性评价系统。建设秋、夏两条长廊。建设模拟法庭、西新报社、古典文学馆。开展课程建设成果汇报、交流展示活动。
2018 年	出台语文学业质量标准形成 1-6 年级课程实施手册。建设冬天长廊。		结合核心素养的研究与实践，出台比较完整的学科质量评价标准。四季走廊全部完善。形成《幸福教育理念下"主题·实践"语文课程实施手册》开展课程建设成果汇报、交流展示活动。

三、工作举措

（一）构建"主题·实践"语文学习体系

1. 逐步清晰语文课程学习的素养结构

基于高中语文核心素养的界定（语言的建构与运用、思维的发展与品质、审美的鉴赏与创造、文化的继承与理解），在办学理念的引领下，结合学段特点，西小的语文课程核心素养定位在"厚德、尚文、养心"，指向语言、思维、审美、文化四个方面。随着教育部关于核心素养体系的研究以及我校课程实践深入，对基于校本的素养结构在研究中也会不断地完善。

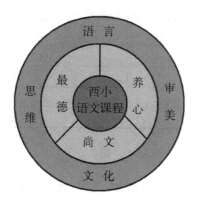

图 1

2. 滚动生成三种主题类型

语文学习中的主题是连接着教材、社会、儿童的"共振点"。基于对幸福教育的理解，我们选择主题的三个纬度是：人与自我、人与自然、人与社会，依据资源来源共有三种主题类型。

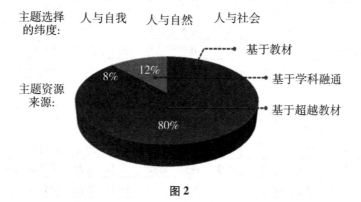

图 2

（1）基于教材：打通课与课之间、打通单元与单元之间、打通多版本教材，增删调补，教材重组。每学期重点突破 1 – 2 个，骨干先行，梯队跟进，根据教师研发能力滚动生成。

人与自我		人与自然		人与社会	
一年级	做个智慧的好孩子	二年级	我爱小动物	一年级	我爱我家
五年级	做山样一的人	三年级	美丽中国行	二年级	节日串串烧
六年级	学会选择	四年级	动物大爱	三年级	我们爱科学
				四年级	探访苏东坡
				五年级	峥嵘岁月(长征)
				五年级	与《水浒》相约
				六年级	祖国在我心中

图3

(2) 基于学科融通：跨学科整合，提炼语文学科与其他学科连接的"触点"，在跨界学习中实现语文知识和能力的实际运用。每学年突破1-2个。

纬度	主题	主要实施学科
人与自我	我是小学生了	语文、思品、美术、音乐、班队、体育、数学……
	我在成长	语文、思品、美术、音乐、班队、体育、数学……
	今天我毕业！	语文、思品、美术、音乐、班队、综合实践、数学……
	……	
人与自然	春天来啦！	语文、美术、音乐、思品、数学、体育……
	快乐的夏天	语文、美术、音乐、思品、数学、体育……
	秋天真美！	语文、美术、音乐、思品、数学、体育……
	冬天的童话	语文、美术、音乐、思品、数学、体育……
	……	
人与社会	走进中国年	语文、班队、美术、音乐、思品、综合实践……
	清明记忆	语文、班队、美术、音乐、思品、综合实践……
	情系端午	语文、班队、美术、音乐、思品、综合实践……
	但愿人长久	语文、班队、美术、音乐、思品、综合实践……
	走民俗世界	语文、班队、美术、音乐、思品、综合实践……
	……	

图4

(3) 基于超越教材：因为"语文课程对继承和弘扬中华民族优秀文化传统和革命传统，增强民族文化认同感，增强民族凝聚力和创造力，具有不可替代的优势。"为了更好地落实立德树人的根本任务，这三年我们的课程内容将先聚焦节气这一主题，后续将会沿着这条线自主开发更多的主题。

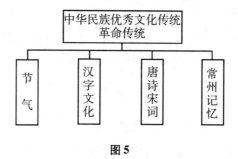

图 5

3. 形成课程实施范式

（1）基于教材的主题与学科融通的主题在实施时，超越了课与单元的界限，实现主题下的统整。通过主题导学、主题推进、主题总结的课型范式，形成了"一课带一串""一课带一本""一本带多本"的实施样态。

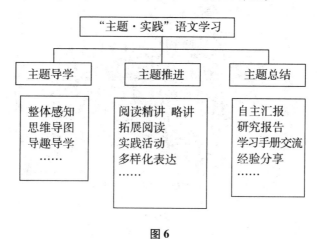

图 6

超越教材的主题则按年段分模块选修，每两周拿出一节语文课，学生跨年级进行选修，混合学习，采用学分制进行评价。

（2）在主题学习中，充分体验语文内容的丰富性与语言运用形式的综合性，从"听、说、读、写"拓展到"观、吟、诵、唱、演、辩、画"……语文的学习将走进博物馆、纪念馆、公园、名人故居、企业等，在社会实践中学习语文，实现学科育人的真正价值。

图7

(二) 建设"主题·实践"语文资源平台

1. 数字化和语文学习的融合：采用 BYOD（即每一个学生都能够使用自带设备进入互联网＋教育时代的个性化学习）模式，利用珠峰数字化学习平台，促进学生语文个性化学习。建设"西小数字化语文阅读平台"，实现"时时、处处、互动"的阅读体验，形成每位学生的阅读经历，通过大数据分析，及时调整课程实施。

图8

2. 把学校建成语文学习的实践场，为学生语文学习与表达创设环境与平台。

语文学习实践场

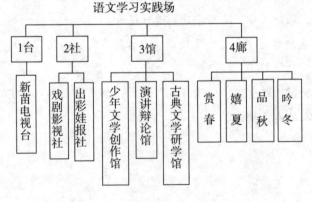

图9

3. 开发资源，形成《幸福教育理念下"主题·实践"语文课程实施手册》。

（三）建设"主题·实践"语文评价体系

1. 对课程有效性的评价：组织教师、学生、家长、专家进行调查问卷、研讨会。

2. 对学生语文学习水平的评价：

细化"年级能级目标"，用数字化方式、嘉年华等方式进行学生语文素养检测和评估。

用电子研究手册与主题护照，在过程中客观评价，注重学生的可持续发展。

每学期开展"阅读达人""表演星""文笔星"等评选活动，激励学生的语文学习。

3. 对教师课程实施的评价：引导教师自我反思，通过主题成果包、课程故事集进行教学督察评价。

四、时序进度

第一阶段准备阶段：2015年12月完成语文课程基地建设方案，并组织申报常州市语文课程基地。

第二阶段实施阶段：2016年1月—2017年6月，再次开展内部调研，聘请专家指导论证合理规划，搭建语文课程基地的活动平台，开展实践研究。

第三阶段总结阶段：2017年7月—2018年6月，踏实开展"主题·实践"语文学习探索与实践，同时进行语文实践场的建设。

第四阶段推广阶段：2018年7月—2018年12月，总结语文课程基地建设经验，挖掘语文课程基地的内涵，全面推进课程建设与发展。打造语文课程特色，彰显小学语文课程基地的功能，带动区域学校语文课程的深入推进。

五、绩效预期：

1. 通过课程基地创建的实践与研究，促进了师生的发展。这个项目是在学校办学理念"让学校成为师生幸福栖息的乐园"引领下，根植于学校原先特色项目与教学研究的基础之上，在研究中依据学生学习的规律，逐渐明确学校语文课程的文化立场，培养儿童核心素养，为成为能谋取幸福生活的现代公民奠基。同时也使教师开发、实施、评价课程的能力提到了提升。

2. 通过课程基地创建的实践与研究，找到语文课程建设的突破点。学校以主题引领，整合教材、生活中的资源，来拓展语文学习的时空，并将校园文化、实践活动和数字化平台相勾连，将学生参与活动的过程赋予了语文实践，让学生在校园各种场域中互动，在真实的情境中提升了语文素养。

3. 学校的语文课程建设是一套完整的体系，且具有明确的目标和内容，具有可行性。符合语文学习的规律，有利于师生语文素养的提升和精神的提升。且在实践的基础可以总结经验，具有辐射、推广的效能。

六、课程基地建设的保障

1. 组织管理保障。成立学校语文课程基地建设领导小组。校长亲自带头对语文课程建设的整体实施工作进行统一协调、指导、监督。由专业学科带头人、骨干教师组成团队，各尽其职，层层落实。

组　　长：金松武

副组长：王莺

组　　员：学科主任、年级组长、教研组长、所有语文老师

建立语文课程基地建设的检查、指导和评估制度。

教研组活动围绕主题寻找素材，整合资源；不同学科教师间实现跨界合作，为同一主题提供智力支持与技术指导、协同教学；不同主题开发实施中研究单元灵活组合。

2. 师资保障。除对教师进行培训外，聘请上级的领导、专家和社会上有专长的其他方面的人才为校外"智囊团"，定期到我校指导语文课程基地建设工作。开发社区资源，获得社区支持。学校成立了家长委员会，为学校发展找到了重要的社会资源。

3. 课堂实施保障。根据课程实施需要，实现弹性制学习，课时灵活设置，课时不一定是严格意义上的40分钟的一节课，可以实施长短课时。

4. 财力保障。在钟楼区教文局的支持下，在自身优势和基础建设保证上学校前期已投入经费，在现有基础上继续提供经费，在业务培训、资料搜集和开展活动等方面，保证经费的落实。

5. 信息技术资源保障。课程资源丰富，硬件设施齐备。学校图书馆是常州市优秀图书馆，同时拥有两个现代化电子阅览室，一个教师阅读室；学校是常州市数字化试点校园之一，持之以恒开展数字化、信息化教学研究；信息中心为教师与学生的课程学习提供基本的服务。

6. 社会支持。聘请上级的领导、专家和社会上有专长的其他方面的人才为校外"智囊团"，定期到我校指导语文课程基地建设工作。西新桥小学与社区的关系良好，互动学习平台多，是社区学校共建的优秀单位，社区为学校发展提供很多帮助。学校成立了家长委员会，为学校发展找到了重要的社会资源。

第三节　区域课程建设的管理与实效

一、区域课程建设的管理与实效

（一）课程领导力的建设

课程领导力，是学校根据课程建设需要，结合本校的办学目标和办学实际，创造性地设计、开发、实施新的课程，从而全面提升教育质量、办出学校特色的能力。①

课程领导力涉及课程规划与设计、课程开发与实施以及课程校本化等许多环节。管理者需要对课程改革进行系统地思考，整体把握，在关注学校课程的设计和架构的同时，更重视课程建设的策略和管理机制的落实，从而促进学校课程建设的有效推进。②

1. 组织架构

（1）重视"制度文化"的杠杆作用

一是完善制度体系，提高执行力。课程管理者需要根据学校、教师、学生发展的需求对课程实施的相关制度进行分析和梳理，形成相对完整的制度体系。同时明确管理细则，定期检查反馈。只有提高"执行力"，才能有效提高管理效益。

二是民主化管理，重视人文性。制度最终还是要落到"人"的身上。制度的完善和修订过程，必须要有教师意见的参与，教师的意见来自实践，往往更富实效性。而教师意见被采纳的过程，更能最大限度地发挥制度对教师内在的激励功能。

---

① 郑光程. 校长领导力的构成要素及提升途径 [EB/OL].
② 百度文库. 课程改革与校长课程领导力 [EB/OL].

（2）强调"管理团队"的领航作用

管理团队是学校的领航员，应始终保持清醒的头脑，明确课程建设的目标和策略，细化团队内部的分工，一步一个脚印地推进课程建设。

学校可以创建非行政组织，改变单一的行政主体管理学校的局面，使课程管理更具学科专业性和包容性，为课程建设成员提供多样化的创造空间。可以建立教师专业委员会，通过更多自主化、责任化、专业化的学科委员会，给各层次、各学科的教师都有发挥主观能动性的空间，会改变以往行政管理学术的局面，使学校的教育教学工作充满活力。

2. 教师培养

教师队伍是提升教育质量的重要因素。对于教师的发展，管理者需要明确教师的"个人发展需求"和"最近发展区"，量身定制培养方案。

对教师提出分层要求可以更加精准地聚焦培养对象，明确的培养目标，促进教师的自觉提升。如果对学校教师的群体及其培养策略进行分类，每个学校的老师大多都可以分成这样三种：

教师种类	特点	优势	不足	培养策略（不完全列举）
职初型	工作时间较短，对课堂教学常规、教育机智等教学基本能力的掌握还在摸索、形成阶段。	干劲足，接受新理念、新事物较快。	教学经验缺乏，教学专业实践能力有待培养。	各类通识性培训；师徒结对、"传帮带"活动；
骨干型	积累了一定的工作经验，对常规的教育教学工作已初步形成了自己的工作模式，处于职业上升期。	熟悉教育教学工作，教育教学风格初具，有一定的创新性。	高品质的教育教学能力和教科研能力还有待提高。	各级各类评优课活动；青年教师素质大赛；五级梯队培养计划；课题研究活动；
成熟型	对常规的教育教学工作游刃有余，有较高的研究品质，在同事中具有一定的教育影响力，能引领部分教师开展教育教学的研究工作，往往处于职业瓶颈期。	个人的教育教学风格突出，教科研能力强，有较高的研究实践能力。	专业发展的后劲不足，较容易形成职业倦怠。	五级梯队培养计划；课题研究活动，鼓励领衔课题研究；专项研究活动。

可以采用"菜单式"校本培训方法，让教师选择最适合自己的学习方式，促进教师对自我的反省、对工作的反思，甚至是对学校这个组织和系统的再认识。

3. 课程评价

课程评价是对课程有效性的评估与反馈，它应当是个和行政管理评价区别开来的独立系统，专门从课程的角度对课程实施进行效能评价。

（1）成立专门的课程评价组织。学校可以组织由学生代表、教师代表、家长代表和学校相关的管理人员共同成立专门的"课程评价委员会"，定期或不定期地开展评价活动。

（2）采用多样的评价主体和内容。课程评价的主体和内容可以进行多样化调整：由课程实施对象的学生对老师的教和自身的学进行评价；由课程实施者的教师对自身教学的反思评价、对学生学习情况的量化评价；由课程管理者的校长或相关部门对课程设置的合理性、教师配备的专业性、学生学习的有效性进行综合评价；由课程实施合作者的家长对学生在校学习有效性进行反馈和评价等。

（3）制定多维的评价标准

①不以"一节课"下结论

长久以来，课堂教学的有效与否大多是根据教师课堂上的教学表现、教学设计的完成情况、学生的学习反馈等来评判。这样的评价虽然能确保在同一纬度进行"好课"的判断，但也存在弊端，即评课者只能单纯地评价一节课的课堂情况。教师在课前课中对教材的整体把握、对学情的分析、对教法的选择和考量等都无法在课堂上呈现，学生学习情况与以往的学习状态等的纵向对比也不是通过"听课"就能下判断的。因此评价过程中，不妨先让执教者对自己的课堂教学"起点""过程"和"终点"进行阐述和反思，之后再由听课者进行分析和评价，这种综合了课程执行的参与者和旁观者的共同观点、整体性地分析课程实施才是更加客观、有效的评价过程。

②不以"能得奖"定终身

有些教师在课堂上善于用极富感染力的表演引导学生进入情境，在赛课、评优课时，这类教师会显得特别突出。有些教师这类能力不强，课堂教学相比之下略显单调，但并不影响课堂教学的实施，这类教师在赛课时会显得"弱"

些。还有一部分教师，课堂并不精彩，甚至略显平铺直叙，但课堂教学质量很高，学生课后的学习检测情况总是保持优秀。因此，在评价的时候，必须要关注教师的风格差异和个性状态。

（二）课时管理的变革

1. 变革课程管理，提出弹性课时制度

在以往的课程执行中总是强调要严格执行《作息时间表》和《课程表》，这样的课程管理便于行政检查，但对教师在课程实施中的自主性、创造性有了过多的约束，受"制度化教育"的影响，学校及教师已经约定俗成地按既定时间制度来开展课程与教学研究，很少去思考这种时间制度本身的合理性。

为了提高课程实施的质量，可以进行弹性时间制度的改革。弹性时间制度是对时间进行灵活设置及分配的一种时间制度，它强调从儿童身心发展规律出发，充分考虑课程内容的不同特点和学习方式的个性差异，打破固定化模式，尽量给予教师和学生充分的自由，合理运用教学时间和空间，灵活采用教学组织形式、方法和教材，开展最有效的教学。

2. 立足师生发展，实施弹性时间制度

打破原有的 40 分钟一节课的单一课时模式，实行弹性时间制，按课程内容、教师教学和学生学习的需要，灵活自主地安排课程时间，让课程时空更加灵动。

不同年龄阶段的学生、不同内容的学习活动有不同的特点，需要弹性地安排课时长短，因此学校可采用系数化的"时间分配制度"，即以 10 分钟或 15 分钟为一个系数尺度，根据学习活动的要求来计算和分配上课时间，每节课的时间用组合"最小时间系数"的方式确定，实现不同学习活动对课程时间的诉求。学校规定以 15 分钟为最小时间系数单位，各学科可根据学习活动规律和特点确定教学时间，不同课时基本上由系数的倍数构成。当然，在灵活分配时间的同时，学校也要准确核算各个学科的总课时数，以保证达到国家规定的课时总量。

（1）根据年龄特点，实行弹性课时

学校的弹性时间课程从时间、内容、教学及形式上，要着力突出"三个衔接"，即幼小衔接、低中衔接和小初衔接，强调学生的年龄特点和学习规律，根据不同年段设置不同时长的课程。为更好地帮助低年级儿童适应小学生活，幼小衔接可以将课程时间定为 2 个时间系数（30 分钟），中高年级逐渐过渡为 3

个时间系数（40分钟左右）。

（2）根据学科需要，实行弹性课时

开设长短课。就教学内容而言，活动探究类课程、美术创作类课程往往需要较长时间才能完成教学任务，而有些课程往往不需要40分钟就可以完成。学校可以每个教学日为单位，根据实际需要，设若干个长短不等的课时，交叉进行基础性与拓展性课程的教学。例如"小课时"安排在每天10分钟的晨读、习字；35分钟用于基础学科课堂；"大课时"则安排60分钟，方便学生完成动手操作、实验探究性学习的课程。每天课时的长短穿插，富有弹性，可以有效提高学生的注意力，调动学习积极性。

尝试大小课。对于一些有共性的课程内容，可以教师教授为主安排几个班甚至一个年级一起集中上大课，如音乐欣赏课由一位老师在演播厅给同一年级的几个班级同时上课，一节课的时间完成了几个班的教学任务，让教师有更多的研究时间为学生提供丰富的课程。

（3）根据特色活动，实行弹性课时

增加选修课程。将课程整合后节省出的时间科学、合理地增设能满足学生需求、有利于学生个性发展的拓展性、选择性课程。例如可以安排固定的时间，让学生选修自己感兴趣的课程，可以开设"走出校园的实践性学习""家校合作的自主性学习"等课程，让学生带着任务走出校园去发现问题、研究问题、解决问题。

增设主题活动。针对一些课程或活动的特点，学校可采用集中连续式时间分配方式，实行综合主题活动月、综合主题活动周及综合日制度。学校在相对固定的时间都会交替组织例如"体育节""读书节"等大型主题活动，这些活动持续时间不等，有的是一周，有的是一个月，学校可根据将要开展的活动时间，专门安排综合主题活动月或综合主题活动周，集中安排各种与主题相关的课程、讲座、比赛、展览和体验活动。

（4）课堂教学进度，实行弹性管理

学校不以教师是否在预定时间内完成了预设内容来判断教学质量的高低，引导教师树立开放灵活的时间观念，让教师可以根据学情需要灵活调整、弹性安排学习的时间和进度，增加或减少课堂中某一个环节的时间。

3. 弹性课时制度改革，给予课程实施更多空间

弹性课时制既是世界基础教育课程改革的趋势，也是我国新一轮基础教育课程改革所积极倡导的，它将给予教师和学生更多的自由，给学校课程改革注入新的活力。

（1）尊重学生的个别差异

弹性课时制倡导弹性、灵活的教学内容和进度安排，以学生的身心发展规律为基本依据和前提，尊重学生的个别差异，并为满足这种差异创造条件。在弹性课时制下，每个学生都可以有自己的"学习时间表"，差异将被作为调整教学时间的参照，而非用整齐划一的时间来掩盖学生的差异。

（2）适应不同课程的性质特点

不同的课程类型、不同的学科课程性质对单位课时的需求是不同的。在弹性课时制下的时间因课程需要而设，可以适应各学科的需求，保证学习的质量和效果。

（3）满足学习方式多样化的需求

弹性课时制提高了时间分配的适切性，为学生选择多样化的学习方式提供了可能，避免学生在课堂教学中开展的合作学习流于形式、浮于表面，充足的时间能够保证学生的探究、体验、思考、交流等活动得以深入。

伴随弹性课时制的推进，教师的课程意识将显著增强，教师将不再拘泥于一堂课的研究，而是思考学科课程内容的编排是否合理，重新划分课程与教学进度；教师将更加关注教学内容与时间这两个变量之间的关系，从学生视角出发，关注学习方式和学习速度的差异；教师将有可能自发地整合课程内容，开展跨学科研究，主动建构课程。

（三）教师参与策略的变革

要把国家课程转化为满足学生需要的、多样的、选择化的、个性化的课程，需要教师进行课程开发和课程重组，对老师来讲，是一项艰巨的、史无前例的挑战和任务。

那么，如何提高教师的"课程自觉"，助力教师如何主动参与课程建设中来呢？

1. 强化课程意识，成个人专业之"长"

（1）研究自己，正确定位，追求差异发展

教师之间的发展不需要"齐头并进"，教师应根据自身与学校转型性变革的

状态不同参加不同层次梯度的研究与实践，并在过程中进行自我观照与提升，使自己在滚动的教师梯队建设中保持应有的位置。

（2）转变观念，自觉反思，强化课程意识

教师要强化三个意识：第一，师生主体意识。一切从学生需要出发选择课程内容，变革学习方式。第二，生成意识。课程是可以预设的，但在具体情境中教师可以对预设的课程进行"再生产"。第三，资源意识。教材是课程的重要载体，但不是全部，教师要创造性地开发利用教材及各种课程资源，为课程价值的实现和学生的发展提供多种可能。

教师要培养反思性实践能力。通过自觉反思，把"课堂"放在"课程"框架里反躬自问，放在大教育视野下反观自照，把经验升华为理论，促进专业发展的蜕变和升华。

2. 变革教研组建设，成教师群体之"业"

（1）转变职能，在研究性变革中生成组内文化

在教研组制度等"硬件"变革的同时，作为"软件"的文化转型变革也尤为重要。教研组长要诊断教研组现状，寻找教研组文化建设的空间，形成教研组独特的文化理念，并在教研组建设中生成教研组丰富的文化内涵。

教研组文化的内涵需要在教研组研究性变革实践中生成，渗透在教研组工作的方方面面。这要求教研组在运作方式上有新的转变：

首先，教研组工作要从"被动执行"转变为"主动策划"。改变自上而下的传统工作方式，根据本组教师的发展需求、问题、研究基础以及学生发展的实际需要等主动策划系列化的教研活动。

其次，从"短期思考"到"长远规划"。改变本周确定下周活动主题甚至是当周临时确定活动的状况，在开学前和学期初提前整体策划一学期乃至一学年甚或更久的系列专题，关注教师的整体发展和长期发展。

第三，活动开展从"点状安排"到"前移后续"。所谓"点状安排"是指教研活动诸多次数的安排间缺乏内在关联性，活动因缺乏前期准备和后续改进性安排而难以真正取得研究和发展的实效。"前移后续"则从根本上打破这种状况，强调教研活动要在一段时间内能在专题确定、活动实施等方面形成连续性。

从"人"的角度来说，教研组长和组员的角色也应转型。教研组长应由"信息传达者""事物管理者"转变为"策划研究者"，思维方式要由"点状割

裂"转变为"整体综合"，要能在学校转变型变革的视野下，整体把握教研组与学校建设、教师发展的关系，主动思考教研组工作，重点策划教师的成长与发展，实现"在成事中成人，用成人促成事"。对于组内的教师来说，要从"单干者"转变为"合作者"。教研组是一个研究团队，在研究性变革的实践中，教师们只有分工有序、轮流实践、彼此协作才能共同进步。

（2）扎根课堂，在日常性研究与专题式教研中提升能力

日常性研究是在备课组内开展的基于真实问题的教学研讨，但这种研究往往呈点状，因此教研组层面的交流就显得更加必要。教研组层面的教研活动要采取专题研究的方式，使每一位教师都能以整体的思维方式看待每一个研究主题。可以采用学科组内的教师共同讨论理解研究专题——每个年级在集体备课的基础上领任务，由一人主要负责上课，其他人评课、再重建——全员参加听评研讨，提高现场学习力，并专题研讨后，带着收获的心得或评析进行移植课或重建课等形式开展研讨。

（3）统整兼顾，在探索中形成教研新常态

①形成兼顾学科内和跨学科间教研的新常态

杜威说："课堂教学可以分成三种：最不好的一种是把每堂课看作一个独立的整体。"对"最不好的教学"进行改进，就需要寻找这堂课和别的科目之间的"接触点"。寻找"接触点"的学习就是跨学科教研，通过教研发现学生在其他学科"是否学过相关内容""学到了什么程度""今后还会学什么"……并以此为基础设计统整教学。

在跨学科教研中借鉴其他学科的教学方法。一方面，学科间的教学方法可以借鉴和移植；另一方面，跨学科教研可以让教师跳出自己学科教学的"井"去发现有效教学的新天地。

让跨学科观察课成为常态。学校要鼓励和支持教师之间的跨学科观察课，组织跨学科的观课、议课。教师不仅要主动参与跨学科教研，还要自觉选择其他学科的优秀教师作为跟踪观察和研究的对象，获取成长营养。"不识庐山真面目，只缘身在此山中"，其他学科教师的意见很可能"一语点醒梦中人"。

②形成自上而下与自下而上互补的教研新形态

教研问题的路径一般有这样两条：自上而下的设计和自下而上的生成。自上而下的选题和教研，是由学校或者教研组提出问题，在教研组进行研究和变

革；而自下而上的选题和教研，问题的提出者是教师或备课组，他们针对自己的问题进行研究，取得经验后，在适当范围内推广和运用。两种选题和研究路径具有不同的工作背景和不同的实际效用，学校教研的新常态则应是两种来源、两条路径互补。

③形成教研组活动和项目团队活动相结合的新状态

新常态的教研活动应该是教研组活动和项目团队活动的结合。项目团队可以是包括以共同兴趣爱好为基础、以解决共同关心问题为目的、以参与共同活动的各种研究团队。学校不仅要加强教研组等常设教研团队的建设，更要重视项目团队的建设。要合理配置教研组活动和项目团队活动的教研时间，给予项目团队充分的后勤支持，并为项目团队的教研成果搭建交流和展示的平台。

二、区域课程建设的初步成效

《国家中长期教育改革和发展规划纲要（2010—2020）》中明确提出：把提高质量作为教育改革发展的核心任务。同时"提高质量"是江苏省教育厅确定的"十三五"教育发展主题。常州市"十三五"教育发展规划也将"以育人为本、促进公平、提高质量为核心"作为指导思想。在追求教育改革发展的高质量进程中学校课程建设是核心工程。

课程是教育思想、教育目标和教育内容的主要载体，集中体现国家意志和社会主义核心价值观，是学校教育教学活动的基本依据，直接影响人才培养质量。《国家中长期教育改革和发展规划纲要（2010—2020年）》中明确提出"要推进县（市）教育综合改革试点"的相关要求，"创造条件开设丰富多彩的选修课，提高课程的选择性，促进学生全面而有个性的发展。"由此可见，课程建设对于学生核心素养提升的重要性。近年来，以深化区域教育课程改革、提升区域教育品质为目标，以坚守儿童立场，促进学生全面健康发展为基本价值追求，钟楼教育聚焦于"高质量推进学校课程的实践研究"，充分调动学校课程建设的主动性，实现学校办学水平的内涵提升。我区各校立足自身实际，进行课程体系的优化、课程内容的重构与丰富、课程实施方式的改善与创新，走出一条独具特色的内涵发展之路。呈现了以下初步成效：

（一）在施瓦布实践性理论指导下，厘清了学校课程建设的有关概念

在先进的施瓦布实践性课程观的课程理念引领下，我区的课程建设的目标

由技术旨趣到实践旨趣，课程决策由个体审议到集体审议，课程的方法由理论思辨到行动研究。在此基础上，我们进一步明确了我区课程建设的价值取向和目标追求，丰富了我区课程的建设的理论。

1. 高质量推进：是指在课程建设中，通过高质量推进，实现课程建设的高质量，具体包括课程目标构建的高质量、课程实施的高质量，课程评价的高质量，真正指向学生核心素养的培养，实现学校的培养目标。

2. 学校课程建设："学校课程"是课程改革的核心，学校高质量的课程建设是让学生的核心素养落地的过程。国家课程、地方课程、校本课程构成了目的和手段的关系，地方课程、校本课程都是为了更好的实施国家课程目标存在的课程形态。因此，国家课程、地方课程，都必须转化为校本化的"学校课程"，以学校个性化培养目标为引领，校本化实施国家课程，创造性开发校本课程，不断丰富学校的课程形态，满足学生学习方式丰富的需要。

3. 实践研究：基于学校个体开展的自下而上的个性化的行动研究。每个学校基于自身的基础，包括文化传统、师资生源等方面，通过行动研究寻找适合自己的课程建设的路径，然后在此基础上概括出一般的课程建设的策略。

（二）整体性、校本化确立课程建设目标，让学生核心素养的培养落地生根

有什么样的学校生活，就会成就什么样的学生，有什么样的学校课程，就有什么样的学生形象特质，课程建设是近年来学校教育教学改革的重点。通过学校的课程建设，让学校的个性化培养目标得以凸显，让学生的核心素养培养得以真正落地。这是改变原来通过某一门校本课程、某一个特色项目、某一个社团活动的点状思维的工作方式，是基于自身的文化传统、办学理念，整体性、校本化的架构学校课程建设的总目标的过程，具体化、清晰化、结构化的厘清核心素养和培养目标、课程建设目标之间的关系，实现育人目标和课程目标的统整，为了每一个儿童的发展，关注每一个儿童的成长，成就每一个儿童的精彩，为每一个儿童提供个性化、实践性的课程，培养独有的学生形象特质，提升学生的核心素养，让国家核心素养培养的具体要求生根落地。如实小课程建设的总目标：通过课程内容的统整，学生的关键知识、关键能力的习得将更加聚焦，并且能够有更多拓展的空间；通过课程实施策略的创新，学生能主动转变学习方式，拥有更加丰富的生活经历；通过"林一树"育人生态的建设，实现学校的育人目标。学校以"成长树"整体化、校本化地架构育人目标，学生

的核心素养是有结构的——人格打底，学力护航，素养为本。每个儿童要成长为这样的"树"——以"分享品行、社会责任、家国情怀"之人格为"根"，以"主动参与、合作分享、创新实践、自主发展"之学力模型为"干"，努力具有"树"的品性：扎根、吸纳、向上、舒展，显示素养特质，成为基础扎实、乐于分享、阳光健康、自信大气的有智慧、会分享的实小人。又如花园小学对于学校课程美好的愿景：为学生努力开发丰富的人文和科技交织的课程，精选具有思维价值、创造价值和发散价值的问题，引导学生交流分享，汇集智慧，让每一个学生都拥有自由舒展的心灵；为学生提供他们喜闻乐见的多样化的课程选择，让学生能根据自己的兴趣爱好进行选择，享受他们学习生活中无穷无尽的乐趣；通过为学生创设学生熟悉的、感兴趣的情境，提供课内知识活化和整合的机会，吸引学生投入到学习中来，让课程成为学生快乐学习的源泉；通过创造优良环境和平台，激发学生的求知欲，让学生学有所成，真正成为具有"博学、善思、健康、乐群"特质的花小学生，让课程成为培养学生跨学科的核心素养的基土。

（三）课程建设呈现丰富的样态，让师生获得真实地成长

各校基于自身课程建设的实际，高质量、创造性地进行课程建设的研究，"做我们自己的学校课程"，开展课程实施策略、方式方法的研究，丰富课程建设的样态，让学校的课程建设更加丰富灵动、方式方法更加生动多样。有以学科为依托的分科课程学习、有以跨学科依托的综合课程学习；有教室内的学科课程学习，有教室外的综合课程体验；有国家规定的必修课程学习、有学校开设的选修课程学习；有本学科的主题学习、有跨学科的模块学习……学生在丰富的课程样态中获得真实的成长。如西新桥小学：从语文课程的主题学习，拓展到其他学科的卷入，比如各个学科都围绕"秋天来了"进行教学研究，互为补充、体现不同学科对于学生成长的不同的育人价值，然后就研究的成果进行课程故事分享，形成了国定课程变为学校课程的可操作路径，学校呈现了如何从一门学科做起，其他学科卷入的课程建设的案例。再如清潭实验小学以"语文主题学习"作为语文课程建设的突破口，教师们开展"教材＋丛书""阅读＋习作"的整合备课，高质量达成国家课程标准。又如钟楼实验小学围绕"乡美"主题内容，分别在国定课程美术课和社团活动课中进行研究，让学生在制作、绘画、涂色、染印的过程中品味了独特的江南文化风景，提升了独特的地

域审美品位。

同时学校对于各类工作能够进行"课程化"的研究，即从课程的视角对各类工作进行目标、内容、实施、评价的研究，不断创新"课程化"实施的策略，如联合各类学科的融合渗透、创设主题活动的系列架构、开展特色活动的整体策划、拓展假期生活的创新实践等，进一步丰富课程建设的样态。如东方小学的世界语课程，充分利用学校的重要节点事件来推进：学校承担日本高槻市市长访问团来校访问的接待任务，就用课程建设的思想，加强育人生态环境的营造，世界语课程的梳理等，不拘泥于语言的学习，更多的是通过世界语这个平台来与国际友人交流各自的学习、生活、习俗，理解世界大同的思想。再如花园第二小学围绕30年校庆进行了主题活动的系列架构：学校二维码推广——我为学校做代言；写给未来的自己——我和2035有个约；版画爱心义卖——我为母校出份力；校庆新闻发布会——我带你看花二；"金葵向阳、满园澄亮"——30年素质教育成果展，每个学生都参与其中，让学校精神根植在每个学生的心中。

教师根据自己特色、特长，有选择参加到建设的学校课程中，充分发挥自身在课程实施中的作用，在动态的过程中不断丰富和完善实施的策略，不断优化学校课程的实施，形成学校课程建设的有机生态。如实验小学教育集团：高品质项目《给儿童一段温馨的"林—树"之旅》入选常州市基础教育高品质项目。"林—树"课程建立了内网"教育教学"—"课程中心"，除了承载十大学科备课资源外，"林—树"课程的相关内容也已经建立框架目录，"灌木丛""草本园""乔木林"相应年级的课程资源逐步完善，教师可以依据自身的特长加入学校课程资源的建设中去。又如邹区实验小学依托地方资源，开发实施创客校本课程的实践研究；泰村实验学校进一步架构了以"身心俱健、情智丰满"的育人目标，以"学会生活""明礼塑德""学力素养""精彩生命"为主要内容，教师根据自己的特长参与其中。

（四）学生学习方式多元化，让学生的学习更有意义

学生是学习的主体，尊重和发现每一个孩子的特点和价值，就要为学生创造更多丰富的学习机会，创造性的开发、尝试更多元的学习方式，并进入到学生日常化的学习中，使学生在小学六年的学习中能够经历、掌握更多的学习方式，能够具备面对不同的内容选择恰当的学习方式的能力，培养学生的综合素

养以及适应未来社会的能力。学校应该立足学生主体，较系统地逐一梳理出多样的学习方式，比如基于学习内容、基于学习目的、基于网络技术、基于学习环境、基于组织形式等方面，变革、创造、多元化丰富学生的学习方式，让学生的学习更有意义，培养学生学习的兴趣，让学生成为学习的主人，提升学生的综合能力和核心素养。如花园二小的数学课程建设通过课程基地建设、开展多样化的学习方式：王希希老师在《克的认识》一课中，通过带着学生去特定的实践基地寻找"1 克"，把课堂拓展到校外：金店、药店、茶叶店、烘焙店……丰富了学生的学习方式，学生在实践体验中不仅加深了对"克"的认知，获得积累了数学的经验，感受体会了数学的思想方法。勤业小学开展"组式阅读"的学习，王静娜老师在《组式阅读：钱学森、詹天佑》一课中采用了"对比式阅读"的方法，聚焦"人物的细节描写"，在品读文中人物的细节描写中进行对比，让学生在寻找、对比和总结的过程中学习"典型事例表现人物特点，细节描写突显人物精神"的表达方法，感悟思想感情，并将课堂上学习的方法拓展到新课文的阅读中。再如花园小学开展《好吃的萝卜丝》主题单元的学习，三位老师分别执教了《市场调研：好吃的萝卜丝》《技术学习：刨腌萝卜丝》《探究标准：凉拌萝卜丝》三个版块，学生在任务驱动中，感受着工程中的标准化，熟悉着刨子、秤的使用技术，探究着标准里的变量……体现了学科个体性与综合性的有机融合、知识学习与能力的综合发展的有机融合、学生主动参与和过程的开放性的有机融合。

（五）通过整体联动的机制建设，促进了区域课程建设的"共同体"的形成

以"资源共享、协同创新"的课程建设理念，通过资源整合，努力做到师资、教材、设备、场地与网络等资源共享；用成果引领推进研究过程，增强研究能力，提炼实践经验，形成特色，边做边实践，边实践边完善，边完善边思考，通过整体联动、互生互长，实践探索，打造系列化的区域共享课程基地，逐步打破各自为政的壁垒，加强区域课程有机生态系统的建设，使得不同学校都能获得相应提升，为钟楼区学生的成长创造更多的机会。如花园联盟由花园小学、花园二小、白云小学、谭市小学 4 所学校组成，我们简称为"TBH 联盟"，其体育特色课程是 TBH 联盟校的办学亮点，各校着力构建较为完整的体育课程体系，重视课程内容的基础性、渐进性、趣味性和多样性。联盟中 4 所

学校各具运动特色，花园小学的篮球、足球；花园二小的棒垒球；白云小学的足球，谭市小学的足球。花一、白云、谭市均是全国足球特色学校，花二的棒垒球多次在全国大赛中取得佳绩。近几年，这些球类运动的优势正逐步彰显。花园联盟开展"一旗、一徽、一目标，一战、一赛、两展示"的"体育嘉年华"活动，所有活动力求做到低门槛、全参与、重过程，旨在推进联盟体育课程改革，实现体育课程惠及每一个孩子的指导思想，后续四所学校都以"足球"特色课程的建设为抓手，建设良性发展的联盟共生体，实现课程资源建设共享、课程推进研究共思、课程成果推进共创的发展。再如新闸的创客课程中课程资源"创客一条街"的开发，给周边学校创客课程的建设提供了课程资源。

下 篇 03

区域教育质量
提升的保障与支持

本书的下篇重点突出区域质量提升的保障与支持机制。从政策导向来说，突出解决两大难题的机制保障，即：入学问题、师资问题。从专业支持来说，突出"教师共同体"专业支持机制的价值意义、实践模式、区域实践。从主动发展来说，表达了"集团化""项目化"整体联动机制带给区域教育质量提升与学校特色发展的诸多益处。

第一章

政策导向：促进区域教育质量提升

以教育质量提升为目标，教育行政管理明确中心，摆正位置，解放思想，在把握导向、执行政策的基础上，根据区情实际，出台各项文件，推动管理机制创新，提高教育行政的保障力度。

第一节　解决入学问题，促进教育公平的保障机制

面对区域发展新形势，促进城乡教育一体发展，钟楼教育在成功创建义务教育基本均衡示范的基础上，以优质均衡为目标，钟楼区政府出台了《关于统筹推进城乡义务教育一体化促进优质均衡发展的实施意见》。按照"统筹规划、优先发展、属地负责、主动发展、部门联运、创新发展"的原则，明确了"治理能力整体提升、教育投入稳步增长、办学规划更加合理、队伍建设趋向均衡、入学权益有效保障、标准建设全面达标、教育品质实现跨越、人民满意保持高位"八个方面的工作目标。

一、教育规划：建立学校建设的保障机制

钟楼区修编义务教育学校布局规划，根据新型城镇化发展和学龄人口变化趋势，完成"十三五"义务教育学校布局规划修订编制工作。明确的分年度建设计划，为教育规划落实打下坚实基础。钟楼区在学校布局的科学规划和落实中，有三个方面的特点。

（一）通过新校建设与老城区学校改扩建，保障办学空间，确保学位供给。把规划落实作为保障教育供给的基础性工程。区政府优先保障义务教育用地供

应。采取盘活存量、用好增量的方式，预留足够的义务教育用地。

（二）创新学校建设协同机制。义务教育学校建设实施"交钥匙"工程，确保配套学校与住宅首期项目同步规划、同步建设、同步使用。配套学校在新建设计、建设、验收的过程，教育行政部门全程参与，保证学校按学校建设标准化要求设计，保证学校满足环保等相关标准，保证学校满足后续办学办学理念与办学内涵发展的需求。

（三）适度引入民营资本，办学机制逐步多元。以引进优质教育资源为目标，适度引入非营利性民办机制。以公办优质发展、民办适度补充的方式，满足钟楼百姓日益多元多样的教育需求。

二、教育公平：规范基础教育的入学机制

钟楼教育涉及学前教育、义务教育两个学段。钟楼区教育文体局坚守教育公平原则，在招生政策执行中坚决贯彻常州市入学指南的政策要求。钟楼区初中入学按照市区初中入学规范流程，根据小学毕业生房产户籍情况，由市局按施教区全面统筹，直接对口升学，钟楼区教文局指导各校做好均衡编班工作。钟楼区小学和幼儿园入学分别采用施教区和服务区制度，通过划片招生，实现就近入学。对流动就业人员子女以居住证为依据，解决流动就业人员子女入学和入园需求。以入学公平保障教育起点的均衡。

（一）学前教育探索服务区制度

随着钟楼经济迅猛发展，百姓对学前优质教育的需求与现有园所数量、规模之间的矛盾日益突出，入园难成了学前教育的痛点所在。2016年，钟楼区教育文体局率先在北港街道开展"学前教育服务区"试点工作。

学前教育服务区参照义务教育施教区的制定办法，根据"就近入园"的原则，为该地区的公办园所划定相应的小区作为服务区，服务区内的群众凭符合条件的房产、户口、租房协议等，即可办理入园手续。

为确保试点工作顺利进行，教文局多次组织区域内各公办园进行摸底调研，制定工作原则，规范工作流程。各园所不仅与社区联动，将"服务区"概念宣教入户，更将相关划分情况、报名要求写入招生简章之中，张贴于园所外墙醒目处，以方便周边群众了解、操作。

两年来，北港地区"学前教育服务区"的试行，让辖区内的每一户家庭都明白了自己的孩子"上哪里、怎么上",免去了家长无谓的焦虑与奔波,极大地减少了入园矛盾,大大提高了人民群众对辖区内教育的满意程度。

(2)义务教育规范施教区制度

为确保学校施教区范围划分工作规范有序进行,通过科学确定划片方式、合理确定片区范围、完善学区划分、调整工作机制,对义务教育公办学校学区划分原则、程序、执行等方面做进一步规范和细化,以更好保障教育公平,促进社会和谐。

1. 坚持原则划定学区

尊重历史、稳定第一。对已划定学区保持相对稳定,原则上不做调整,以保持政策的连续性和稳定性,确保社会稳定。

路河为界、相对就近。结合城区学校布局、学校设计规模、学位供给数量等,以街道、河流、桥梁等为界,充分考虑可能影响公平的各关键要素,合理、科学划分学区,确保适龄儿童少年整体上相对就近入学。

2. 严格程序公开发布

实地勘察:每年3月,由局后保科组织人员到新建学校、新建住宅地、老住宅(少量盲点住宅需明确学区)周边进行勘察,对周边交通状况、学位供给数量、规划建设等方面作具体了解。

形成方案:经实地勘察,于每年4月底形成学区分布及相关调整初步方案。

多方论证:每年5月,对新建学校、新建住宅及盲点住宅的学区划分,或确需调整的学区划分,建立多方参与、专项审查、集体决议的划分、调整工作机制,并广泛征求意见,对初步方案有争议且难以达成一致意见的,进一步邀请相关单位和家长代表组织听证。

主动公开:每年6月初,形成全区学校施教区范围,并由区教育文体局在网站上予以主动公开、长期公布;每年6月15日,各小学于学校门口醒目处公布学校招生通告及施教区范围,并于招生期间严格按施教区范围实行免试入学。

3. 强化监督

推行义务教育"阳光招生"政策,义务教育全面实行招生入学的计划公开、条件公开、施教区范围公开、结果公开,各校要严守招生纪律,对出现违规违纪行为的,坚决从严追责,接到举报或发现房地产开发企业作不实宣传误导家长的,区教育文体局和有关学校主动澄清、及时制止。

（三）流动子女保障公办入学权益

结合我区实际，制订出台《小学招生工作方案》《入学指南》，按照"划片招生、属地牵头、部门配合"的原则实施，由开发区、相关街道牵头负责，组织各辖区内流动就业创业人员随迁子女入学招生工作以及维稳工作，区各相关部门积极配合。通过各部门通力协作、扎实履职，切实做好流动就业创业人员随迁子女入学工作，保障公办入学权益。

1. 加强组织领导。成立区招生工作领导小组，明确各单位职责分工，开发区、相关街道成立工作组，做好流动就业创业人员随迁子女入学数量调查摸底工作，并制定维稳预案，综治、公安、信访、教文、地税等单位做好配合。各单位各负其责、通力协作、扎实履职，确保招生工作平稳、有序进行。

2. 开展政策宣传。明确全区小学招生工作方案要求，统一时间、统一口径、统一步骤开展流动就业创业人员随迁子女入学政策宣传工作。每年5月底，在市局的统一部署下，举行区招生咨询活动，6月10日前教文局向幼儿园大班幼儿发放《告家长书》，对家长进行政策宣传，开发区、相关街道同步向属地流动就业创业人员、地方企业务工人员发放《告家长书》并进行招生政策宣传，提醒家长提前准备子女入学相关材料，教文、人社、公安、卫计、地税、学校等负责政策答疑的各单位，安排专人在宣传期间，负责向咨询家长解读政策，努力让暂住钟楼区的流动就业创业人员都熟知我区招生政策，了解其子女入学所需材料。

3. 组织专项培训。各小学、各相关部门安排固定人员参与招生工作，教文局牵头负责，会同人社、公安、卫计部门，对各片区审核入学材料的具体工作人员进行专项培训，确保招生人员熟知招生政策，掌握招生要求和操作流程，做到两统一：统一审核要求、统一实施步调，保证实施时间、流程、标准一致。

4. 分片资格预审。开发区、相关街道牵头负责，对属地流动就业创业人员随迁子女入学材料进行审核，确保做到审核人员固定、审核标准统一、审核过程透明。审核现场设咨询处、审核处、登记处；审核流程按照《钟楼区流动就业创业人员随迁子女入学材料审核单》进行逐项审核，并由审核点学校做好信息汇总工作。

5. 办理报名手续。开发区、相关街道牵头负责，对前期材料审核通过的，由家长带领孩子及《入学材料审核单》复印件到审核点学校办理报名手续。材料预审未通过的，补充提交材料。

6. 公布入学名单。学校根据开发区、相关街道审核结果，完成入学调配，由各学校公布流动子女入学名单。

第二节　解决师资问题，提升优质教育的支持机制

优质教育之"优"，首先"优"在师资。钟楼区对中小学、幼儿园的师资各有保障。

一、区管校聘：创新中小学教师队伍的保障机制

钟楼区出台《区政府办公室关于进一步推进全区中小学教师"区管校聘"管理体制改革的实施意见》（钟政办发〔2017〕38 号）《区政府办公室关于建立钟楼区义务教育学校教师"区管校聘"管理体制改革联席会议制度的通知》（钟政办发〔2017〕28 号），全面深化中小学教师队伍管理体制改革，按照"以人为本、总量控制、统筹使用、合理配置"的原则，创新中小学教师"区管校聘"管理体制，加强全区中小学教师的统筹管理，优化教师资源配置，促进教育公平。

（一）完善中小学教职工总额管理机制

建立区域内公办中小学教职工人员总额管理机制，实行动态管理。区编办依据相关规定标准、生源变化及教育教学改革需要，定期核定全区教职工人员总额，人员总额由事业编制数和聘用人员数组成。区教文局按各校实际情况将实行区内统筹。

（二）建立教职工编制优先保障机制

钟楼城区规模扩大、教育体量持续扩容，只减不增的编制总量难以支持教育发展。通过区内统筹调剂教职工编制、清理回收编制优先保障义务教育。对仍存在的教师缺编情况，通过岗位购买服务的方式，招录聘用教师，实行合同管理，建立相应工资保障制度，其工资收入不低于当地职工平均工资水平，并按时足额缴纳各项社会保险费。聘用教师享有职称评定、评优评选、培训进修等待遇。

（三）完善教职工岗位设置管理

建立区域内公办中小学教职工岗位"全员竞聘、能上能下"机制。区教文局根据核定的全区教职工总数，合理确定各校事业编制人员岗位设置方案，并根据学校实际情况定期进行调整。岗位聘用向乡村学校倾斜。

（四）完善教职工聘用合同管理

依据《中华人民共和国教师法》《教师资格条例》《事业单位人事管理条例》和《事业单位工作人员处分暂行规定》等法律法规，进一步规范教师聘用合同管理，逐步建立和完善教师退出机制，打破教师出口瓶颈，形成能进能出、能上能下的良性循环，优化教师队伍结构，提高教师队伍整体素质。

（五）完善教师定期流动机制

出台《关于进一步推进钟楼区义务教育学校教师轮岗交流工作意见》《钟楼区义务教育学校教师交流工作补充意见》，以"促进均衡、协调推进、统筹兼顾"为原则，确立新一轮轮岗交流的集团联盟，区内行政调配、集团联盟交流相结合，建立区内区外，联盟内外的灵活轮岗机制，推进教师交流轮岗常态化、制度化、公开化。安排专项资金，引导支持城乡教师交流工作。

二、员额制管理：加强学前教师队伍的补充机制

钟楼学前教育多年来秉承"优质、均衡"的发展理念，致力于教师队伍的打造与教学质量的提升。但学前教育编制不足、自收自支的办学体制始终困扰着学前教育发展。

2017年6月，市编办出台《关于开展公办幼儿园教师员额管理试点的指导意见》，旨在探索推动教育人事制度改革，破解公办幼儿园教师编制瓶颈，解决学前教育资源配置不均衡、编制供需矛盾突出、教师专业素质不强等问题，促进学前教育健康持续快速地发展。

2018年1月，钟楼区人民政府办公室印发《钟楼区公办幼儿园教师员额管理实施办法（试行）》的通知，明确了我区员额制管理工作的各项要求。区编制委员会办公室根据政府办文件精神，为我区公办幼儿园核定人员总额数1133名、首批使用员额数998名。

区教文局首先完成了公办园中所有合作园、民办园的挂编人员的清理、归位工作，为公办园员额制工作的推进扫清了障碍。随后，教文局开始了全区各园聘用教师收入情况摸底，为制定员额制教师工资标准提供相关参考。与此同时，教文局多次会同人社、编办、财政等部门，协调员额制教师的岗位、待遇等问题，确保他们在职称评定、进修培训等方面享有与事业编制人员同等待遇。

2018年4月底，钟楼区幼儿园员额制教师招聘工作启动。参照事业编制招考办法，经过笔试、面试、体检、政审等环节后，35位在钟楼执教十年以上的教师成了首批员额制教师。

从指导文件出台，到首批招聘尘埃落定，钟楼区教文局勇于探索，敢于革新，取得了宝贵的经验。短短一年时间，钟楼区通过人事制度改革，将员额教师作为学前师资队伍的补充，有效破解了公办园教师的编制瓶颈，最大程度保持了学前教育师资队伍的稳定。

三、搭建平台：营造领军人才的成长机制

钟楼教育关注领军人才梯形架构、谋划人才合理布局、锤炼队伍过硬素质，启动了"人才工程"，提出了"十百千"计划打造"领军人才"，即：通过三年的努力，培养十名教育家型校长、教师；百名卓越校长、教师；千名骨干校长、教师、班主任。为此，钟楼教育实施"三名计划"：立足培养名校长的"头雁振翅计划""名校长培养基地"；立足培养名师的"蒲公英计划""成长在钟楼"工程；立足培养名班主任的"向日葵计划"。从校长、教师、班主任三个维度，建好人才"蓄水池"，储备干部新力量；从理论素养、专业水平、实践能力三个层面设计培训系统课程，锻造成长"炼金炉"；硬化实战、量化实绩、优化服务，发挥"过滤器"作用。目前，钟楼教育共有特级校长3名、高级校长11名，骨干校长5名，常州市教育管理拔尖人才23人；人民教育家培养对象3人，特级教师8人，特级教师后备人才14人；"三级"班主任13人。

（一）校长培养工程

钟楼教育注重校长能力综合提升，分层次、分梯队、多渠道、高质量地开展各级各类校长教育培训工作，启动"校长培养工程"，有效激活校长队伍供给侧，促进钟楼教育高质量发展。

1. "校长培养基地"促成熟校长再出发

钟楼教育以"杨文娟名校长培养基地"为核心，根据"硬化实战、量化实绩、细化目标"的原则，在全区选拔了8位成熟的校长进入基地。通过60分钟

现场必答题、5 分钟现场阐述方式，考核校长现场应变力、表达力；通过量化管理成果、专业荣誉等实绩，民主测评、满意度测评等多种形式考核校长；通过多样的培训课程、多元的培训方式促专业发展。由杨文娟特级校长手把手指导，帮助成熟校长突破职业瓶颈，成绩再突破，创业再出发，着力打造钟楼教育"领军型人才"队伍。

2. "头雁振翅"促骨干校长快成长

为进一步加快骨干校长快速成长，钟楼区教育文体局党委组建为期两年的钟楼区"头雁振翅"骨干校长培训班，借力第三方（江苏凤凰教育出版社、江苏凤凰教育智库），打造校长专业成长共同体，提高全区校长队伍能力水平和核心竞争力，推进区域教育改革发展。在全区进行遴选 43 人，组成钟楼区"头雁振翅"骨干校长培训班。由江苏凤凰教育智库根据学员访谈意见、问卷调查的数据分析，量身定制培训课程。在培训方式上采用"任务驱动、导师跟踪"的方式，从全省范围内遴选优秀校长作为导师，在两年的培养期内对学员进行长期的跟踪指导。

3. "青苗计划"促后备校长加速跑

钟楼教育不仅关注当下，更眼观未来，加强校长队伍梯队化建设，重视后备校长队伍培训。钟楼教育重心下移、年龄降低、多向选择，分别选择了党内、党外后备校级干部 72 人。根据干部成长规律，精心设计课程，第一年主要以讲座学习、课题研究的理论积累为主，第二年以实践学习、岗位锻炼的能力提升为主，从理论到实践，从输入到输出，拉长学习期；邀请组织部门领导指导，为青年干部、后备干部培训班设计了一系列的综合管理能力提升课程单；还制定了不同的考核要求，每一阶段学习要进行书面的学习总结汇报、每一位干部选择一个个人课题自主研究、每年进行现场考核。

同时，教文局党委就后备校级干部"岗位锻炼"进一步强化，通过"三炼"：轮岗锻炼、基层锻炼、挂职锻炼，分别实现岗位培训、基层培养、挂职培育，进一步夯实后备干部实践管理能力。通过搭建平台、多形式培训，压压担子、壮壮胆子，使青年后备干部成长加速跑，为钟楼教育事业高质量发展储备新生力量！

（二）骨干教师提升

钟楼区教师研究工作室三年为一个周期，以培育名师，储备队伍的宗旨，在不断优化目标、清晰定位、把握关键——力"研"于过程，着"常"于时空，优"思"于发展。

1. 创新机制，实现"自主式日常化研究"

基于区域工作室的结构特性找定位：10位成员来自不同的学校，集中研究的时空是一个瓶颈性的问题，"日常化"和"常态化"的研究状态如何实现，貌似是一个无解的题目，在工作室的研究与协商过程中，大家发现：激发成员的内驱力，聚焦研究主题，就能实现"常"。"自主式日常化的研究"成为大家的共识后，建立相应的运行机制。

2. 切中关键，实现"有深度的过程化研究"

19个区域工作室包含中小幼三个学段，涵盖语文、数学、美术、综合实践等诸多学科。如何实现有深度的过程化研究？课题研究是聚人、聚心、聚智的重要途径，各工作室成立后的第一件事就是着手寻找研究主题，形成研究课题方案；区域组织方案修改、论证；参与区级以上各类课题的申报：

小学语文"主题阅读"的研究

初中语文综合性学习时间研究

小学数学实验研究

"小学数学'关键性问题'教学"

小学生需要性写作研究

儿童发现式阅读研究

小学数学"综合与实践"教学研究

……

3. 促进内省，实现"思维模式的转型"

每一个教师的成长轨迹都是不一样的，每一个工作室的发展之路也是各不相同的。但在成长中，唯一相似的是不断优化自己的思维方式，优化思维模式，拓宽视野、打通新旧认知……

常州市实验小学教育集团的张祖润领衔的"小学数学关键性问题研究"工作室在三年研究实践中反思并总结出自己的发展策略：1. 智者引路，对小学数学教学中的"关键性问题"有了多角度、全面的理解。2. 骨干开路，结合自己的课堂实践不断提炼、沉淀，在骨干老师的带领下，走进学生、走进教材……3. 实践铺路，成员在课题研究的理论学习与实践中不断丰厚自己，教研的理解力、判断力和创造力大大增强，数十篇高质量论文在省级以上刊物发表，大大增强了教师发展的自信心。

常州市觅渡桥教育集团的陈佳领衔的"小学数学数字化学习"研究教师工作室，这一项研究是原创性的，从无到有的，他们便确定：用三年的实践积累一条适合一线教师实用的手册，带动更多的教师参与实践。2018 年，数字化教学实用手册诞生：《小学数学数字化学习平台应用指南》《小学数学 APP 小软件应用指南》《小学数学微课制作与应用指南》和《小学数学数字化课程建设》。

三年的教师研究工作室的辛勤付出，收获的是成长。15 位领衔人，近 150 多位成员中，有 3 位被评为江苏省特级教师，有 15 位在市区两级五级梯队评审中有晋升，三年中，2 本专著、2 套教材、一套手册，近 300 篇论文发表得奖……

（三）班主任队伍建设

为贯彻落实党的十九大精神，牢固树立立德树人的教育理念，根《中小学德育工作指南》《关于加强中小学班主任工作的意见》和《中小学班主任工作规定》和《常州市教育英才队伍培养工程实施意见》等文件要求。钟楼区教育文体局于 2018 年 4 月组建钟楼区"向日葵计划"骨干班主任研修班，进一步加强班主任队伍建设，培育一批综合素质高、业务能力强的班主任，激发区域班主任工作创新活力。

钟楼区教育文体局会同专家团队合理设计培训课程，规范培养流程，提升培养工作质量成效。经过自主申报、学校推荐、教文局遴选，共计 47 人入选研修班，分成中学 1 组和小学 3 组。"向日葵计划"骨干班主任研修班周期为两年。运行周期内，采取集中学习与自主学习相结合，线上与线下交流相融通，阅读、授课、考察（跟岗）相交错的培训方式，通过互动式专题讲座、主题式沙龙研讨、案例式微型论坛、引领式读书指导、活动式创意设计、体验式学习考察等形式着重从三方面入手，提高区域班主任队伍的整体素质：

1. 基本素养提升。培养具有较强的教育引导、组织管理等能力素养的班主任队伍，在全市及以上范围班主任基本功竞赛中获奖。

2. 专业素养提升。培养业务水平较高的班主任队伍，对班队（团）会、课程建设有自己的思考，且能形成一套体系较为完整、特色较为鲜明的班（团、队）课程或系列活动。有能力开设辖市、区及以上高水平班主任公开课或示范课（主题班会、队会等）。

3. 科研能力提升。培养勤于实践、善于反思、科研意识强的班主任队伍，具有科学设计合乎孩子心灵需求、德性成长的教育活动的热情与能力，有德育论文发表或获奖，能主持或主要参与德育改革实验、课题研究，并取得成果。

钟楼区教育文体局及学员所在学校定期了解学员考勤和学习情况。研修班采用单元作业点评、主题汇报、中期与结业考核等相结合的方式对学员进行综合考核评价，要求研修班学员每年完成"七个一"：（1）制定一份班主任专业发展规划：每位学员结合工作实际，从自我分析（优势与不足）、目标分析（总体目标和分解目标）、发展策略等方面入手，制定个人发展规划，促进专业成长。（2）撰写一份班会课方案：凸现个人风格，呈现活动的教育性、过程的完整性，包括题目、教育背景、教育目标、活动前期准备、实施过程、特色阐述等基本内容。其中实施过程要具体、明晰、可操作。从主体性、针对性、适切性、操作性、创新性、规范性，这六个方面进行评审。（3）上一节班会观摩课：主题鲜明，具有时代性、针对性；遵循科学性、教育性、自主性、趣味性、艺术性四大基本原则；体现班主任工作先进的理念、丰富的实践经验、自主的创新能力等。（4）撰写一篇德育论文：论点凸现新时期学校德育工作特点，基于日常班主任工作，敏锐观察学生思想、行为的变化，抓住当前学校、班级德育现状，紧扣学生工作重难点，提炼出合乎学生心灵需求、德行养成、行之有效的教育转化策略，反映自己在探索德育工作中的成功经验，能在区及以上发表（获奖）。（5）讲一则教育故事：讲述班主任工作中的真实故事，充分体现自己对学生成长内涵的理解，工作策略的探索和个人成长的感悟。（6）申报一项德育个人小课题：选题要切中当前班主任工作的针砭时弊，体现时代性，具有前沿性。内容包括：研究背景、概念界定、研究目标、研究内容、研究进程安排等方面，研究周期为一年。局将组织评审，视质量推荐申报区、市课题。（7）进行一次基础知识题测试：要求学员在规定时间内完成班主任应知应会的基础性题目，主要涉及班主任工作的基本内容，采取"单项选择"和"判断"两种题型。基础知识题出题范围为当年省、市班主任基本功竞赛的参考资料。

根据《常州市教育英才队伍培养工程实施意见》，区教文以"向日葵计划"骨干班主任研修班为搭建班主任专业发展平台，大力推进市、区名班主任队伍建设工作。坚持评选考核与立体培育相结合，坚持自主发展与辐射引领相结合，坚持内部激励与多方支持相结合，突出师德为先，强调育人实绩，积极探索和创新名班主任队伍建设机制，创新班主任培养载体，营造"在研究中成长"的专业成长氛围，促进他们由经验型向研究型转化，提高区域班主任队伍的整体素质。

注重顶层设计，突出机制创新，系统推进中小学班主任队伍建设。遵循班主任成长规律，实行名班主任队伍梯队培育模式，引导和激励全市中小学班主任沿着"常州市骨干班主任""常州市高级班主任""常州市特级班主任"的成长路线发展。建立名班主任荣誉制度，对评选出的区级名班主任颁发荣誉证书。建立名班主任考核制度，建立完善激励制度。在绩效考核、评优评先、职称评定中切实体现向名班主任倾斜。

推进名班主任成长立体培训工作，为名班主任提供参加市、区级教育教学活动的机会，组织名班主任集中学习考察交流活动和专题培训活动。推进名班主任专业提升"五个一"工作：每学年开设一节德育公开课、举办一次班级文化建设交流讲座、指导一名青年班主任、参与一个德育名师（班主任）工作室或一个德育课题研究撰写一篇德育论文。推进名班主任"1＋1"示范辐射工作，力争市、区名班主任带领年级、学校、教育集团或教育联盟、钟楼区域班主任队伍整体提升。

第三节　解决质量问题，落实规范办学的管理机制

一、学业定期调研——导向教育质量提升

为了促进区域基础教育质量优质、均衡发展，我区正逐步建立系统的区域教育质量监测与评估体系。其中，钟楼区教师发展中心不仅通过问卷调查、深入课堂访谈等多种形式，对区内学生的学习动机、学习兴趣、学习方式等情况进行深入了解，还通过"相约星期二"常规调研、"学科关键能力调研"等定期调研的方式监控各校的教育教学质量。在调研过程中，着重强调质量调研的价值定位，积极探索质量调研方式、内容、结果反馈的多元化，解决学业成绩背后的关键问题，为进一步改进教学和提升教育质量提供科学依据。

（一）"相约星期二"常规调研

利用每周的星期二，钟楼区教师发展中心组织区内骨干教师在基层学校集中调研一天，调研内容包含：教学常规调研、课堂教学调研、学生学业质量调研、校本研修调研、信息装备调研等。通过听课、观摩校本研修活动、查看相关资料、学业质量检测、与学校教师和管理层交流等形式，深入了解一线教师在课程实施中体现的教育理念、教学方式等的现状，了解学生的学习状况，了解学校教研组建设情况，及时发现问题，总结经验，提供建议，从而进一步规范教师的教学行为，指导教师改进教学方法，提升教师的教学素养和课程意识，促进学校教育质量不断提高。

这样的常规调研每学期均在 8 次以上，一年半内将对全区各校形成全覆盖调研和全面诊断，对各校教育教学质量的提升起到了积极的作用。

（二）学科关键能力调研

为更好地推进区域基础教育课程改革，聚焦学科关键能力培养，钟楼区教师发展中心每学年对区内小学进行两次学科关键能力调研。调研学科覆盖小学各学科，主要采用抽测的形式。该调研具有以下特点：

调研内容指向关键能力：调研内容指向各学科提出的学科关键能力，例如语文学科指向阅读理解能力，英语学科指向沟通表达能力，信息学科指向计算思维能力等。调研前利用区级教研活动时间明晰调研框架，利用相关例题进行解读说明，以此从另一个角度指导教师对学科能力的理解，在日常教学科学合理地实施教学。

数据分析指向教学改进：调研结束后，采用网上阅卷形式及时获得数据。调研学校和教师发展中心研训员研读数据，认真做好各层级质量分析，并召开基于教育质量监测数据分析下的教学改进研究推进会，聚焦数据分析的教学指导功能。通过分析班级差异，指导教师教学——通过数据分析，关注到在同一个学校不同班级之间存在的差异，指导教师在日常教学中改进教学。通过分析学校差异，指导学校教研——根据图表，比较不同学校在面对同一个问题时，学生学科能力的发展情况，引发学校层面的思考，寻找改进策略。通过建立质量常模，提升区域质量——基于监测数据的分析，形成区域学科质量常模，在此基础上基于每个学校教研组一张"体检单"，让学校根据其存在的问题展开教学研究。通过深挖数据，聚焦问题，以科学严谨的态度取代模糊感性的认识，从经验型决策走向证据型决策，从而促进教与学的改进。

此外，钟楼区教师发展中心根据各学科特质，还组织了一些专项调研，例如二年级写字能力调研，五年级整班英语朗读能力调研，整班合唱能力调研等。通过定期调研、评估、分析和反思，促进教师不断调整教学策略，改进教学方法，导向和调控学生的学习发展过程，切实提高区域学生综合素养和学校学科教学质量。

二、课业负担督导——有效落实减负要求

（一）建章立制，强化课业负担督导

为贯彻落实国家、省、市关于《全面贯彻教育方针 减轻中小学生过重课业负担的意见》精神，自 2014 年 12 月起，钟楼区政府就成立了教育督导委员会，由分管教育区长任主任，区教育局局长为副主任，区教育督导办公室为行使教育督导工作权力的常设机构，聘请了 19 名专兼职督学，对全区所有中小学实施了责任督学挂牌督导工作，要求每名督学每月进自己的责任区学校一次，围绕规范办学行为，严格执行"五严"等规定进行经常性随访督导，每次督导均记录工作的全过程，每月由区督导室汇总数据和督导报告，并上网公示各校在规范办学，严格执行"五严"规定的情况，尤其是通过这种方式，通报各校在减轻学生过重课业负担和有效落实减负要求方面的成绩和存在的问题，对于问题特别突出的学校，挂牌督学对该校及时地提出整改意见和整改期限，并进行跟踪督导。通过努力，全区中小学校课业负担指数连年保持在 80% 左右这样的高位。

（二）持续跟进，充分运用监测数据

2017 年钟楼区教育现代化建设监测结果显示，我区的中小学生课业负担指数为 75%，2016 年钟楼区教育现代化建设监测结果我区中小学生课业负担指数为 77%，2017 年有所下降，而对照省教育现代化建设监测 2020 年标准，此项指标需达 80% 以上。虽然全市学业负担指数已经名列全省前茅，但我区此项工作上还存在一定问题。钟楼区政府和区教文局高度重视此项工作，立即召开相关工作会议，开展全面自查。2017 年 10 月份区教育督导室发动全区挂牌督学逐一进校开展问卷调查。调查结果显示，全区中小学生课业负担指数已经达到 80% 以上。全区各中小学生在校课业负担已然减轻了许多，但家长迫于社会环境、

升学压力等因素的影响，利用校外时间把自己孩子送到各级各类社会培训机构去学习，从而加重了学生的课业负担。针对我区目前学生课外负担仍然较重的事实，一方面区教育督导室组织全区挂牌督学对每一所学校继续进行学生课业负担的经常性、深入性的督导，另一方面钟楼区教文局建立起相关的制约机制和保障措施：一是由教文局综治办牵头，联合区有关部门对我区范围内的非法社会办学机构进行整治和取缔；二是严格禁止在校老师推荐学生参加社会办学机构的学习；三是严格禁止在职教师参加社会办学机构的教学活动；四是全区所有中小学积极开展课堂教学研究和作业布置研究，提高学校教学质量，切实减轻学生过重课业负担。

（三）强化艺体，落实全面育人目标

体艺"2+1"是教育部为了落实《教育振兴行动计划》，落实德智体美全面发展的教育方针，推动学校体育和美育的改革与发展，逐步推进的一项重要工程项目。其含义是通过学校的课内外体育教育和艺术教育活动，让每个学生都能较好地掌握两项运动技能和一项艺术技能。实践证明，体艺"2+1"是培养学生运动技能和艺术特长的有效载体，是一项学生欢迎、家长支持、社会赞同、惠及亿万中小学生的素质教育工程，对于提高中小学生的体育素质、审美情趣和人文素养，营造健康向上的校园育人环境，具有重要作用。

实施体艺"2+1"及布点项目建设，其目标任务是深化学校体育、艺术教育课程和教学改革。各中小学校根据本校音体美师资条件、教学设备条件、教学场地条件以及体育传统、艺术特色，确定了符合学校实际和学生身心发展特点的体育、艺术项目，供学生学习和选择，满足学生个性发展的需要。同步围绕"如何提高学生参加体育锻炼、运动训练和艺术活动的兴趣，如何有效提高学生的运动技能、艺术技能水平，如何提高体育、艺术教育师资的业务水平和教学能力，如何改善体育锻炼和艺术活动环境，如何合理配置体育、艺术教育资源"等方面制定切实可行的学校体艺"2+1"项目实施计划，逐渐形成各具特色的体育、艺术活动内容体系，形成学校的体育、艺术项目传统，真正落实"让每个学生至少掌握两项体育运动技能和一项艺术特长"的项目建设目标。

十三五规划中，我区确定了以各校"布点项目"为抓手，把重新修订的体艺"2+1"项目作为蓝本，促进"一校一品一特色"建设。泰村实验学校荣获第32届"育苗杯"体艺展演第一名，西林、新闸、邹区等中学荣获二等奖；西新桥小学和清潭实验小学分别荣获第二届常州市合唱大赛童声组金奖、银奖。我区尝试通过合理的布局，在钟楼形成篮球、排球、足球三大球布点圈，同时布点武术、棒垒球、体育舞蹈、健美操等项目，这种由点及面、富有学校特色的体育特色项目，让球类运动进入课堂，与教育紧密结合，真正实现"以球健体、以球促智、以球育人"的价值。全年成功申报2所省体育传统学校。花园小学被评为2017年全国青少年校园足球特色学校；清潭实验小学被评为"全国国防教育特色学校"和"江苏省书法教育先进集体"；西新桥小学被常州市教育局推荐申报"全国国防教育示范学校"；同时，西新桥小学被授予"江苏省象棋特色学校"称号和全国传承中华文化传统校。

我区保障经费投入和设施设备配置。加大学校体育经费投入力度，根据需求将学校体育工作经费纳入年度预算，学校要保障体育工作的经费需求。还要保证艺术教育发展的基本需求，确保艺术教育经费随教育经费的增加相应增长。要合理配置艺术教育资源，扩大优质教育资源覆盖面，推进区域内艺术教育均衡发展。

我区积极推进体育艺术教育工作，贯彻落实《教育振兴行动计划》《国务院办公厅关于强化学习体育促进学生身心健康全面发展的意见》和《教育部办公厅关于开展"体育、艺术2+1项目"实施工作的通知》要求，制定《钟楼区中小学体艺2+1项目实施意见》，各校分别形成体育艺术项目实施方案，区域制定《钟楼区中小学公用经费支出的管理办法》，明确规定学校体育艺术经费，以保障体艺教育发展。在组织、经费、机制各类保障下，区域体艺教育硕果累累：花园小学成功申报全国足球特色学校，常州实验小学平冈校区、白云小学被评为常州市足球示范校，东方小学、谭市小学、钟楼实小被评为常州市足球试点校。参加市十五届运动会获得西新桥小学羽毛球代表队全市第三名、西横街小学游泳代表队全市第二名、盛毓度小学武术代表队全市第二名、觅小乒乓球代表队全市第四名、西林实验小学女子排球全市第一名、邹区小学全市女子排球第三名、谭市小学全国啦啦操比赛第一名、清潭幼儿园幼儿足球团体第二名、清潭幼儿园全市幼儿体育舞蹈团体第一名。花园二小、西新桥小学、觅校、钟实小参加常州市合唱比赛获得第一，五星小学、平冈小学、觅小参加常州市器乐比赛获一等奖，泰村实验获得常州市舞蹈比赛一等奖，北师大附属中学和芦墅小学获得常州市朗诵比赛一等奖，其中泰村实验学校和西新桥小学获得参加省赛资格。

十三五规划中，我区确定了以各校"布点项目"为抓手，把重新修订的体艺"2＋1"项目作为蓝本，促进"一校一品一特色"建设。我们尝试通过合理的布局，在钟楼形成篮球、排球、足球三大球布点圈，同时布点武术、棒垒球、体育舞蹈、健美操等项目。

钟楼区各中小学体艺"2＋1"项目布点统计表

序号	学校	体育项目	体育项目	艺术
1	常州市觅渡教育集团	乒乓球	篮球	年画＋合唱
2	常州市西横街小学	保龄球	游泳	合唱＋儿童画
3	常州市西新桥小学	网球	羽毛球	合唱、葫芦丝
4	常州市怀德苑教育集团	足球	排球	器乐
5	常州市勤业小学	乒乓球	篮球	戏曲
6	常州市盛毓渡小学	游泳	武术	合唱
7	常州市芦墅小学	体操	排球	书法
8	常州市实验小学（双桂）	棋类	篮球	合唱器乐绘画
9	常州市实验小学（平冈）	篮球	足球	舞蹈、合唱书法
10	常州市白云小学	篮球	足球	纸艺
11	常州市五星实验小学	羽毛球	篮球	淘艺、舞蹈
12	常州市清潭实验小学	体育舞蹈	篮球	合唱、书法
13	常州市东方小学	乒乓球	足球	声乐
14	常州市荆川小学	乒乓球	篮球	口风琴
15	常州市花园小学	篮球	足球	艺术体操
16	常州市花园第二小学	篮球	棒垒球	合唱、版画
17	常州市谭市小学	篮球	足球	口风琴
18	常州市钟楼实验小学	乒乓球	足球	合唱、绘画
19	常州市西林实验学校	跳绳	排球	戏曲、绘画
20	常州市邹区实验小学	排球	篮球	书法、合唱
21	常州市卜弋小学	跳绳	篮球	书法、声乐

序号	学校	体育项目	体育项目	艺术
22	常州市新闸小学	羽毛球	篮球	竖笛
23	常州市泰村实验学校	篮球	排球	舞蹈、书法
24	北师大附属小学	乒乓球	足球	书法、合唱
25	常州市西仓桥小学	跳绳	篮球	竖笛
中　学				
1	常州市西林实验学校	跳绳	女子排球	书法
2	常州市新闸中学	跳绳	女子篮球	绘画
3	常州市卜弋中学	舞龙	篮球	书法
4	常州市邹区中学	篮球	武术散打	音乐、绘画
5	常州市泰村实验学校	篮球	男子排球	舞蹈、书法
6	北师大附属中学	乒乓球	足球	书法、合唱
合计				

四、食堂管理，强化学校服务意识

学校食堂是一项公益性事业，学校举办食堂以服务师生、服务教学为宗旨，不以营利为目的，坚持学生自愿、价格公开、安全卫生、经济营养、勤俭节约的基本原则。

（一）创建有效管理机制

学校食堂按照"谁主管谁负责，谁主办谁负责"的要求，实施分级管理、属地管理。

1. 区教育主管部门成立学校食堂管理工作领导小组，负责制定食堂的食品安全制度、学生膳食营养标准、伙食费标准等；规范食堂财务制度、食堂经营、大宗食材和送餐企业采购招标工作；加强对学校食堂关键环节的控制和监管，指导督促学校食堂按照食品安全操作规范加工制作食品，严防食品交叉污染。

2. 学校校长为食堂管理第一责任人，分管校长具体负责。学校成立膳食管理委员会，具体负责食堂日常经营服务的管理、监督、检查，确保师生能吃饱、吃得安全并尽可能吃好。膳食管理委员会负责人由学校分管校长担任，成员由学校行政、教师、学生和家长代表组成，其中学生和家长代表不得少于50%。

3. 学校领导落实陪餐制度，在校就餐的教职员工应与学生同质、同菜、同价。学校定期或不定期邀请部分学生家长来校督查食堂经营，并聘请部分学生家长参与学校食堂管理，主动征求意见，及时发现和解决食堂管理中存在的问题和困难。

（二）实施安全卫生监管机制

1. 学校在规划、建设（包括新建、改建、扩建）食堂过程中必须按照量化分级"A"级和"明厨亮灶"标准，严格执行食品安全管理要求，设置食品原料存储、食品加工、出售、就餐等场所，配备相应的设施设备，改善食堂条件。

2. 学校食堂必须办理"食品经营许可证"，所有食堂就业人员必须持"健康证"上岗并定期参加有关培训，食堂财务人员必须具有岗位资格证书。

3. 学校食堂运营必须严格执行《中华人民共和国食品安全法》及地方相关法规，制定食堂食品安全管理制度，对原材料采购、验收、存储、加工、设备管理、销售、环境卫生等制定并实施控制要求，保证所生产的食品符合食品安全标准。

4. 学校重视学生食品安全教育；完善食物中毒或其他食源性疾病、食品污染等突发事件报告制度；建立食品安全事故应急预案；畅通师生投诉渠道；落实食品安全留样制度。

5. 学校食堂必须建立并严格执行采购索证索票、查验记录制度，不得采购和使用《食品安全法》禁止经营的食品。

6. 学校食堂要按照风险管理原则，建立并完善视频采集系统，视频图像应实时记录，保存时间不少于30天。

（三）落实检查与考核机制

1. 学校食堂按照《江苏省餐饮服务经营者食品安全自查指南》（苏食药监食餐〔2016〕261号）的要求开展食品安全自查，常规自查每天一次，全项自查每月一次，主要检查各项制度的贯彻落实情况，重点对从业人员、环境卫生、食品原材料采购贮存、加工制作过程、设施设备、餐具清洗消毒等进行自查，并完善台账资料，留存备查。

2. 学校参照《江苏省餐饮服务经营者食品安全自查指南》（苏食药监食餐〔2016〕261号）等规定，每月对各类提供服务的单位进行考核，制定奖惩细则，并报主管单位留存备查。

3. 学校食堂的各类服务供应商不得将食堂的全部或部分经营权、服务权、供货权私自转让或委托他人经营、服务、供货，一经发现，学校有权取消其经营、服务、供货资格。

4. 在服务过程中发生投诉、社会重大舆情等，造成一定影响的经核实或在经营期间受到食品药品监管、卫生、消防等执法部门行政处罚的，视情节轻重给予处罚。

5. 学校食堂师生满意度测评由学校膳食管理委员会组织开展，每学期不少于一次，测评人数不低于就餐师生总人数的 2/3。采用委托经营、委托服务、配送制服务模式的学校食堂，测评满意度低于 85% 的两次的，取消服务供应商资格，学校重新采购。

第二章

专业支持：引领区域教育质量提升

　　"教师发展的真正的价值和意义就在于它是促进学生发展的真实和必要的条件。"① 如果教师的专业发展不到位，教育质量的提高是难以实现的。时代的发展、社会的变革带来了教师职能的深刻变化，教师工作具有了不可替代的专业意义，充满了丰富的研究和创造性质。因此，教师需要发展，需要持续的发展，需要主动的发展，而建构教师发展共同体是促进教师成长的专业支持途径之一。

　　"共同体"源于英语"Community"一词，是一个社会学概念，是指一个由多人组成的群体。群体成员之间共同讨论，共同决定，他们在共同定义着共同体，并为共同体所影响。

　　教师专业发展共同体是由具有共同的教育理念、目标和追求的教师，以及以平等的姿态参与其间的专家、学者组成的，以促进教师主动发展、专业成长为宗旨教师群体。在这个团体中，成员之间相互协作，组成的资源共有，同质促进、异质互补，通过学习、研究、实践、反思等实现团体价值追求，并在不同的起点上实现个体多样的、最大的发展可能。教师专业发展共同体是建构和创生教师实践性知识的理想平台，是促进教师专业成长的有效途径。其组织形式有"校内共同体"，一般以学校为单位，是在学校的日常教学活动中形成的；也有"校际共同体""区域共同体"，是校际或区域间的教师研修联合体。本章节主要阐述的是后一种组织形态。

---

① 王长纯. 教师专业发展：对教师的重新发现 [J]. 教育研究，2001 (11).

第一节 "教师共同体"专业支持的价值意义

一、扫除了教师个体化研修的积弊

从教师的职业特点看，促进教师专业发展的内动力对促进其教学实践有意义的、持续的改变起着决定性的作用。但事实上，仅靠教师以个体形式单独获取知识和信息，没有人引领教师对实践进行反思，没有人提供刺激改进的元素，大多数教师是很难在理念和行为上发生改变的。"独学而无友，则孤陋而寡闻"。构建一个多种力量介入的教师发展共同体，形成相对稳定的教育合作群体，是推动更多教师提高专业水平的有效途径。

二、弥补了校本研修资源短缺的局限

校本研修是以校为本的教学研究的简称，即以"以校为本""教师即研究者"和"促进教师专业发展"为核心理念的教师专业发展行动。它重点研究学校教育教学活动中实际发生的问题，以教师为主体，强调实践反思、伙伴合作、专业引领的研究形式，是教师将教学实践、教学研究和进修密切结合的、具有探究性、反思性的学习方式和工作方式。新课改实施以来，校本研修极大地推进了教师的发展，但是，校本教研自身资源短缺局限了教师的更高层次专业发展的可能。构建区域教师发展共同体，可以获得更广泛更优质的资源，是对校本教研的有力补充。

三、是对有效研修的呼唤

长期以来，许多教师把培训看作是完成任务甚至是负担，主要是这些培训活动对于提高教师专业素养未能切中要害。主要存在的问题有以下几点：（1）培训内容脱离教学实际，教师在培训所获得的知识、技能常常与实际工作存在着差距；（2）基于"短缺式"的模型设计研修方案，让培训成为被"规训"的过程，扼杀了教师的积极性与主动性；（3）培训时间短，不具备持久性，无法对教学行为改变提供有力支撑；（4）培训常基于行政命令而非自我需求。

有效研修必须结合成人学习的特点，以"学习者的学习"的眼光去重新审视教师的培训。教育、教师专业所具有的永恒的创造性和丰富的现实性，注定了中小学教师的专业发展必须在经常性的中小学教育实践中，通过领悟和内省才能获得，而教师专业发展共同体以行动研究为主要研究方式，以研究的实践实现教师的专业发展；教师培训需要重视教师的经验，强调教师自身资源的充分发掘与利用，这与教师发展共同体分享经验是一致的；教师培训中需要重视教师主体的参与性，教师共同体所倡导的自愿原则正符合这一要求；教师培训应该是一个连贯、持续的、整体的过程，教师共同体的持续性、连续性合作研究与行动研究也满足了教师培训这一要求。所以说，教师发展共同体可以作为教师职后培训的有力补充，是新课程背景下交互性、对话式的教研新模式的新探索，有利于给教师提供自由、互动、博采众长的研修环境，促进不同层面教师相互学习、相互研究，是新课改背景下教研方式变革的需要。

四、促进区域教育均衡发展

现在，全社会越来越重视教育均衡和教育公平，入学机会、教育环境、硬件配备等逐步改善，但没有教师群体共同均衡的高位发展就不可能实现真正意义上的教育公平与均衡。当前，各级教育行政部门和学校都非常重视骨干教师的培养，但骨干教师培养的真正目的不是个人的超前超强发展，而是引领群体成长。在我区，校与校之间的师资力量也不均衡。构建教师发展共同体能够加强校际的交流与学习，实现城乡教师共享优质资源，努力缩小校际差距，提高区域内学校整体办学水平，促进区域教育持续、协调、和谐发展。

第二节　"教师共同体"专业支持的主要模式

在实践中，钟楼区主要形成了以下三类模式的教师发展共同体。

一、基于成果辐射的教师发展共同体

这里的"成果辐射"包含两类：一是资深教育专家（教研人员或区域内具

有一定知名度和影响力的专家教师等）个人教学思想或研究成果辐射，二是某一团队的研究成果经验辐射。

以前者为基础形成的教师发展共同体由资深教育专家以及教师共同构成。在这个团队中，资深教育专家已经形成一定的教育教学特色或思想，或者对某一教育教学问题已有了深入的研究并形成成果，他通过专业引领，将教学思想或研究成果辐射到整个团体中，同时也从共同体活动中获取理论研究的素材和案例；教师在教育专家的指导下开展教学和研究，获得专业上的支持与帮助。教师与专家之间相互沟通协作，相互影响。

以后者为基础形成的教师发展共同体由某一取得一定研究成果的团队和其他学校有该研究意向的教师共同构成。大家有计划、有步骤地实施项目，通过合作研究，借鉴"他山之石"，在项目推进中促进教师专业成长和学校教育改革。

基于成果辐射的教师发展共同体的建构路径如下：

基于经验辐射的

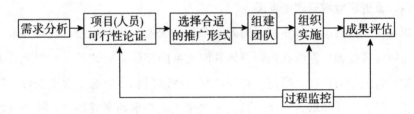

这一模式的教师发展共同体的典型代表是"名教师工作室"。

钟楼区的"名教师工作室"是由区域内具有一定知名度和影响力的专家教师和通过双向选择的工作室成员组成团队，以工作坊的形式定期开展活动。或通过研究、传播名师的教育教学特色或思想，用名师的品德、能力、个性品格和风格等去带动工作室的其他教师，促进更多教师的专业成长；或聚焦一个研究主题，在研究教育教学实践问题中，名师引领团队共同学习、研究，促进专业发展。两年一周期的名教师工作室使区内名师的智慧辐射到更多的学校，也促进更多的青年教师快速成长。

二、基于群体需求的教师发展共同体

此类教师发展共同体由同一群体，具有共同发展需求的教师组成。组建者基于群体教师的共同需求，组建项目团队，进行专题研究、资源集结、提炼经验、教学改革实验等活动，促进共同体内教师专业发展。

基于群体需求的教师发展共同体的建构路径如下：

基于群体需求的

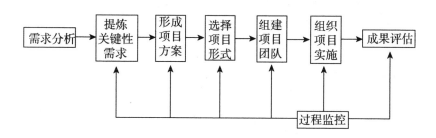

这种模式的教师发展共同体比较多，比如：为促进区域潜力教师发展组织的共同体，围绕"理论学习、教学艺术、专业基本功、教学研究、课题实训"等相关内容进行模块培训，潜力教师们在共同学习、训练中取长补短，获得能力提升；学科特色项目教师发展共同体将团队目标定位于问题解决，把教师在教育教学过程中共同产生的困惑、普遍遇到的问题，以项目的形式确立，让各学科教师在问题研究、解决的过程中提升专业能力；还有提升学校管理者能力的"头雁振翅"骨干校长培训班，提升班主任能力的"向日葵计划"骨干班主任研修班等。

三、基于网络平台的教师发展共同体

信息技术的发展为教师发展共同体的建构带来了新的形式。不同学校、不同学科的教师可以利用网络平台成为学习、研究、交流的专业发展共同体。他们进行线上、线下相结合的混合式学习，学习过程中彼此分享，保证资源共享和机会平等，并用数据记录学习经历，显现成长轨迹，促进教师个体进行持续的学习反馈和反思。

基于群体需求的教师发展共同体的建构路径如下：

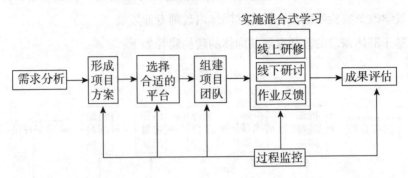

这一模式的教师共同体的典型代表是钟楼区"蒲公英"骨干教师培训班。区域向蒲公英教育智库购买了网络课程，供学校管理层和骨干教师选择学习。每个模块一个项目式研修任务，教师可以利用碎片时间展开系统学习。在线学习的教师围绕具体的课程主题形成学习共同体，他们不仅能随时随地在网上选择课程进行自主学习，能依托"沪江平台"与课程主讲教师、同伴之间进行平等的交流、研讨、互通有无，而且还能借助"问卷星""在线作业"等工具进行共同体成员之间的评价和反思。此外，在线下，区教师发展中心组织学员进行定期的研讨、展示。基于网络平台的教师发展共同体增强了教师间、教师与专家间的合作与对话，启动了参与者的自主研修能动性，对促进教师专业水平的提升有重要的价值。

第三节　"教师共同体"专业支持的区域实践

以钟楼区"大雁领航"名优教师研修班为例谈谈教师发展共同体的构建与运作。

一、概貌介绍

教师发展共同体的构建有不同的方式，而由大学和中小学组成学习共同体，建立合作伙伴关系，已经成为国际教师教育领域的一个基本做法。借鉴这一做法，2016 年 2 月，常州市钟楼区教育文体局、教师发展中心与江苏凤凰教育智库合作，启动"'大雁领航'名优教师高级研修班"的培训。区域内 41 名中小学骨干教师（不同学科）组成教师发展共同体，通过两年的研训活动，突破专业发展瓶颈，努力实现个人发展再提高。

两年来，研修班学员成长迅速：晋升江苏省特级教师 1 人、江苏省教学名师 1 人、常州市特级教师后备人才 3 人、常州市学科带头人或骨干教师 8 人，共有 128 篇论文在省级及以上刊物发表，领衔参与市级及以上课题研究 58 项，1人的研究成果获江苏省基础教育成果奖二等奖。这一群体在促进自身发展的同时，还通过辐射示范作用带动了区域学校和教师的发展。

二、成效分析

教师发展共同体并非组建就一定能取得良好培养效果的，其成效取决于许多因素，包括领导和组织的做法，共同体活动的实质性的细节，共同体活动中会话的性质等。钟楼区"大雁领航"名优教师研修班能取得好的成效，原因如下：

（一）成员遴选强调"选择"，确立共同愿景

教师学习共同体发展的核心动力是教师的共同愿景，这可以激发组织成员对于组织的向心力，形成共同体发展目标并为之努力。不少教师发展共同体是基于行政的命令组织而成，成员缺少共同愿景，所以学习效果往往差强人意。因此，在组建团队的时候，遴选志同道合者，确立共同愿景是组织者考虑最多的因素。

1. 共同需求引发共同愿景。"大雁领航"名优教师高级研修班的学员教师具有以下共性：工作年限大都在 10 年以上；有着比较丰富的教学实践经验；对所任学科有自己的理解和思考；已经成为学校或片区的骨干教师，肩负引领帮带周边青年教师成长的重任。但这批教师同样也遭遇了专业发展瓶颈：满足现状，持续发展后劲不足；凭经验教学，专业理论支撑不够；思考散点，缺乏整体系统的研究方向。这一系列问题成为制约他们进一步专业发展的瓶颈。他们渴望借力教育专家的力量，突破专业发展瓶颈，寻找更高层面的研究生长点，实现高位的可持续发展。

2. 双向选择确保目标统一。学员的确定经历了一个进行双向选择的过程：学校推荐有发展潜力的教师参与培训，专家组通过调查问卷和面试的方式进行遴选，这一举措确保共同体教师有着共同的发展目标。

　　场域理论认为，人不是一个孤立的存在，而是生活在一个特定场域即社会空间中。作为个体的心理与行为，并非主观意志的独立轨迹，而是场域中全部因素相互作用的结果。拥有共同的发展愿景有利于一个团队奋发向前，而共同体中某些成员的首先突破，也会激活其他教师们内在的发展渴望，进而转变为现实的发展力量。

　　（二）组织运作体现"联动"，实现优势互补

　　为了使教师发展共同体能不流于形式，真正发挥作用，"大雁领航"名优教师研修班的组织方江苏教育凤凰智库、钟楼区教育文体局、钟楼区教师发展中心架构组织网络，创新工作机制，保证联动合作的有效性。

　　1. 优势互补，确立组织机构

　　江苏教育凤凰智库、钟楼区教育文体局、钟楼区教师发展中心有各自的机构功能定位，也分别具有一定的优势资源和优势功能。作为本次教师共同体的建设的组织方，三者通力合作，实现有机融合，促进优势互补。

　　教师专业发展需要走上学术前沿，寻觅创造和发展的新支点。江苏教育凤凰智库作为教师培养的专业机构，在教师专业发展理论研究，教师教育培养方案的制定、实施，师资队伍方面具有相当大的优势，主要负责智力支持，在三者联动合作的过程中起主导作用。主要表现在：精心设计培训课程——以反思的素质和研究能力培养为核心，瞄准教师个人专业成长，以课题研究为总线贯穿始终，聚焦课程与课堂的关键问题，深入开展行动研究；精心打造讲师团队——含学科名师、大市教研员、资深媒体人；精心构思课程实施方式——每个单元有明确的实施主题，每个主题都采取"专家讲座——案例引路——学员研讨——导师指导——任务深化——反馈检查"的流程与结构进行推进。

　　钟楼区教育文体局主要提供行政支持。通过政策制定和资金调配等起着重要的统筹、协调和扶持发展的作用，为三者顺利联动合作提供基础和条件。

　　钟楼区教师发展中心作为区域教师培养和教学研究的核心部门发挥自身实践性强、与学员教师联系紧密的优势，主要进行管理支持和学术支持。负责共同体日常活动的具体实施与管理工作，帮助广大教师形成教学、研究与学习合一的专业生活方式，促使教师立足教育教学实践，不断提高专业发展意识与能力。

2. 明确责权，签订合作协议

组织机构成立后，签订合作协议，明确责权利，三者都按协议规定去工作，为合作的顺利进行提供法律保障。

3. 问题导向，建立工作机制

由三方各自派出专门的工作人员组成工作小组，负责联络，处理日常性事务，并定期召开联席会议，商讨工作计划和工作步骤。根据培训中出现的问题不断修正培训课程和培训形式，确保教师共同体活动能有效开展。

（三）活动实施关注"有效"，促进专业发展

科学地规划、组织实施教师发展共同体活动，确保每位教师在活动中有所获，是一个教师发展共同体是否真正促进教师专业发展的最核心部分。

1. 研修方式变革

"大雁领航"名优教师研修班的研修活动并不仅仅是常规的听讲座、观课，而采用了"课题＋实践""共性＋个性"的活动方式。

"课题＋实践"：共同体学员围绕自己教学实际、学科以及学校教育和教学中发现的问题，以课题研究的方式，通过自我反思、同伴互助和专家引领，开展现场活动、合作研讨、对话分享等活动，有效地解决问题，不断改进教学，实现课堂教学效益和质量的不断提高。在这个过程中，教师们对教学进行更深层次的思考、不断地尝试和实验，以及开展批判性反思，在潜移默化中实现思维方式的改变，最终形成教、学、研合一的专业生活方式。此外，研修班的每一位成员又是自己所在学校的"领头雁"，在课题研究的过程中凝聚了学校的一批骨干教师，带动课题组成员乃至基层学校教研组教师共同成长。

"共性＋个性"：由于共同体成员涉及的学校多、学科杂，为此，研修活动采用"共性＋个性"的活动方法，个性活动以各指导团活动为主，以学科为载体，以课程改革为主线，通过讲座、课堂观摩和案例研讨等，解决学科教学中遇到的典型问题，提高课堂教学能力和育人的综合能力。

2. 核心任务推动

在两年的研修活动中，有一个核心任务贯穿始终，那就是"提炼个人教学主张"。

根据《现代汉语词典》的解释，"教学主张"是指教师在教学实践基础上，对如何教学行动（什么是教学、教学的目的以及教学如何开展）所持有的有关

思想、信念、情感、意志等方面的见解和认识。福建师范大学余文森教授曾这样提到，"提炼教学主张的过程是名师重新认识和定义教学的过程，是名师从教学自信走向教学自觉的过程，是名师从优秀走向卓越的过程。"教学主张，引领教师专业成长。

从研修班开始，专家组就提出要每一个老师"提炼个人教学主张"。之后的培训课程、研修活动、阶段汇报等都围绕这一核心任务展开。从表面上看，提炼教学主张似乎是个人的事，而不是群体的事，不适合作为教师发展共同体的议题。但事实上，教师专业共同体并不是不要个人发展，而是通过建构"亲和性、共生性的主体性"，在相互作用中使每一个教师得到专业提升。作为一线教师，大多数人都没有考虑过"教学主张"这一问题，总觉得这是特级教师的事，所以，研修班所有学员的起点实际是一样的。提炼教学主张促使每一位学员们去回顾自己的教育生涯，去认知自我的个性优势，去反观自己的教育思想。教学主张提炼并非一日之功，在这一过程中，每一位教师围绕教育生活及专业发展过程中的种种问题真实地表现自我、表达自我，也通过同学科和不同学科教师的经验分享、研究方式交流、教学观点的碰撞进行互动，原来孤立的个体性主体变为交互主体，现实教育中教师之间的对立与冲突转化为不同主体之间的平等交往与对话。

在培训班学员中，五星实验小学王学进老师多年来一直致力于写作教学研究，从 2010 年开始围绕"写作教学"每年确立一个研究问题：2010 年研究"为什么写"，2011 年研究"智能评改"，2012 年研究"思维力"，2013 年研究"过程性指导"，2014 年研究"内需如何与外需融合"，2015 年研究"结构力"，2016 年研究"主题群"，2017 年研究"主题作文对接主题阅读"。在长期的作文教学探索过程中，王老师逐渐提炼出了自己的教学主张"需要性写作"，这是以马斯洛的"需要层次论"为理论支撑，指向为儿童言语生命的健康发展而教。通过同伴交流和专家对话，他最终将教学主张确立为"需要性表达"，因为表达既是作文教学的目标，更是学生精神丰盈、健康成长的一条路径。2017 年，王学进老师的研究成果获江苏省基础教育成果奖二等奖。像王学进老师一样，到研修班结束时，每一位老师都提炼出了自己的教学主张，每一个共同体成员都借助彼此的力量成长，在专业发展中相互关怀与促动，突破"二次成长"的发展瓶颈，最终实现专业发展。

随着课程改革的推进和对教师专业发展的重视，越来越多的教师专业发展共同体正逐步形成，团队磁场力量让教师焕发出勃勃生机，促使越来越多的教师成为研究型、反思型的教师，重新认识、发展、丰富和完善学校的功能，清晰意识到每个教学活动的教育意义并付诸实施，从而促进整个区域教育的发展。

第三章

主动发展：推动区域教育质量提升

第一节　"集团化办学"机制提升区域教育质量

"集团化办学"是教育发展的一种战略思考，也是具体举措，这个研究符合国家、时代发展对于人才的要求，契合老百姓对于优质教育的需求，对于整个区域质量提升有着非常重要的意义。

一、集团化办学的时代呼唤

首先，时代发展的需要。党的十九大报告提出"努力让每个孩子都能享有公平而有质量的教育"，2018 年的《政府工作报告》中也明确提出要"发展公平而有质量的教育"，这是对新时代教育事业的总体要求，也是党和国家努力办让人民满意教育的实践行动，需要教育部门的具体贯彻落实。"公平"与"质量"也是老百姓对教育的基本需求，然而不管在哪个地区，似乎都存在着学校间发展不平衡的现象，如果这种结构性矛盾日益尖锐，就会影响到整个区域的教育均衡发展，最终可能会成为社会性问题。所以，用怎样的方式来深化教育改革，发展素质教育，推进教育公平，加快教育现代化，建设教育强国，培养德智体美全面发展的社会主义建设者和接班人，真正实现一个地区的教育均衡发展，甚至推动整个城市的教育发展水平，这是各地行政部门和学校需要共同思考的问题。

其次，城市化发展的需要。随着城市化进程的推进，老百姓对于孩子的教育问题越来越重视，对教育质量的要求也越来越高，都希望自己的孩子能够接受"最优质"的教育，于是，一部分有一定办学声誉的学校就越来越"热"，造成了所谓的"择校热"，在某种程度上就造成了教育的"不公平"，这其中最重要的因素就是教育资源的配置不均衡。在这样的一种教育现状下，需要我们进一步去思考优质教育的均衡化，集团化办学促优质均衡就目前来说是一种有效的举措。

再次，是学校发展周期的需要。就像任何一个事物的发展都具有一定的周期性一样，其实学校发展应该也是有一定的发展周期的，当一所学校发展到一定的阶段之后，可能会面临一些发展的瓶颈，这就需要寻求一种新的突破和发展，集团化办学就是一种新的学校发展模式或者是策略，如果推进顺利，不仅能提高学校本身的整体办学效益和办学水平，也能推动整个区域的教育均衡发展。

二、集团化办学的原则目标

集团化办学的价值取向是实现优质教育资源的最大化，它符合社会发展的需求，让孩子在家门口享受优质教育，致力于义务教育的公平化，是实现教育现代化的必经之路。在集团化办学模式促优质资源共享的实践过程中，必须要遵循这样一些原则。

（一）全面覆盖。扩大优质教育资源，根据区划调整的新情况、十三五教育规划的新要求，在原有基础上组建和调整教育集团和教育联盟，覆盖钟楼区义务教育阶段全部公办中小学和幼儿园。

（二）因校制宜。根据中小学、幼儿园的办学实际和办学特色，采用灵活方式，有选择地采取"一体式""合作式""联盟式"等多元化办学模式，创新办学体制，用足、用好、用活各校优质资源，促进教育的均衡优质发展，以满足各层次学校不同的办学实际和发展需求。

（三）量质并举。实施集团化办学模式不是一种形式，而是切实的行动和举措，最终的目的是要促进优质资源的共享，所以在推进的过程中要坚持标准化管理，把注重质量的整体提升与注重数量的扩张紧密结合起来，进一步整体提升区域学校的办学水平。

三、集团化办学的实践成效

钟楼区教育文体局在"让优质教育长出来"的前瞻性理念引领下，为进一步促进区域基础教育优质均衡发展，满足人民群众日益增长的对优质教育的需求，就区域如何进一步推进基础教育集团化办学进行了整体的思考和架构了"3366"项目工程，以提升基础教育整体办学水平为目标，以整合和扩大优质教育资源为抓手，以核心校为引领，通过组建教育集团和教育联盟两种方式构建发展共同体，达成"资源共享、优势互补、共同发展、各显特色"目标，促进区域义务教育优质均衡发展。

（一）运作模式合理架构

通过教育集团的教育品牌和教育力量，来改造和优化相对薄弱的学校，提升整个教育集团的教育质量。以集团母校为核心，带动集团内其他学校，输出管理、师资和教学，寻找到适合的、有实效的办法和策略，让更多的学校优质前行，让每所学校的学生都能得到最好的发展，满足更多孩子在家门口享受优质教育的强烈需求，从而推进整个区域的教育均衡化、优质化发展。

首先，由若干学校或者校区组成的教育集团，组织机构内部可能也要发生一定的变化，从集团化办学的内部关系来看，可以分为以下这样几种模式：

1. 一体管理模式。这是属于集团化办学中的紧密型的一种模式，集团校区实行一体化管理，不同校区同一个法人，整个集团一套管理班子，一个顶层决策机构，一套管理体系，统一招生管理，统一师资调配，统一课程管理，统一质量评价，这样的集团办学模式，相对来说优势比较明显，比较容易形成集团办学效益的最大化。比如常州市实验小学教育集团的双桂坊校区和平冈校区，觅渡教育集团的广化小学、冠英小学和觅小本部，怀德苑教育集团的本部和香江华庭小学都属于这种模式，运行下来，取得了一定的办学效益。

2. 项目合作模式。这种模式是以一所学校作为核心校，成员校人、财、物等都独立，成员校和核心校之间是平等合作的关系，主要由学校的内部协调机构来运作，负责对集团发展的共性问题进行规划、研究，形成一定的运行系统，主要针对学校办学进程中的若干问题进行项目合作式的研究。成员校可以根据学校自身的发展需求，比如课程建设与实施、教师发展等，与核心校形成合作关系，核心校提供技术的指导和支撑，同时也形成相互学习、共同提升的研究氛围。

3. 联盟发展模式。这种模式较前两种而言是属于松散型的集团办学模式，几个学校共同形成一个联盟，其中有一所是牵头学校，负责召集各校，可以围绕几个学校共同感兴趣的研究主题，也可以针对当前的教育重点和难点进行研究，在教研组建设、教师培训、学生发展等方面都有很大的合作空间，形成强有力的教育研究合力，达成资源共享、发展共进的集团化办学效果。

其次，一个区域的学校类型，由于所处地理位置、规模大小、生源结构等不同，总是存在着一定的差异性，从学校的不同类型和本身的特点出发，可以形成这样一些模式：

1. 老新结合托举式。一所有一定办学历史的老校来带动一所新建的学校，形成一种集团办学模式，这样的办学形式优势显而易见，不管是从学校文化、办学理念还是管理制度、课程建设等，相对来说都是比较容易形成"统一"，直接借鉴成功的办学经验和成果，可以避免一些文化冲突，形成"高起点"发展，所以这是一种相对来说比较容易取得集团办学效益的模式。

2. 强弱结合带动式。由于各种原因，形成了学校之间发展的不平衡，形成了一定的差异。以区域内一些有一定知名度的学校作为核心校，与办学规模相对小、生源相对缺乏的学校组成教育集团，从而提升小校的办学质量。这种模式的教育集团在发展过程中，核心校将自己先进的办学理念、优质的教育资源和成功的管理经验提供给小学校学习和参考，来帮助小学校快速成长。

3. 城乡结对合作式。这种模式是以城市中的学校为核心校，与相对偏远地区的乡镇学校结成城乡互助发展共同体，这样的学校不一定是小规模学校和薄弱学校，只是相对来说展示的机会少一些，教师发展和提升的机会也相对较少，借助集团化办学，可以在教育教学管理、课堂教学等方面交流互助，确立城乡一体协调发展的教育发展理念，形成资源共享平台，对城乡一体化和教育均衡起到了一定的积极意义。

（二）实施策略有效设计

在集团化办学的进程中，核心学校要发挥引领带动作用，使集团化、联盟式办学形成相对稳定的管理机制、工作程序，应把促进各校教师专业发展、教育资源共享和开展教学研究等作为主要任务，实现优势资源共享、管理互鉴、教研联动，相互学习，相互支持，优势互补，互促共生。各成员学校要在传承和发扬成功办学经验的同时，抓住机遇，借势发展，实现全面提升。

第一，明晰发展方向，构筑共同愿景。

不管是学校还是集团，其核心竞争力其实都是文化的影响力。在集团化办学的进程中，架构核心价值理念文化系统是非常重要的，建立共同的愿景，架构规范的制度，建立科学的流程，然后才能有效运行，所以，成员校要树立共同体意识，确立共同的价值观，可以在学校文化与课程建设、文化内涵与特色发展、师生评价与激励等方面通过专题研究，求同存异，推进各成员校基于校本整体架构学校特色发展，着力培育独特的学校文化，这样，集团成员校之间既相互融合，又各美其美。

第二，优化实施路径，形成有效策略。

1. 管理互通，共商互促。集团化办学首先要关注的是管理互通，制度建立、活动实施、教育资源等都要通过共同商定来确定，形成统一的认识。然后通过对岗互派、对口帮扶或蹲点指导的形式，开展干部互动、指导和交流活动。定期开展管理专题研讨，研究解决实际问题。及时通报重大工作安排、重大活动开展、管理制度变革等，使教育集团、联盟校际互促共进。

2. 研训联动，引领推动。在集团化办学的进程中，教师的发展是关键，教学研究是提升教学水平的重要平台，一些小学校或者是薄弱学校，因为长期缺乏有效的专业引领，专业成长就受到很大的制约，集团化办学，可以整合集团内名师资源，充分利用差异资源，形成良性互动机制，开展学科联片教研和主题活动，建立科研培训联动制度，共同开展学术论坛、教学沙龙、教学培训和课题研究活动，切实提升教科研质量与水平。

3. 项目共建，资源共享。集团化办学不是单向地提供或者索取，而应该呈现出一种互通有无的状态，建立共享机制，通过相互的资源共享，实现集团内所有成员的发展。比如，以集团、联盟核心校优秀项目为引领，充分发挥其辐射带动作用，通过校际合作、抱团研究，形成合力，推进项目建设，全面提升集团办学的整体竞争力和影响力。

4. 质量同进，成果共享。教学质量是集团办学最重要的检验标准之一，所以集团内部要健全课程管理及质量评价体系，在教学进度把握、教学过程管理、教学质量检测等方面加强合作，定期或不定期开展集团、联盟内教学质量监测和分析，做到"调研共同进行、问题共同分析、措施共同研讨、质量共同提高"。

第三，拓展推进方式，丰富活动样态。

集团化办学有效实施的根本还在于活动的持续推进，尽管行政推动有一定的力度，奖励措施也有一定的保障，但事实上也存在一定困难，比如地域的限制、时间的难以调控、教师本身工作的繁忙等，如何真正让集团内每一个学校动起来，还是要因时、因地制宜，用形式多样的活动来予以保障和推进。

1. 基于现场，强互动。相对来说，现场的教学研究活动最为有效，也是集团化办学中提升教研质量的基本活动方式。这种活动方式可以是课堂教学的听课、评课，可以是研讨会，可以是听讲座，也可以几种方式融为一体。因为是现场参与，所以相对来说研讨效果好，讨论也能进行得比较深入、透彻，但是因为牵涉的老师比较多，路途遥远赶来赶去也不太方便，所以这样的现场活动次数不宜过多，要提升每一次研讨活动的质量和效果。

2. 基于网络，强联动。相对于现场活动而言，基于网络的集团化研究是一种教研新模式，相对比较便捷，集团成员校可以约定一个时间，围绕共同的话题利用各种 App 软件或者是网络论坛等，进行现场的交流和互动，尽管不能面对面，但是也能够起到交流和提升的作用。另外，可以借助网络平台，特别是一个区域的学校网页都是用同一个平台，可以在学校网页中设置一个专门的区域，这个区域就是一个开放、互动的平台，老师们可以在里面放置一些教案、课件等资源，更可以就教学设计、班级管理等方面的心得和困惑等在这个平台中与大家交流、探讨，真正实现资源共享和交流研讨无边界。这样的一种活动形式，不仅丰富了资源库，更让集团内的每一位老师都可以随时随地检索自己所需要的信息，实现了跨越式共享。

3. 基于文本，强反思。教学研究最重要的还是教师的反思能力，如果能够基于问题，在自己的课堂教学实践中去研究和探索，形成自己的思考也是一种非常重要的研训。集团化办学还可以依托"论文评比"的方式来进行主题化的研究。每学年初，集团确定好这一年研究的主题，然后告知集团内每一位老师，这一年，老师们就围绕这一个主题进行深入的观察和研究，同时研读这方面的书籍，加强学习和提升，最后形成一篇自己的文章，这样的文章一定是"做"出来的，然后进行集团内的论文评比，将有价值的研究论文编印成册，发给每一位教师学习。这样的研究能让老师们立足自己的课堂进行研究和反思，促进集团教师的专业素养提升。

第四，加强自身修炼，提升造血功能。

集团化办学初期，核心校起着积极的引领作用，管理者和老师们研训的平台更多元，也更高了，交流互动的机会也更多了，当集团运行到一定阶段时，就需要引导成员校的管理者和老师不断进行自我提升，加强学习，不断完善自己的教育教学理念和管理理念，增强课程实践能力和研发能力，创新举措，发挥潜能，突破自己，这样才能获得新的发展，集团办学才会有新的生命力。一般需要经过这样三个阶段。

1. 跟着慢慢走。成为教育集团的一分子之后，刚开始老师们可能会无措，可能会茫然，必须要经历一个适应期。所以核心校要积极搭建平台，帮助老师们度过这个特殊的时期。比如依托课题研究，让老师们参与到其中的小课题，从陌生到熟悉，从外围到核心；联合进行教研活动、备课组活动，加强校区之间的沟通和了解；统一质量评价标准，给成员校的老师以压力和挑战，在经历中调整和适应。

2. 学着稳步走。集团核心校派出相应的校级管理干部和骨干教师来到成员校进行交流，他们用自己的实际行动诠释着集团的文化理念，他们用自己的行动去点燃老师们内心的教育热情和智慧。在一定阶段的引领和熏染之后，成员校的老师们会主动参与到各种教研活动中去，开始有自己的思考和判断。这时候，需要为老师们提供一些重要的展示平台，让更多的老师走上讲堂讲述自己的成长故事，自信地阐述教育理解，激活自己的同时，影响、感染了身边的一大片，慢慢地，老师们就找到了自我发展的方向，脚下的路也就慢慢稳健了。

3. 试着自己走。路终究还是要自己走的，在核心校的引领下，管理者根据本校实际不断明晰管理思路；老师们扎实课堂研究，努力打造自身的功底。迈出的每一个步伐，都证明成员校自身的"造血功能"进一步强大，也进一步拥有了自信和勇气。同时，成员校的快速壮大同样更好地激励着核心校。一个集团不同学校之间相互支撑、彼此影响，形成了良性的发展态势，优质资源共享也就成为可能。

（三）保障机制科学构建

教育集团在一定程度上超越了现有的教育行政管理体系，这种管理模式需要我们不断地研究和探索，更需要我们根据实际情况进行审慎的思考和行动，于是，集团化办学模式的运行机制就显得特别重要。不同的运行模式可以有不同的运行机制，但是其核心和本质是相同的。

第一，形成科学的组织构架

集团化办学的实质是对学校组织形态的创新和制度的创新，当一个教育集团成立后，如何实施和推进是需要重点考虑的，而组织构架就显得尤为重要。不同的模式可以有不同的构架，集团在不同的推进时期也应该有不同的组织架构，整个集团的部门、人员要有一个清晰的工作责任分解。

1. "帮带式"。这种管理组织结构适合在集团办学初期，可以形成"以老带新"的管理格局，主要是"输出"，核心校的管理者带动成员校的管理者，这样的"帮带"管理配置为成员校的发展积蓄了一定的管理能量。

2. "线性式"。这种管理组织结构使用在集团办学推进到一定程度时，有了一定的基础之后，可以采用这种方式，集团核心校和成员校之间管理更加密切，也需要进一步深入管理的内核，这时候可以打通校区之间的界限，一名分管的管理者同时管理多个校区，确保了管理的一致性，增强了管理的专业性，更重要的是保证了集团管理的高效精简。

3. "融合式"。当集团发展到一定程度，积累了一定的管理经验，成员校有了一定的管理自主能力时，就应该考虑集团管理的科学完善，这就需要建立现代教育集团的管理组织制度，这时候推动集团发展的就不是仅仅局限在"人"的身上，更是更好地发挥"管理制度"的作用，让管理更加规范、科学，逐步形成集团管理文化，这才是集团能够走远的重要保证。

第二，形成集团化办学的管理制度

1. 形成主动发展规划。集团办学最重要的一点是对于集团文化、办学愿景的认同，形成集团内所有成员的共识，所以，根据集团发展实际，以共同愿景为目标，以制度体系为框架，以学校文化为纽带，科学制定集团的发展规划，并围绕集团、联盟管理制度与运行机制、教育教学与资源配置、教师成长和学生发展，制定好集团的长远规划和年度工作计划非常重要，这是推动集团发展、确保优质教育资源均衡的重要基础。

2. 形成集团办学制度。制度是管理者的依据，特别对于一个集团来说制度显得尤为重要，优质教育资源的扩张和输出有赖于高质量的教育，而制定教育集团管理标准和制度则是形成高质量的教育的重要保障，更是集团发展的重要一步。集团办学章程、各项管理制度、岗位设置、奖惩条例、教师流动等的制定，使得集团管理更加专业化，更科学、更标准。集团成员校共同参与、研讨，形成集团发展战略、集团章程，制定相对统一的质量标准和考核方式，集团核心校对成员校教育教学质量进行有组织、有计划的督导和评价，以便进行后续的调整。

第三，形成集团化办学的评估体系

区域层面建立集团化办学绩效评估机制，定期对集团化办学情况进行评估，重点对集团化办学的规划制订、实施过程及办学效果进行评估，既要看集团的整体发展，也要看集团内每一个成员单位的发展，到年终实行"捆绑式"考核，借完善的评估体系来倒逼集团化办学的有效实施。

集团化办学管理模式作为一种新的探索和尝试，需要我们实事求是，需要我们稳步推进，需要我们具有强烈的社会责任感和教育理想，需要我们有开拓精神和面对复杂问题的勇气，因此，我们在探索中始终要坚持"发展公平而有质量的教育"的核心理念，坚守让更多的儿童享受到优质教育的目标，创新举措，形成机制，提升策略，积累经验，有效实现区域优质教育资源共享的美好前景，从而更好地推动整个区域教育质量的全面提升。

第二节 "项目化发展"机制创生区域学校特色

钟楼的每一所学校都像一颗珍珠，有的已经熠熠闪光，有的尚需着力打磨。以项目为抓手就是希望串珠成链，让不同的学校都能找到发展'生长点'，获得成长自信。

"优质教育长出来！"是钟楼教育的声音，其以项目为抓手，区域以十大工程为切入点将各校的部分类似相近项目组合、抱团发展，形成学校项目联盟。同时，要求每个学校在规划基础上确立了 3 个年度重点项目进行备案，重点突破，在寻求学校主动发展的同时也进一步放大了区域学校特色。

一、区域层面：十大项目的价值引领与发展定位

2017 年初，钟楼教育确立了"项目为王"的思路，梳理了迫切需要解决或研究的十个领域，以"十大项目"的形式面向区域召集项目负责人、领衔人、参与校，形成了这样一张十大项目的实施安排表：

	项目名称	负责	参与人员（单位）	项目分类
1	区域推进教育质量全面提升的行动研究	徐志彤	17 所学校	课程教学
2	成长在钟楼——名优教师提升工程	陈凌云	徐志彤、谢娟萍、陆星梅、钱伊琳、彭志祥、朱新颜、曹月红、金松武、郭新华、俞莉	教师成长
3	儿童品格养成教育实践研究	吴毅	卜弋、觅渡、白云、盛小、芦墅、谭市、荆川等20 所学校	品格提升
4	"课程游戏化＋"	俞莉	所有幼儿园	游戏课程
5	钟楼区青少年科技教育特色项目	朱晓丹	邹区、卜弋、实小、觅渡、钟实小、西新、花园、花二、白云、勤业、新闸	科技素养
6	适切区域教育发展的教育信息化生态构建	宋军	新闸中学、实小、觅渡、怀德、花二、盛小	信息素养
7	"钟楼教育好声音"项目	孙丹	项目总负责、新闻集锦栏目采编、文化·漫溯栏目采编、课程·创新栏目采编、学校·举措栏目、技术支持、栏目整合、榜样·力量栏目	宣传提升
8	钟楼"星体育"创优工程	张逸	排球、足球、篮球、田径各项目布点学校核心教练员	体育特色
9	天籁钟声——校园器乐教育特色发展战略	周蓓	合唱素养核心布点校成员：孙嘉阳、袁媛、刘旻、蒋皎、李烽杰、黄丹维、过舒扬、邱婷、张丽霞	音乐素养
10	"运河之星"全民 K 歌赛	孙茹	文化馆相关：潘杨生、庄荟莉、索亮、钱晶、刘凯、万松、岳敏霞、张英、庄婷、储寒梅、陈志强、王煜韬、汪丽虹、王芳华	文化娱乐

为什么要在区域层面确定这十大项目？其价值引领和发展定位到底如何体现？实施成效如何？可能看过表格的都会产生这样一些疑问，从以下对十大项目实施分析或许可以找寻到答案。

项目内容：核心统领与局部聚焦。在项目内容的选择上，体现全面性和特色化。十大项目内容涉及钟楼教育的方方面面，既有课程教学、教师成长、品格提升、游戏课程等这样涉及全区每所学校（小学或幼儿园）的核心与基础项目，也有如科技素养、信息素养、宣传提升、体育特色、音乐素养等涉及部分学校的特色化项目的进一步提升。

比如"成长在钟楼——名优教师提升工程"项目立足区域所有学校，三年内所有参与对象（区域学科带头人以上称号教师）均需完成"四个一"品牌活动，即"上一节公开课（一节区级，两节校级），做一次讲座（一次区级，两次校级），写一篇文章（每年一篇），带一位徒弟"（三年带教一个徒弟）。这一项目旨在激活、放大区域优质教育资源，以行政和专业的力量引领区域名优教师突破高原期，在不断丰富与提升过程中进一步彰显与发挥示范引领作用。

再比如"钟楼区青少年科技教育项目"则聚焦区域科技特色的进一步彰显，以区10个青少年科技俱乐部为抓手和载体，鼓励俱乐部之间横向联合，校际抱团发展、携手共进，扎实全区青少年科技活动的培训、竞赛等工作，为区域科技普及、特色凝练及更高平台上辐射影响打下坚实基础。

项目领衔：专业思维与专业实施。十大项目的领衔人及实施负责人的确定充分体现专业人做专业事的思路。教师发展中心负责区域教学质量提升项目的研究，教文局人事科负责优秀教师专业成长的策划、指导和考评，教研员、一线校长则根据自己的专长分别领衔相关特色提升项目等。如此，每一个项目的实施不仅仅是工作，更具有了研究的思维、专业的思维，比如：区域推进教育质量全面提升的行动研究、儿童品格养成教育实践研究及"课程游戏化＋"等项目。以"课程游戏化＋"项目为例，此项目是钟楼整个幼教系统的一个省级课题研究项目主题，分解为几十个小的研究主题，在区幼管中心副主任学科带头人俞莉的带领下，区内每所幼儿园选择一个适合的主题进行研究、进行成果推广与辐射，也让每一园所的特色、优质资源进在开放的区域主题下进一步生长，竞相绽放。

项目推进：任务驱动与区校联动。十大项目及领衔人确定之后，由各学校根据自身发展实际及特色成长需要进行选择性申报，项目组再根据申报情况确定项目领衔校、核心校、核心参与人员等，整体贯彻区校联动、任务驱动的原则，以目标倒推过程，以任务驱动进程。

比如，"名优教师成长工程"项目推进以三部曲呈现：区域集中呈现——有序组织区域层面的"名优教师教学研究"专场活动，以教育集团和联盟校推进的方式开展"主题教学＋微讲座"展示活动，分语文、数学、英语、幼儿教育四个类别每年推出四个专场。由承办单位根据成员的研究方向与特点确定专题，策划组织展示活动；日常教研推进——其余小学科结合区层面教研活动每学期进行名优教师和青年教师的同台展示；校本研修展示——成员中男50周岁，女45周岁及以上的教师通过校本研修展示的方式完成"四个一"活动，由学校对其进行过程管理与考核评价。三部曲以区域集中呈现为主。

再比如，"钟楼教育好声音"项目团队成员完全由学校宣传骨干组成，以寻找优质教育新的"生长点"，实现主动发展"项目化"，开放教企融合"互助行"，探寻区域发展"科研式"为四大任务（宣传重点），通过系统的思维、科研的视角、精心的策划、明确的分工来挖掘、提炼钟楼教育好声音，宣传、传递、发布钟楼教育好声音，以这样一种专业的思维去做日常的教育宣传，在带动学校教育好声音传递的同时，也在深度、广度、效度上有力提升了钟楼教育宣传的品质，让钟楼"优质教育长出来"这一主题背后的"如何长出来"有了更鲜活的诠释。

栏目名称	内　　容	素材来源	素材征集对象
钟楼好新闻	中小学幼儿园教育教学动态	单位上报的新闻	各单位通讯员
钟楼好课程	中小学幼儿园优秀课程介绍，浅显易懂，让更多学生家长能自学受益。（如手工制作、科学实验、数学解题、美术绘画、绘本讲读、小古文朗诵等）	微课比赛作品教师原创微课	名师工作室音体美科信综学科教师
钟楼好学校	学校简介（课程展示、特色文化展示），一校一品，通过微信公众平台的推出，让更多的人了解学校的优质教育实施情况	各单位自主撰稿	愿意展示优质教育的单位

栏目名称	内　　容	素材来源	素材征集对象
钟楼好教师	每天介绍一位优秀的钟楼好教师事迹，让更多的人了解钟楼教师队伍的优秀	各项评比中载誉归来的好教师	优秀教师典范
钟楼好文化	发表、转载推介先进的教育理念、古典诗词等富有文化底蕴的文章；鼓励教师摘录、原创或转载，鼓励积极投稿，让更多教师利用碎片时间给头脑充电	转载优秀微信平台经典文章	热爱读书，知识广博的教师

说明：. 每周制作 2 期（周三一期\ 周五一期）；如有重要新闻则进行增刊。

项目评价：目标导引与激励并进。从项目策划伊始，就将评价作为重点思考，明确了目标考核、以成效进行奖励的原则。每一个项目都有明确的考核指标，项目运行过程无经费，将根据成效进行专项奖励，以奖代补。钟楼教育通过寻求企业支持、成立专项基金、以奖代补的方式对优秀项目和成员进行奖励激励。教文局先后出台《常州市钟楼区教育文体局"钟楼教育发展基金"管理使用办法》等一系列具体奖励办法。年度项目考核中每个项目均根据项目绩效形成具体的奖励方案报教文局批准，进行奖励。比如，名优教师成长工程奖励以年度"四个一"达成度来考量，可量化、可评估；"课程游戏化＋"项目则以年度项目实施中开展的各项活动、取得的各类成绩来奖励积极参与的单位或个人，充分调动参与学校及教师的积极性，也真正体现了项目化管理在区域质量提升中的重要意义。

附件

"课程游戏化＋"奖励分配方案

一、指导思想：

为了促进钟楼区幼儿园园所项目与课程游戏化的深度融合，激励广大教师积极投身于"课程游戏化＋"项目建设，从而提升区域内幼儿园办园质量与课程内涵，在实践中促进教师教育理念、专业意识、专业能力等综合素养的提升，使儿童身心得到全面和谐的发展，根据制定的钟楼区教文局重点项目"课程游戏化+"项目奖励基金方案发放经费奖励，奖励在园所项目与课程游戏化建设工作中做出突出贡献的项目团队和个人。

二、奖励对象：参与"课程游戏化+"项目的单位团队及个人。

奖励内容	奖励金额
一、导师引领奖	
省课程游戏化项目专题研讨（专题报告）	3000 元
省规划课题 STEM 项目专题研讨（现场指导）	3000 元
幼儿园建构游戏化专题研讨（专题报告）	3000 元
如何写好一篇论文（专题报告）	2000 元
"课程游戏化+"项目启动仪式暨省市课题基地专题汇报（现场指导）	2000 元
《3—6 岁儿童学习与发展指南》解读（专题报告）	1000 元
解读省教学成果特等奖"支持性课程"（专题报告）	2000 元
美国高瞻课程专题汇报（专题报告）	2000 元
"课程游戏化+"项目学习故事专题研讨（专题报告）	1000 元
"建构童年"钟楼区建构游戏观察案例评比（现场指导）	3000 元
二、项目成果奖	
1. 教育教学奖	
省 STEM 项目实验学校	5000 元
省幼儿园自制玩教具评比一等奖（2 个）	4000 元
省幼儿园自制玩教具评比二等奖（2 个）	3000 元
市自制玩教具评比一等奖（4 个）	4000 元
市自制玩教具评比二等奖（2 个）	1600 元
市自然角生态环境创意评比一等奖	1000 元
市自然角生态环境创意评比二等奖	800 元
市课程游戏化项目评优课一等奖（2 个）	2000 元
市课程游戏化项目评优课二等奖（1 个）	800 元
市民办幼儿园公开课（2 节）	1000 元
2. 公开示范奖	
市级课程建设共同体第五次研讨活动	6000 元
"课程游戏化+"项目区级汇报展示	4000 元

续表

奖励内容	奖励金额
"课程游戏化+"项目区级汇报展示	4000元
"课程游戏化+"项目区级汇报展示	4000元
三、优秀项目奖	
1. 课程基地优秀项目奖	
"玩美"课程	4000元
"趣自然"课程	4000元
"玩味"课程	4000元
"奇妙博物"课程	4000元
"创游"课程	4000元
2. 智慧引领创新项目奖"乐生活"智慧课程	4000元
"我是小当家"课程	4000元
"农家乐"课程	4000元
"玩转科学工作坊"课程	4000元

三、奖励基金项目及具体分配（略）

钟楼区幼教管理中心
2017 年 12 月 20 日

二、学校层面：三大项目的特色选择与主动发展

如果说，"十大工程"是区域层面整体联动、联盟发展的尝试，那"三大项目"则是学校发展进程中的主动选择和必然作为。2017 年开始，钟楼教育启动了学校年度重点项目备案制。每所学校在发展规划中选择 3 个年度重点项目报教文局备案，并后续持续研究 3 年。

2017 年各中小学主动发展重点项目备案情况一览表

序号	申报学校	项目名称	负责人	类 别
1		校园生态文化环境建设——校训提炼项目	陶洪亮	文化
2	邹区中学	架构学校课程育人体系项目	陶洪亮	课程
3		常州市国际理解教育项目	陶洪亮	课程

序号	申报学校	项目名称	负责人	类别
4		科技教育	陈劲松	科技
5	卜弋中学	"善文化"校园文化建设	陈劲松	文化
6		阅读工程	陈劲松	课程
7		"泰实明礼之星"争创	崔清霞	德育
8	泰村实验学校	"我是泰实学习之星" ——学生学会学习闯关摘星项目设计	贺泰青	学生发展
9		小社区，大课程——基于社区"两园"资源优势，开发选择性课程的实践研究	姚康民	课程
10		数字化学习	高红	教学
11	新闸中学	学生生涯规划	王小斌、李妍	德育
12		篮球特色项目	贺耀辉、吴彬	体育
13		让翻转的课堂更精彩	孔卫忠	教学
14	西林实验学校初中部	排球特色	申森	体育
15		校园志愿者	陈敏智	德育
16		《依托"至美经典"传承民族文化》	朱小砂 周华	课程
17	邹区实验小学	依托物联网，培养小创客	方伟、杨旭成	科技
18		基于项目管理，打造"至美"教师	朱小砂、吴莲	队伍建设
19		养良好习惯 做至美少年	杨菲、袁科飞	德育
20		科技教育课程的再开发	吴建春	科技
21	卜弋小学	童书馆的建设	巢群	环境建设
22		野菜文化课程项目	姜美娟	课程
23		城乡互助——优秀教育资源示范辐射项目	张祖润	结对共建
24	实小教育集团	开启银杏娃分享之旅自媒体时代	张晓萍、倪雪莲	德育
25		新技术新平台支持的教学应用研究	张洁茹、张燕	教学

序号	申报学校	项目名称	负责人	类 别
26	觅渡教育集团	国际理解教育课程	钱伊琳	课程
27		创造性教育戏剧课程	汤海燕	课程
28		小学未来课堂教学范式的建构	陈佳	教学
29		秋白精神引领下的"觅渡"儿童德育课程	吴毅、钱伊琳	德育
30	怀德教育集团	基于学习力提升的故事课程项目研究	李纯德	课程
31		怀德课程基地"玩数学"项目研究	于亚燕	课程
32		常州市小学体育课程综合改革实践研究	于雷	体育
33	花园小学	"数学工坊"课程建设	蒋玉琴	课程
34		融通学习 协同教育——家校社共育共建项目	陈晓红	德育
35		"STEAM"视野下的"快乐生活"课程建设	史铭玉	课程
36	花园二小	基于核心素养提升的"金阳文化"课程化实施研究	朱新颜	课程
37		花二"行修言道"礼仪课程	方雯婷、陆梦眹	德育
38		金阳科技创新课程	孙丽燕	科技
39	白云小学	快乐足球 健康成长	王永清、沈小刚	体育
40		七彩纸艺	恽承恺、庄丽娜	艺术
41		相信阅读的力量：基于儿童发展的"主题阅读"的实践研究	曹月红	教学
42	西横街小学	伍蓉"手绘插画"工作室	高琦	艺术
43		主题实践课程建设	马国芳	课程
44		修订和实施《阳光少年成长护照》	姚霞	德育

序号	申报学校	项目名称	负责人	类 别
45	西新桥小学	父性教育促进学生良好品格的养成——以"幸福老爸"进课堂为主要途径的实践研究	丁军梅、洪敏亚	德育
46		实践取向的小学语文主题学习研究	王莺	教学
47		小学数学主题式学习的实践研究	史叶锋	教学
48	盛毓度小学	校园主题文化走廊建设项目	袁文钢	校园文化
49		基于数字化学习环境的"动课堂"研究	戴崤琦	教学
50		学校教学质量提升工程	王辉	教学
51	勤业小学	五勤家长成长营	王艳蕾、蒋岳庆	德育
52		常州民俗文化娃娃艺术团	徐建峰、诸玉英	艺术
53		游戏融合下的小学数学课程开发与实践的行动研究	谢小庆、卞亚娟	教学
54	清潭实验小学	语文主题学习实验	蔡淳之	教学
55		体育舞蹈课程	蔡淳之	体育
56		数字化学习研究	曾亚红	教学
57	西仓桥小学	四位一体抓德育，做好西仓美教育	程志坚	德育
58		亲近中华优秀传统文化——经典诵读	金旦	校园文化
59		立足课堂，提升儿童学科关键能力	王晓洁	教学
60	东方小学	国际理解教育项目	刘勤	课程
61		"七彩东方"助学行动——家长篇	许红英	德育
62		优化教师管理　打造教师队伍	陶丽英	队伍建设
63	荆川小学	"快乐体验"课程	马春萍	课程
64		家校合作 打造有温度的教育共生体	巢丽萍	德育
65		主题项目活动引领下的教师专业化成长	许龚	队伍建设

序号	申报学校	项目名称	负责人	类别
66	五星实验小学	五星小学陶艺特色文化创建	巢伟中	艺术
67		五星实验小学学生工作评价体系研究	王学进	德育
68		"智慧五星"数字化学习实践研究	张姝	教学
69	芦墅小学	有温度的班主任队伍建设	曹景春	队伍建设德育
70		书法校本课程体系再建设	丁维	艺术
71		芦墅小学"语文主题学习"实验	孙建香	教学
72	谭市小学	正行润心：基于学生品格养成的礼仪教育	王旭、荆列	德育
73		"微生态"课程构建的校本实施	蒋杰、王卫红	课程
74		微型场地下足球游戏的开发与实践	郭兴华、祁文俊	体育
75	西林实验学校小学部	创客空间	孔国伟	科技
76		快乐排球	孔国伟	体育
77		梦想课程的实践研究	史淑红	课程
78	新闸中心小学	常州市新闸中心小学体育发展项目	薛文明	体育
79		"学课堂"构建	任淑亚、张敏娟	教学
80		创客一条街	李庆华	科技
81	钟楼实验小学	小学数学实验课程	吴迪	课程
82		小学"乡土美术"课程基地	庄栋青	课程
83		悦读——钟实小"书香校园"建设	顾榕	课程
84	北师大常州附属学校	润泽教育课程体系构建	张文雯	课程
85		信息化教学应用能力全员提升项目	戴晶晶	教学
86		"3345"润泽课堂标准	宋轶佳	教学

通过对备案表及实施进程的分析，或许我们可以把脉到钟楼教育学校特色生长的路径——

项目策划紧扣特色选择：基于学校发展实际、紧扣学校主动发展规划中的重点项目，选择 3 项学校认为是最重要、或者说是最迫切需要改变与提升的项目进行重新策划、设计，花三年时间进行重点突破，以行政的机制进一步助推学校的主动发展、特色发展，也助力钟楼教育关键词：让优质教育长出来！从对 2017 备案表中 86 个备案项目分析可知：课程（22）占比 25.6%、教学（18）占比 20.9%、德育（17）占 19.8%、艺体（13）占 15.1%、教师队伍（10）占 11.6%、信息科技（6）占 7%。从区域层面而言，项目选择基本上都是围绕学校工作核心在展开和思考，比如课程、教学两项占比就接近 50%，品格提升、艺体特色、队伍建设都是学校的侧重点。从学校层面而言，三个项目的选择则与学校的已有基础和发展定位紧密相关，比如怀德教育集团的三个项目——"玩数学"省课程基地的创建是特色课程再深入与提升、体育课改实施项目和语文故事课程项目是重点突破新载体，以重点备案为契机，以三年时间来进一步丰富、完善和寻求突破。

运行机制确保实施实效：好的设计还需要好的运行机制。教文局不可能也不应进入学校项目的管理，但可以通过机制的设置让学校发展项目有序有法有进程有结果。这一机制就是备案制，选定的 3 个项目作为学校重点备案 3 年。

每年年末，年度项目需要进行总结交流，各项目负责人和局机关所有处室领导相聚教师发展中心，一把手校长进行 8 分钟项目实施情况分享（可平均、亦可聚焦某一重点，其余带过），机关领导打分和现场大众评委打分相结合，以此来替代每年度例行对学校的综合考评。因为一定要一把手校长讲，要真讲，有东西讲，所以得真做！每所学校都不敢怠慢，从实施实效来看，备案制年度分享因校长的重视而变得精彩而丰富。

此外，钟楼每年教师节都要表彰奖励 5 个创新团队，创新团队评比也需要从这些项目中选择并在区人事科备案、来年 7 月进行评比，完善的制度设计、主动的项目选择、灵活的激励机制让学校特色在肥沃的教育土壤中花开不断、硕果满园。

联盟发展蕴含创新之举：钟楼区域有各种类型的项目联盟，除了区域"十大重点项目"之外，还有省品格工程提升项目、省前瞻性研究项目等，学校课程类还有怀德苑小学"玩数学联盟"、常州实小"林树课程联盟"、觅渡桥小学的"戏剧课程联盟"等，他们都在联盟层面彰显着辐射引领作用，也蕴含着钟楼教育特色发展的创新之举。

　　以常州市怀德苑小学"玩数学"联盟项目为例（区备案项目），学校 15 年坚持成就了如今的数学特色，钟楼教育文体局曾于 2016 年 11 月推动组建"玩数学"项目研究共同体，由怀德苑小学担任项目联盟的盟主校，区内 5 所小学成为联盟校。作为盟主校，怀德苑小学为"玩数学"项目的主要研究单位，负责项目的立项、实施、评估等具体工作，同时作为联盟的核心，统筹和规划联盟整体发展的思路，把握联盟的运行方式和发展方向，负责联盟各项日常事务的管理和各项工作的开展。在项目建设中，对实现资源共享、队伍共建、课程共研、教研共设、学生互动等具体实施策略，也逐步形成了联盟发展的一些评价举措——主旨统整：以联盟校特色课程（玩点）提炼、建构为抓手；重点贯穿：以"玩数学"项目主题模块教学评价方案为核心；策略共生：以联盟学校内部常态运行机制形成为保障。

　　项目实施不断寻求创新，"玩数学"项目内涵得到进一步的深化和丰富，盟主校怀德苑小学形成"数学馆中的学校"建设样本。2017 年，怀小成为江苏省小学数学课程基地。"玩数学小学数学课程的实践研究"获常州市教学成果奖二等奖；2018 年"玩数学·打造数学馆中的学校"获评钟楼区学校十大特色亮点项目、"玩数学"项目团队获得钟楼创新团队奖。

　　无论是区域项目还是学校项目，作为一种关系存在，钟楼区域"项目化发展"机制在创生区域学校特色过程中都发挥了独特的作用，也初步形成了区域学校项目实践的一些路径，比如：基于特色基础及发展需求进行资源重组，适合"这一个"；基于主动项目特征确定研究实践的方式，追求"最适切"；基于研究主旨的项目实践评价方式，体现"每一类"等等。教育职能部门的顶层设计让资源得以更好重组、整体联动发展成为可能，专业人士及实践主体的深度合作让项目实施获得更多理性和地气，基于发展需求的学校主动选择让项目承载着更多的愿景和动力。"优质教育长出来"是教育理念，更是一种科学的路径。以项目实施为载体，无论是区域层面还是学校层面，钟楼教育正坚实、扎实地行走在特色发展的路途中！

后 记

　　区域教育质量全面提升的整体联动实践是我们对区域教育发展研究的一次初步尝试。区域教育发展是近年来教育发展研究领域的热门方向，针对区域教育战略、教育规划、教育均衡等方面的研究层出不穷，但立足本土展开研究，将区域教育发展的理论、策略与实践有机串联，借此一窥区域推进教育质量提升的全貌，进行全面而系统的、非"点状"式的研究是我们一直在思考并努力的方向。在教育部重点课题《质量导向的区域教育整体联动发展研究》课题及江苏省教育改革重大项目的研究过程中，我们期望以常州市钟楼区为案例，尝试进行区域教育质量提升的整体联动研究，一方面从理论层面凝练区域"优质教育长出来"的教育理念，将此作为我们教育整体发展的价值引领；另一方面从实践层面验证区域教育质量全面提升的适用性与有效性。现在看来，我们在一定程度上达到了这一研究目标。

　　本书的研究任务是我和常州市钟楼区教育局的同事、下属事业单位及中小学、幼儿园的各位研究骨干共同完成的。在研究过程中，我们本着自主参与、联盟研究、抱团提升等宗旨，吸引了全区大多数学校的加盟，特别在品格提升、课程教学等领域，都属"一把手"工程，即：校长领衔，重点突破。他们不仅"借智借力"地提升着本校的教育质量，而且"抱团取暖"地实现着区域的优质均衡发展。真心为每一所学校、每一位校长、每一个研究骨干的倾情付出、认真投入点赞！也为大家的一次次突破、成功而欣喜。

　　本书的整体研究设计是由本人完成，其他人员参与情况如下：常州市钟楼区教师发展中心的方佳诚老师起草了上篇的第一章到第三章；常州市荆川小学曹月红校长，常州市钟楼区教师发展中心的徐志彤主任、张逸老师，常州市花园第二小学朱新颜校长带领实验学校团队完成了中篇的第一章到第四章；常州市钟楼区教育局的叶舟副局长、常州市觅渡桥小学的王燕老师、常州市实验小学教育集团杨娟玉校长、常州市怀德教育集团的王健校长带领实验学校团队起草了下篇的第一章到第三章。在本书写作过程中，众多专家、学者及学校的一线教师均给予了多方面的帮助，在此一并向他们表示衷心的感谢！

原国家督学、江苏省教科所成尚荣所长非常关心本研究的进展情况，多次携专家团队对项目组进行了有针对性的指导。此次又不顾事务繁忙，欣然为本书作序，在此向成所长的大力支持和眷顾表示最诚挚的敬意与感激！

站在质量导向的区域教育发展的高度，我们一直都在努力。但因为实践时间不长，能力水平有限，难免会有差错与不足，敬请批评与谅解。

常州市钟楼区教育局　杨文娟

2019 年 3 月